TRAVEL PACKING CHECKLIST

Item	Check	Item	Check
여권	☐		☐
항공권	☐		☐
여권 복사본	☐		☐
여권 사진	☐		☐
호텔 바우처	☐		☐
현금, 신용카드	☐		☐
여행자 보험	☐		☐
필기도구	☐		☐
세면도구	☐		☐
화장품	☐		☐
상비약	☐		☐
휴지, 물티슈	☐		☐
수건	☐		☐
카메라	☐		☐
전원 콘센트 · 변환 플러그	☐		☐
일회용 팩	☐		☐
주머니	☐		☐
우산	☐		☐
기타	☐		☐

Self Travel Guide 지금, 여행 시리즈 **Planner Stickers**

MY TRAVEL PLAN

Day 1

Day 2

Day 3

Day 4

Day 5

Memo.

지금, 방콕

지금, 방콕

지은이 오상용·성경민
펴낸이 임상진
펴낸곳 플래닝북스

초판 발행 2017년 4월 25일

2판 1쇄 인쇄 2019년 1월 2일
2판 1쇄 발행 2019년 1월 5일

출판신고 1992년 4월 3일 제311-2002-2호
10880 경기도 파주시 지목로 5(신촌동)
Tel (02)330-5500 Fax (02)330-5555

ISBN 979-11-6165-539-0 13980

저자와 출판사의 허락 없이 내용의 일부를
인용하거나 발췌하는 것을 금합니다.
저자와의 협의에 따라서 인지는 붙이지 않습니다.

가격은 뒤표지에 있습니다.
잘못 만들어진 책은 구입처에서 바꾸어 드립니다.

이 도서의 국립중앙도서관 출판예정도서목록(CIP)은
서지정보유통지원시스템 홈페이지(http://seoji.nl.go.kr)와
국가자료공동목록시스템(http://www.nl.go.kr/
kolisnet)에서 이용하실 수 있습니다.
(CIP제어번호 : CIP2018039299)

www.nexusbook.com

나만의 맞춤 여행을 위한
완벽 가이드북 09

지금, 방콕

오상용 · 성경민 지음

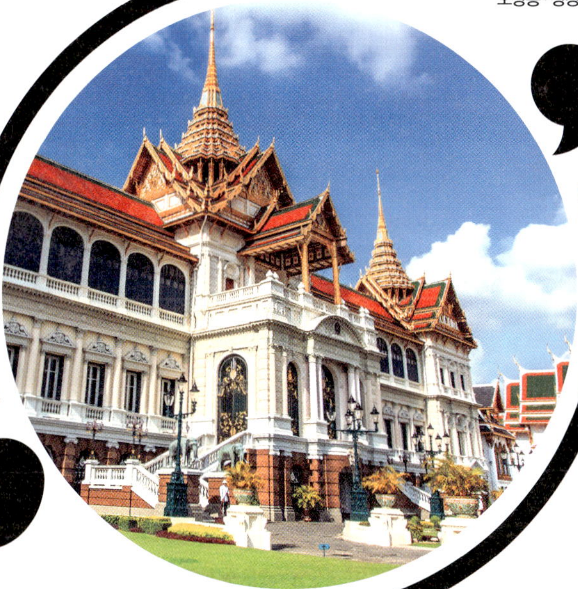

Bangkok

플래닝 북스

prologue 1

많은 분의 도움에 힘입어 드디어 3번째 책이 나왔습니다. 20살부터 배낭여행을 시작한 이후로 동남아시아 그중에 태국은 저에게 여행을 시작하고 마무리하는 베이스캠프였습니다. 그중 세계에서 가장 많은 여행자가 머무는 도시, 방콕을 소개하는 가이드북을 쓴다는 것은 작업 내내 저에게 큰 부담이자 큰 영광의 시간이었습니다.

벌써 3번째 책입니다. 3번째 책이어서 요령이 붙을 줄 알았지만 볼 것도 즐길 것도 많은 방콕을 다루는 것은 그 이전보다 더 힘든 작업이었습니다. 이번 책은 지난 오사카와 오키나와 책과는 다르게 발로 뛰며 영업한 쿠폰 북과 방콕 각지에서 찍은 360도 영상이라는 작업을 함께 진행했습니다. 너무나도 많은 관계자분와 저의 영원한 파트너 오상용 작가의 도움으로 이렇게 결과물을 세상에 내놓게 되어 이 자리를 빌어 감사드리고 싶습니다.

가장 먼저 이 책이 세상에 나오는데 가장 큰 도움을 주신 정효진 과장님에게 이전보다 더 많은 감사를 드리고 싶습니다. 또한 360도 영상과 사진의 가능성을 믿어 주시고 밀어 주신 박진우 대리님과 영상 편집의 귀재이자 다재다능의 끝판왕 김성민 대리님에게도 이 자리를 빌어 정말 감사드립니다. 항상 지지해 주고 물심양면으로 도와주신 사랑하는 우리 가족과 현지에서 귀중한 정보와 도움을 준 Faii, Nop, New, Yui, Noon, Proud, Taka, Luis에게 감사 인사를 전합니다.

부디 이 책이 일상에서 탈출해 새로운 세계를 맞이하는 여행자들에게 도움이 되었으면 좋겠다는 마음을 담아 이만 글을 줄이겠습니다.

– 성경민

prologue 2

오사카, 오키나와에 이어 3번째 가이드북이 나왔습니다. 기존 작업도 어렵고 힘들었지만 《지금, 방콕》편은 여러 번의 수정과 360도 영상 촬영, 쿠폰까지 진행하면서 역경의 연속이었던 것 같습니다. 어려움 속에서도 《지금, 방콕》이 세상에 나올 수 있게 끌어 주신 정효진 과장님과 60일간의 현장 취재와 영상 촬영, 거기에 끊임없는 수정과 영상 작업을 이겨 낸 성경민 작가에게 고생했다는 인사와 진심 어린 고마움을 전합니다. 《지금, 방콕》은 함께 가이드북을 만든 성경민 작가의 아이디어로 국내 최초 360도 영상이 탑재된 신개념 가이드북으로 만들어졌습니다. 텍스트와 사진으로는 전할 수 없었던 많은 아쉬움을 360도 영상으로 담아 놓았으니 방콕 여행을 준비하는 과정에서 생생한 현장감을 미리 경험하고 여행 일정을 계획하시길 바랍니다.

이 책이 나오기까지 육아로 힘든 시기임에도 응원해 준 아내와 곁에서 에너지를 불어넣어 준 삼남매 채은이와 설우, 준석이 그리고 원고 작업에 몰두할 수 있게 사무실 공간까지 내준 민범이를 비롯하여 믿어 주시고 응원해 주시는 아빠, 엄마, 장인어른, 장모님, 일본 이모님, 카미야마상과 슬럼프가 올 때쯤이면 어김없이 웃음꽃을 피게 해준 김언종 기자 그리고 도와주신 많은 분께 감사의 말을 올립니다. 이 책을 구입해 주시는 모든 독자 여러분께 더 좋은 책으로 보답할 수 있도록 노력하겠습니다. 《지금, 방콕》을 통해 더 즐겁고 편안한 여행이 되길 진심으로 기원합니다.

《지금, 방콕》은 독자 여러분들의 의견을 받아 주기적인 업그레이드를 진행합니다. 책은 물론 방콕 여행에 대한 의견이 있으시면 언제든지 연락 바랍니다. 《지금, 방콕》의 소통 채널은 24시간 열려 있습니다. 감사합니다.

– 오상용

지금, 방콕
책 활용법

하이라이트

《지금 방콕》에서 보고, 먹고, 놀아야 할 것들을 모았다. 방콕에 대해 잘 몰랐던 사람들은 방콕을 미리 여행하는 기분으로, 잘 알던 사람들은 새롭게 여행하는 기분으로 방콕 여행의 핵심을 익힐 수 있다.

테마별 추천 코스

지금 당장 방콕 여행을 떠나도 만족스러운 여행이 가능하다. 언제, 누구와 떠나든 모두를 만족시킬 수 있는 여행 플랜을 제시했다. 자신의 여행 스타일에 맞는 코스를 골라서 따라 하기만 해도 만족도, 즐거움도 두 배가 될 것이다.

지역 여행

지금 여행 트렌드에 맞춰 방콕을 근교 포함해서 5개 지역으로 나눠 지역별 핵심 코스와 관광지를 소개했다. 코스별로 여행을 하다가 한 곳에 좀 더 머물고 싶거나 혹은 그냥 지나치고 다른 곳을 찾고 싶다면 지역별 소개를 천천히 살펴보자.

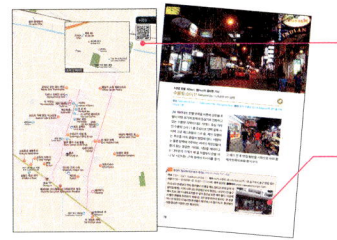

지도 보기 각 지역의 주요 관광지와 맛집, 상점 등을 표시해 두었다. 또한 종이 지도의 한계를 넘어서, 디지털의 편리함을 이용하고자 하는 사람은 해당 지도 옆 QR 코드를 활용해 보자.

팁 활용하기 직접 다녀온 사람만이 충고해 줄 수 있고, 여러 번 다녀온 사람만이 말해 줄 수 있는 알짜배기 노하우를 담았다.

추천 숙소

방콕에는 초호화 호텔부터 리조트까지 지역마다 특색 있는 숙박 시설들이 잘 갖춰져 있다. 이 시설을 얼마나 저렴하고 편안하게 선택할 수 있는지 예약하는 방법부터 나에게 맞는 숙소까지 지역별로 선택할 수 있도록 정보를 담았다.

트래블 팁

방콕의 기본 정보뿐 아니라 방콕 여행 준비부터 입·출국하기, 공항에서 시내로 들어가기, 방콕 교통의 전부를 알려 주듯 교통법 활용하기까지 등 여행의 처음부터 끝까지 필요한 노하우를 담았다.

지도 및 본문에서 사용된 아이콘

- BTS
- MRT
- 관광 명소
- 쇼핑
- 식당
- 스파 숍
- 클럽 & 바
- 카페
- 호텔
- 시장
- 공원
- 박물관 & 미술관
- 버스 정류장
- 선착장
- 학교
- 환전소
- 세븐일레븐
- 경찰서

contents

하이라이트
방콕 히스토리 12
방콕 여행의 포인트 14
방콕의 HOT 20
미리 체험하는 방콕의 명소들 36

테마별 추천 코스
동행별 여행
혼자 떠나는 여행 40
친구와 함께 떠나는 여행 43
연인과 함께하는 여행 46
가족과 함께하는 여행 49

기간별 여행
금토일 여행 52
3박 4일 여행 55
4박 5일 여행 59

테마별 여행
쇼핑 여행 63
힐링 여행 66
역사 여행 69

지역 여행
수쿰윗 74
센트럴 114
사톤＆실롬 146
올드 시티 170
인근 지역 212

추천 숙소
숙박의 종류 225
숙박 선택 요령 226
최저가 예약하기 227
수쿰윗 지역 호텔 228
센트럴 지역 호텔 229
사톤＆실롬 지역 호텔 232
올드 시티 지역 호텔 234

트래블 팁
방콕 여행 준비하기 238
인천국제공항 출국·방콕 입국 244
방콕 여행 팁 258
방콕 여행 회화 264

Bangkok

하이라이트 *방콕*

방콕 히스토리
천사의 도시, 방콕?

방콕 여행의 포인트
방콕 지역 구분
계절 포인트
방콕의 공휴일

방콕의 HOT
볼거리
즐길 거리
먹거리
살 거리
미리 체험하는 방콕의 명소들

방콕 히스토리

세상에서 가장 긴 이름을 가진 도시, 전 세계 여행객 방문자 수 1위, 환락의 중심지이자 신들의 나라, 태국의 수도 방콕. 방콕을 수식하는 단어는 셀 수 없이 많다. 그만큼 복합적인 면을 가지고 있는 도시로 여행자들에게 알려져 있다. 과거 전 세계적인 배낭여행 붐의 한복판에 카오산 로드가 있었고, 지금도 서양 배낭여행자들의 출발지는 언제나 방콕을 향한다. 태국의 68개 주 중 가장 커다란 주인 방콕은 지리적으로 태국 중부에 위치해 있다. 다른 국가들의 수도와는 다르게 태국의 수도, 방콕의 역사는 그리 긴 편이 아니다. 13세기 수코타이 왕국과 란나 왕국을 거쳐, 아유타야 왕조 시대 때 인도, 유럽을 동북 아시아와 연결해 주는 관문 역할을 하며 번성했다. 기나긴 번성 기간 동안 서양과 동양의 문물을 받아들여 자체적인 독특한 타이 문화를 만들었지만 미얀마(버마 왕국), 캄보디아 등 주변국 왕조와의 끊임없는 전쟁으로 멸망의 길을 걷게 됐다. 전쟁으로 폐허가 된 아유타야(도시)를 벗어나 현재의 방콕 톤부리 지역(짜오프라야강 서쪽 방면)으로 수도를 옮겼다가 버마의 침입에 대비하기 위해 지금의 방콕(올드 시티)으로 수도를 천도하며 방콕이 만들어졌다.

천사의 도시, 방콕?

방콕은 세계에서 가장 긴 이름을 가진 도시로 기네스북에도 등재돼 있다. 풀 네임은 '끄룽 텝 마하나콘 아몬 라따나꼬신 마힌타라 유타야 마하딜록 폽 노파랏 랏차타니 부리롬 우돔랏차니웻 마하사탄 아몬 피만 아와딴 사팃 사카타띠야 윗사누깜 쁘라싯(กรุงเทพ กรุงเทพมหานคร อมรรัตนโกสินทร์ มหินทรายุธยามหาดิลก ภพนพรัตน์ ราชธานีบุรีรมย์ อุดมราชนิเวศน์ มหาสถาน อมรพิมาน อวตารสถิต สักกะทัตติยะ วิษณุกรรมประสิทธิ์)'으로 '천사의 도시, 위대한 도시, 영원한 보석의 도시, 인드라 신의 난공불락의 도시, 아홉 개의 고귀한 보석을 지닌 장대한 세계의 수도, 환생한 신이 다스리는 하늘 위의 땅의 집을 닮은 왕궁으로 가득한 기쁨의 도시, 인드라가 내리고 비슈바카르만이 세운 도시'라는 뜻을 가졌다. 현지인들 사이에서는 처음 두 글자를 따서 '끄릉 텝(천사의 도시)'이라고 불린다.

> **TIP 태국 여행시 주의해야 할 것!**
>
> '현존하는 생불'이라는 최고의 칭호까지 붙었던 라마 9세 푸미폰 아둔야뎃 국왕이 2016년 10월 13일에 서거했다. 국왕 중에서 70년이라는 가장 오랜 기간을 통치한 것으로도 잘 알려져 있는 푸미폰 국왕은 정치적 위기 때마다 중재자 역할을 담당함으로써 태국의 안정에 큰 공헌을 했다. 이에 대한 사랑과 존경심으로 똘똘 뭉쳐 있는 태국인에게 2016년 10월 13일은 태국 역사상 가장 슬픈 날 중 하나로 기억된다. 푸미폰 국왕의 아들이자 태국의 다음 국왕으로 즉위한 마하 와치랄롱꼰 국왕(2016년~)을 포함한 왕 혹은 왕실을 상징하는 어떤 것에도 '왕실 모독'의 여지가 있다면 문제가 심각해질 수 있으니 최대한 조심하자.

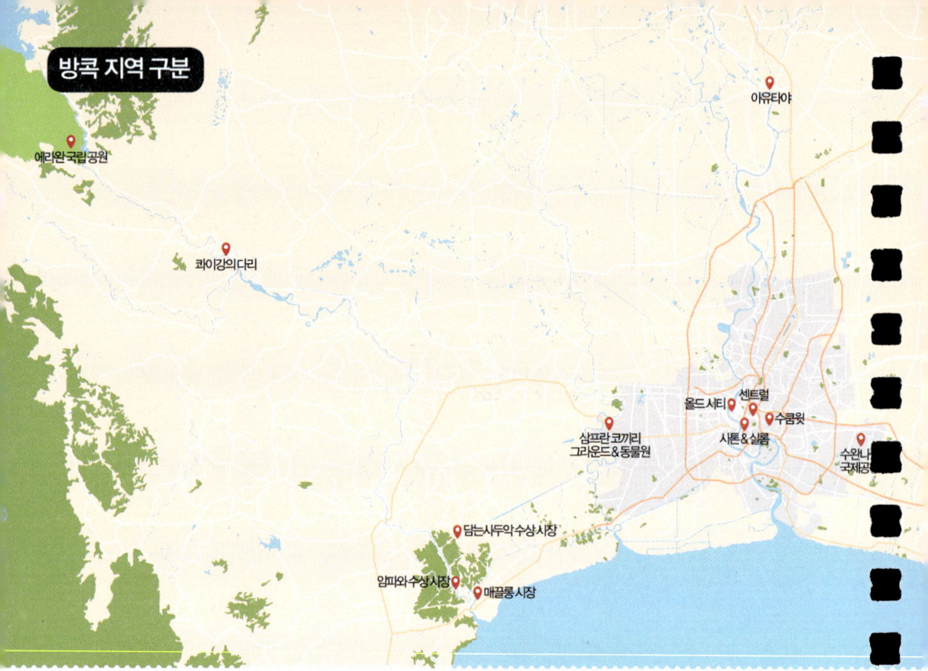

방콕 지역 구분

02 방콕 여행의 포인트

태국의 수도, 방콕은 행정 구역으로 봤을 때, 매우 넓은 지역이지만 실제로 관광객들이 중점적으로 방문하는 곳은 짜오프라야강을 기준으로 우측에 분포돼 있다. 가장 서쪽에는 방콕의 오랜 역사를 품고 있는 올드 시티가 위치해 있고, 쇼핑과 문화의 중심지로 끊임없이 발전하고 있는 중부의 센트럴 지역, 글로벌 특급 호텔의 각축전이 열리며 비즈니스 1번지로 자리매김한 남부의 사톤 지역 그리고 화려한 밤으로 유명했으나 이제는 세련된 레스토랑까지 겸비하고 있는 수쿰윗 지역으로 나뉜다. 세계에서 가장 극심한 교통 체증을 가지고 있는 도시 중 하나인 방콕에서 자동차나 오토바이를 대여해 여행하는 것은 장기 거주자가 아닌 이상 절대 추천하지 않는다. 우리나라와 반대로 좌측통행이므로 보행에 특히 주의가 필요하다. 우리나라 러시아워 시간과 매우 비슷한 시간대를 가지고 있기 때문에 러시아워 시간에는 대중교통 지상철(BTS)을 이용하고, 짧은 거리를 이동한다면 택시나 툭툭 혹은 오토바이 택시를 이용하는 것을 추천한다.

구분해 놓은 4개의 구역은 기본적인 맛집을 제외하고 각자만의 특징을 가지고 있으니 자기에게 맞는 여행 일정을 짜는 것이 중요하다. 일반 휴양지처럼 너무 느긋하게 잡는다면 방콕의 다양한 면을 놓치기 쉬우니 일정은 조금 빡빡하게 잡되 식사나 디저트 그리고 마사지로 중간중간 에너지를 보충하자.

❶ 수쿰윗

수완나품 국제공항에서 가장 가까운 방콕의 중심부. 태국에서도 중요한 도로로 여겨지는 수쿰윗 도로를 따라 10km 넘게 이어진 수쿰윗 지역은 공항뿐만 아니라 버스 터미널, 주거 지역, 상업 지역이 들어섬에 따라 태국 동부 지역 개발의 거점이 된 곳이다. 이 책에서는 편의상 지상철 기준으로 나나 Nana역과 에까마이Ekkamai역까지를 기준으로 잡았다. 수많은 호텔과 레스토랑, 바, 환락가 등이 이 지역 안에 모여 있어 24시간  내내 다양한 인종들로 이루어진 여행자들이 저마다의 수쿰윗을 즐기고 있는 모습이 장관이다.

❷ 센트럴

시암 파라곤과 센트럴월드라는 세계적인 대형 백화점을 품고 있는 센트럴 지역은 방콕 쇼핑 1번지로 통하는 곳이다. 일본계 백화점과 중소형 백화점들 밀집 지역인 이곳은 수준 높은 5성급 호텔이 모여있는 것으로도 잘 알려져 있다. 지리적으로 서쪽에는 올드 시티, 동쪽에는 수쿰윗, 남쪽에는 사톤 지역이 위치해 있어 여행의 거점 지역으로 삼아도 좋을 만하다. 태국의 서울대인 쭐랄롱꼰 대학교가 이 지역에 포함돼 있어 젊은 층들을 위한 트렌디한 맛집과 보세 숍도 많은 편이니 여행 일정 중 반나절 정도는 꼭 투자할 만한 곳이다.

❸ 사톤 & 실롬

방콕 최대 비즈니스 구역이자 아름다운 짜오프라야강을 끼고 있는 사톤 지역은 태국의 유명한 회사들이 몰려 있어 직장인들이 많다. 이러한 이유로 수준 높은 맛집 또한 많다. 그리고 여행자들이 짜오프라야강을 기점으로 들어서 있는 초호화 호텔과 리조트들로 행복한 고민을 하는 곳이기도 하다. 방콕의 떠오르는 랜드마크 마하나콘 빌딩이 최근에 완공돼 관광과 맛집 둘 다 잡을 수 있는 알짜배기 여행지다. 다른 지역에 비해 유흥 거리가 적어 가족 여행객들이 선호하는 지역이니 참고하자.

❹ 올드 시티

태국의 과거와 현재가 만나는 매력적인 올드 시티 지역은, 태국의 새로운 수도의 시작이자 셀 수 없이 많은 사원으로 이곳만 돌아봐도 태국의 역사를 짐작할 수 있을 정도다. 태국인들에게는 이 지역만큼 소중한 곳도 없다. 여행자들의 거리라고 알려진 카오산 로드로 인해 태국 관광 산업의 첫발을 내디딘 지역이어서 여행자들을 위한 편의 시설들과 여행사들도 즐비하다. 역사 깊은 여행지고, 다른 지역에 비해 개발을 제한하기 때문에 이곳만의 운치를 느낄 수 있다.

❺ 인근 지역

방콕 시내만 돌아다니기 아쉽다면 차로 2시간 내외의 거리에 위치한 다양한 관광지를 찾아보자. 아시아의 베니스라는 별명을 가지고 있는 암파와 수상 시장은 방콕 근교 지역에서 빼놓을 수 없는 멋진 여행지고, 지금의 방콕이 있기 전 옛 수도인 아유타야도 차로 무리 없이 이동 가능해 태국을 깊이 이해하기 더없이 좋은 장소다. 태국의 자연 환경을 느끼고 싶다면 에라완 국립 공원에서 열대 우림과 폭포를 만끽하고 영화로도 잘 알려진 콰이강의 다리에서 인증 샷을 찍어 보자. 관광 대국 태국의 명성에 맞게 여행사를 통해 반나절이나 하루 투어로 저렴하고 편하게 다녀올 수 있으니 망설이지 말고 도전해 보자.

계절 포인트

1년 내내 여름 날씨를 만끽할 수 있는 방콕은 평균 최고 기온이 30도 안팎을 유지한다. 우리나라와는 다르게 3개의 계절이 있다. 3월부터 5월까지는 덥고 건조한 날씨로 기온이 34도까지 올라가 에어컨 없이는 여행하기 힘들 정도의 날씨를 보여 주고, 6월에서 10월까지는 우기에 해당돼 많게는 하루에 몇 번씩 소나기성 우기를 동반한다. 가장 시원한 11월부터 2월은 동남아 대부분의 나라가 그렇듯 너무 덥지도 춥지도 않은 기후를 유지하며 비도 자주 내리지 않아 방콕 여행의 최적기라고 불린다. 그러나 더운 날씨의 방콕이라고 무조건 반팔과 민소매만 챙겨 간다면 후회할 것이다. 에어컨이 거의 모든 건물 안에 설치돼 있기 때문에 백화점 쇼핑이나 공항, 은행은 시원하다 못해 추울 지경이기 때문이다. 가볍게 걸칠 수 있는 얇은 카디건이나 셔츠를 챙겨 가는 센스가 필요하다. 갑작스러운 일교차에 감기에 걸리는 여행자도 부지기수니 황금같은 휴가 기간에 체온 조절도 필수다.

※ **방콕 날씨** : 방콕 기상청(영어) www.tmd.go.th/en
다음 날 일출(Tomorrow Sunrise)과 오늘 일몰(Today Sunset)시간도 확인 가능

월별 포인트

구분	1월	2월	3월	4월	5월	6월	7월	8월	9월	10월	11월	12월
테마	성수기		고온 건조			고온 다습(잦은 소나기)					성수기	극성수기

소나기를 제외하면 날씨의 변화가 적은 편인 방콕은 1년 내내 계절에 상관없이 많은 여행객이 방문한다. 성수기인 11월부터 2월의 날씨가 가장 괜찮은 편이지만 최고 기온을 찍는 오후

12시부터 3시까지의 야외 활동은 노약자
들에게는 부담이니 실내에서 머무는 것을
추천한다. 외부 활동 스케줄은 오전과 오후
에 잡고, 가장 더운 시간대는 마사지나 쇼핑
등 실내 활동 스케줄을 잡는 것을 추천한다.
특히 3월에서 5월은 태국인들도 힘들어 하
는 날씨가 지속되는데, 이런 극한의 더위를
이기고자 세계 3대 축제 중 하나로 알려진 송
끄란 축제가 열려 비성수기 기간임에도 불구
하고 전후 일주일은 극성수기로 변하니 이 시기에
방콕을 여행하려는 여행자는 참고하자. 태국의 우
기인 6월에서 10월은 우리나라 7~8월의 장마와
는 다르게 몇 날 며칠 비가 내리는 것이 아닌 짧고
굵은(매우 굵다) 스콜 위주다. 이 시기에는 우산보
다는 우비가 그나마 덜 젖을 수 있는 방법이고, 짧게 지나가니
마음 편히 1시간짜리 발 마사지를 받다 보면 지나가는 경우가 대부분이다. 다만, 해발 2미터
의 평평한 방콕 지형의 특성상 아직 배수 시설이 취약한 곳은 금세 침수돼 버리니 비교적 번화
가 쪽으로 숙소를 잡는 것을 추천한다.

비수기(송끄란 제외)	높은 온도와 다른 계절에 비해 상대적으로 건조한 날씨가 특징인 3~5월 초순까지는 연중 건조한 날씨 덕분에 그늘 안에 들어가 있으면 시원함을 느낄 수 있다. 야외 활동은 주로 해가 뜨기 전이나 해가 진 후에 하는 것을 추천하고, 태국 최고의 축제 기간 송끄란 축제 기간에 여행 중이라면 옷이 젖을 것을 대비해 여분의 옷과 속옷을 더 챙겨 가자.
3월~5월	
비수기(우기)	5월 중순부터 시작되는 태국의 우기는 우리나라와 다른 양상으로 전개된다는 것을 기억하자. 시도 때도 없이 내리는 열대성 강우(스콜)는 태국 기상청도 예상하기 힘들어 모든 외출에는 우산이나 우비 지참이 필수다. 특히 방콕 여행의 꽃, 루프톱 바는 비가 오면 오픈하지 않으니 최신 기상 정보 확인은 필수다.
5월 중순 ~ 10월 초	
성수기	명실상부한 방콕의 성수기로 본격적인 성수기는 11월에 시작되지만 10월의 날씨도 견딜 만한 수준이고 가격도 저렴하니 여행 계획을 세울 때 참고하자. 최근에는 기후 변화로 가끔 강력한 스콜이 쏟아지기도 하지만 많은 횟수가 아니라 여행에 큰 지장은 없다. 다른 비수기에 비해 가격이 많이 뛴다는 단점이 있다.
10월 중순 ~ 2월	

추천 여행 스타일

오전: 야외 활동(왕궁 및 각종 사원)

오후 12시~4시: 실내 활동(호텔 휴식, 마사지, 쇼핑)

저녁: 루프톱 바, 야시장 등

※ 우천 시에는 근처 쇼핑몰에 들어가서 쾌적하게 쇼핑, 마사지, 식사를 추천한다.

방콕의 휴일 🇹🇭

다른 아시아 국가들과 마찬가지로 태국 역시 음력과 양력 공휴일을 가지고 있다. 다만, 우리나라와는 다르게 태국은 태국만의 음력을 가지고 있고, 불력까지 가지고 있어 우리나라 달력으로 태국의 공휴일을 맞추는 것은 힘들다. 토요일이나 일요일과 겹칠 경우 다음 날 쉴 수 있는 대체 공휴일이 존재한다. 특히 몇몇 공휴일은 왕궁 입장이 불가능하거나 오전만 가능하고 주류 판매가 금지돼 소중한 휴가 스케줄을 버릴 수 있으니 일정을 짜기 전에 참고하자.

*2019년 기준

명칭	날짜	참고
신정 New Years Day	1월 1일	새해를 기념하는 날
만불절 Makha Bucha Day	2월 19일	석가가 가르침을 시작한 지 7개월 후, 그의 설법을 듣기 위해 자발적으로 모인 1,250명의 제자들을 기념하기 위한 날
짜끄리 왕조 기념일 Chakri Memorial Day	4월 6일 (8일 대체 공휴일)	라마 1세 왕조 창건일
정월대보름(송끄란) Songkran	4월 13~15일 (16일 대체 공휴일)	태국 전통 새해. 물 축제로 전 세계에 널리 알려져 있다.
노동절 National Labour Day	5월 1일	근로자의 날
푸미폰 국왕 즉위일 Coronation Day	5월 5일	서거한 푸미폰 국왕의 1949년 대관식을 기념하는 날
석가탄신일 Visakha Bucha Day	5월 19일 (20일 대체 휴일)	부처의 탄생, 깨달음, 열반을 기념하는 날
아사라하부차(삼보절) Asalha Bucha Day	7월 16일	첫 설법을 전한 것을 기념하는 날이자 불, 법, 승 삼보의 성립을 축원하는 날
카오 판사 Khao Phansa Day	아사라하부차 다음 날	스님들이 10월까지 이어지는 3개월 간의 우기 동안 절에 머물며 수도 정진을 시작하는 날
어머니의 날 Her Majesty the Queen's Birthday	8월 12일	왕비 탄신일, 어머니의 날
라마 9세 장례일 Anniversary of the Death of King Bhumibol	10월 13일	푸미폰 국왕의 장례일로 술 판매하지 않을 예정
라마 5세 서거일 Chulalongkorn Day	10월 23일	태국에서 가장 공경받는 왕 중 한 명인 라마 5세의 서거일
로이 끄라통 Loy Krathong	11월 3일	공휴일은 아니지만 송끄란과 더불어 태국의 2대 명절 중 하나. 작은 배를 물에 띄우며 소원을 빈다.
아버지의 날 His Majesty The King's Birthday	12월 5일	서거한 푸미폰 국왕의 탄생일. 아버지의 날
제헌절 Constitution Day	12월 10일	1932년 최초로 헌법을 제정한 날
송년일 New Year's Eve	12월 31일	(양력) 한 해의 가장 마지막 날

방콕의 HOT
📷 볼거리

왕궁 및 사원

방콕에 처음 온 여행자라면 한 번쯤 들러 볼 만한 역사적, 문화적, 예술적 가치가 있다. 입헌 군주제인 태국에서 왕에 대한 이해는 태국을 이해하는 데 큰 도움이 된다. 무엇보다 왕궁의 경우 태국인들의 그 섬세하고도 화려한 건축 양식의 정점에 있기 때문에 꼭 추천한다.

카오산 로드

지금의 관광 대국, 태국을 만든 전 세계 배낭여행자들의 거리 카오산 로드. 리모델링과 주변 환경 정리로 이젠 관광객들과 현지인들도 즐겨 찾는 거리로 탈바꿈했다. 각종 이색적인 물건들과 맛있는 길거리 음식을 만날 수 있는 곳으로 특히 밤의 카오산 로드는 태국 여행에 빠질 수 없는 감초 역할을 톡톡히 하고 있다.

왓 아룬

방콕의 아름다운 야경을 더 아름답게 밝혀 주는 왓 아룬. 10밧 동전에 등장할 정도로 태국인들에게는 그 의미와 예술적 가치가 큰 사원이다. 새벽의 사원이라는 뜻을 가진 이곳의 이름은, 새벽에 햇빛을 받으면 탑에 반사된 빛이 강 건너편을 비춘다고 해서 붙여졌다. 이곳의 진정한 아름다움은 일몰부터 저녁까지 짜오프라야강 건너편에서 식사를 하며 바라볼 때 더 빛난다.

짜오프라야강

방콕을 가로지르는 태국 최대의 강이다. 태국 최고의 곡창 지대를 가로지르고 있어 현지인들은 어머니의 강이라는 뜻을 가진 '메남Meh Nam'이라고 부른다. 방콕의 베니스라는 별명이 붙을 정도로 방콕 사이사이 흐르는 짜오프라야강의 지류는 방콕인들의 교통수단 역할을 하기도 한다.

차이나타운

태국에서 가장 맛있고 다양한 길거리 음식을 맛볼 수 있는 차이나타운. 드래곤 로드라고 불리는 야오와랏 로드를 기준으로 빽빽하게 들어서 있는 음식점과 상점들로 카오산 로드와는 다른 느낌의 이국적인 경험을 할 수 있다. 대로를 주변으로 골목골목 들어선 다양한 상점들을 둘러보다 보면 시간 가는 줄 모른다.

아시아티크

2012년에 완공된 방콕의 현대식 야시장. 일반적인 방콕의 야시장은 복잡하고 정돈되지 않은 느낌이라면 이곳 아시아티크는 야시장보다는 밤에 오픈하는 아웃렛 느낌이다. 1,500개의 숍과 40여 개의 레스토랑이 들어서 있어 방콕 여행 일정의 하룻밤을 보내기에 전혀 손색없다. 가격은 다른 시장에 비해 조금 비싼 편이니 본격적인 쇼핑은 짜뚜짝 시장이나 길거리 매장을 추천한다.

짜뚜짝 시장

방콕에서 가장 저렴하게 물건을 살 수 있는 짜뚜짝 시장. 규모가 너무 넓어 하루 만에 모든 숍을 다 도는 것이 불가능할 정도로 복잡하고 다양한 상점을 자랑한다. 평일에도 일부 상점들은 열지만 주말 시장인 만큼 주말에 압도적으로 다양한 물건들을 만나볼 수 있다. 야외에 있기 때문에 너무 더운 시간은 피해야 그나마 쇼핑다운 쇼핑을 할 수 있다.

야시장

방콕의 야시장은 아시아티크 말고도 매일매일 열리는 팟퐁 야시장과 금요일과 주말에 열리는 롯 파이 마켓 랏차다가 있다. 팟퐁 야시장은 주로 짝퉁 제품을 취급하고 주변에 환락가들이 위치해 있어 가족들이 가벼운 마음으로 접근하기에는 조금 불편할 수 있다. 이에 비해 랏차다 지역에 위치한 롯 파이 마켓 랏차다는 맛있는 음식과 특색 있는 아이템으로 꽉 차 있어 아시아티크만큼이나 들를 가치가 있다.

마하나콘

2016년 8월에 완공돼 방콕에서 가장 높은 빌딩으로 자리매김하며 새로운 랜드마크가 된 마하나콘 타워, 리츠 칼튼 호텔과 고급 레지던스가 대부분의 층을 차지하여 실제 여행자들이 많이 들르는 편은 아니지만 지상에 가까운 층에는 인기 있는 레스토랑이 들어서고, 그 옆 마하나콘 큐브에도 특색있는 상점들이 있으니 주변을 지나간다면 한 번쯤 둘러보는 것을 추천한다.

# 즐길 거리

칼립소 쇼

트랜스젠더가 많기로 유명한 태국에서 손꼽히는 공연으로 사랑받는 칼립소 쇼. 여자보다 예쁜 남자들의 화려하고 멋진 쇼가 방콕을 찾는 사람들로 하여금 감탄을 금치 못하게 한다. 성인만을 위한 야릇한 쇼라고 생각하기 쉽지만 전 연령이 관람 가능하니 부담 없이 즐겨 보자.

무에타이 쇼

우리나라에서는 '옹박'으로 잘 알려진 태국의 전통 무예 '무에타이'. 작게는 백화점 등에서 이벤트로 관람할 수 있지만 칼립소 쇼가 열리는 극장 옆에 제대로 된 무에타이 쇼가 열린다. 단순히 치고 박고 싸우기보단 간단한 줄거리와 현란한 몸동작을 볼 수 있어 눈이 즐거워진다.

©태국관광청

시암 니라밋
기네스북에 오른 최대 규모의 공연장 시암 니라밋. 태국의 전통문화와 역사를 한눈에 파악할 수 있어 가족 단위 여행객들이 자주 찾는 곳 중 하나이다. 공연장 주변을 민속촌처럼 꾸며서 공연 전에 다양한 행사를 진행하니 공연 관람을 계획하는 여행자라면 1시간 정도 일찍 도착해서 다양한 체험을 해 보는 것을 추천한다.

스파 & 마사지
전 세계적으로 유명한 태국식 마사지와 낮은 인건비로 한국에서는 꿈도 꿀 수 없는 고급 스파를 저렴한 가격에 받을 수 있다. 저렴한 길거리 마사지부터 고급 호텔 스파까지 주머니 사정에 따라, 기분에 따라 다양하게 받을 수 있으니 주저하지 말고 꼭 시도해 보자.

쇼핑
열대 과일이나 생필품부터 명품까지 동남아시아 국가 중에서도 쇼핑의 천국이라고 불리는 방콕. 한국에 아직 진출하지 않은 브랜드나 동남아에서만 구할 수 있는 이국적인 물건들 때문에 빈손으로 간 여행자도 기념품을 한가득 가져오는 것은 흔한 풍경이다. 가격도 저렴한 편이니 지인들에게 나눠 줄 기념품도 빼놓지 말자.

루프톱 바

화려한 방콕의 밤을 감상할 수 있는 가장 멋진 방법 루프톱 바. 사계절이 여름인 날씨라 바람이 많이 불어도 추위를 느낄 필요 없이 선선한 날씨를 즐기며 야경을 감상할 수 있다. 가벼운 칵테일부터 태국 전통 음식까지 취향과 상황에 맞게 방콕의 밤을 즐겨 보자.

참고 사이트 http://www.bangkok.com/top10-rooftop-bars.htm

왓 아룬 전경 레스토랑

올드 시티의 일몰을 즐기는 가장 멋진 방법이다. 붉게 빛나는 짜오프라야강과 해가 진 후 서서히 불이 켜지는 왓 아룬의 빛나는 모습은 로맨틱한 방콕 여행의 빼놓을 수 없는 감초 역할을 톡톡히 한다. 연인과 함께 여행한다면 미리 예약해 놓고 점수를 따 보자.

특급 호텔

세계에서 가장 많은 여행자를 품는 도시인 만큼 방콕은 글로벌 체인을 가진 호텔들의 각축장이다. 우리나라에서 하루 숙박할 가격에 이틀 정도는 머물 수 있으니 숙박만 해도 돈을 번다는 생각을 하면서 과감하게 질러 보자. 멋진 숙소와 최고의 서비스를 가진 방콕은 세계에서도 수준급이라고 알려져 있다.

리버 크루즈

낭만적인 짜오프라야강의 경치와 선선한 바람 그리고 맛있는 뷔페로 연인들에게 사랑받는 리버 크루즈. 짜오프라야강 양옆으로 고층 건물들과 야시장, 사원들이 펼쳐져 있어 크루즈를 타는 내내 눈이 즐거운 경험을 할 수 있다. 직접 예약하기보다는 현지 여행사를 끼고 예약하는 것이 싸기 때문에 가기 전에 미리 구매해 놓는 것을 추천한다.

클럽

친구와 함께, 연인과 함께 왔다면 한 번쯤 들러 볼 만한 방콕의 클럽. 우리나라 클럽과 비슷한 EDM, 힙합 등의 음악을 즐길 수도 있고, 조금은 생소한 라이브 밴드 음악에 맞춰 춤을 출 수도 있다. 다양한 콘셉트의 클럽들이 곳곳에 있기 때문에 그냥 자기에는 밤이 너무 긴 여행자들에게 추천한다. 이곳의 클럽은 새벽 2시까지 운영하는 1부 클럽과 새벽 4시까지 운영하는 2부 클럽으로 나뉘어져 있다. 2부 클럽은 직업 여성이 많이 보이고 위험하니 1부 클럽에서 신나게 놀다가 숙소에 복귀하는 것을 추천한다.

길거리 음식

방콕을 설명하는 데 빠질 수 없는 다양한 길거리 음식. 전 세계 길거리 음식 순위에서 항상 상위권을 차지하고 있는 방콕인 만큼 한 번쯤 시도해 보는 것을 추천한다. 차이나타운과 카오산 로드는 그야말로 길거리 음식의 핫 플레이스다. 숯불에 구워 주는 닭고기와 돼지고기나, 한국인들이 사랑하는 팟타이, 국물 있는 면 요리인 꾸아이띠아오 등이 흔히 볼 수 있는 길거리 음식이다. 요즘에는 젊은 층 사이로 푸드 트럭도 자주 보여 조금 더 정식으로 위생적인 음식을 맛볼 수 있으니 기회가 된다면 꼭 시도해 보자.

카페 즐기기

태국이 우리나라보다 경제력이나 물가가 낮다고 음식점이나 카페 수준이 낮을 거라는 생각은 오산이다. 동남아시아에서는 디자인이나 광고 분야에서 선두를 달리고 있을 만큼 수준급 커피와 인테리어 등으로 우리나라보다 더 멋지고 아기자기한 카페들을 많이 만날 수 있다. 더위를 피해 쉬어 가기 좋은 카페가 방콕 곳곳에 있으니 취향에 맞는 카페를 찾아서 더위를 식혀 보자. 물론 우리나라보다 싼 커피 가격은 덤이다.

먹거리

뿌팟퐁 커리 Pu Phat Phong Kari ปูผัดผงกะหรี่
Stir fried crab with curry powder
옐로우 커리와 코코넛 밀크로 매콤 달콤한 맛을 느낄 수 있는 태국식 게 커리다. 태국 여행을 왔다면 누구나 다 한 번쯤은 시도해 봐야(?) 하는 한국인 입맛에 잘 맞는 요리다. 워낙 유명한 음식점들이 많아 마니아라면 다양한 레스토랑에서 이 요리를 즐겨 보자. 게의 종류와 크기에 따라서 가격 차이가 크고 다른 음식에 비해 조금은 비싼 편이다.

팟타이 Phad Thai ผัดไทย
Thai style fried rice noodle
한국에 가장 널리 알려져 있는 태국식 볶음국수. 두부, 계란, 마른 새우, 땅콩 가루, 부추, 숙주나물 등 다양한 재료가 어우러져 새콤달콤한 맛이 특징이다. 입맛에 맞게 라임이나 고춧가루 등을 뿌려 먹으면 된다. 일반적으로 해산물이나 고기류를 추가로 주문해 함께 볶은 팟타이꿍(새우), 탈레(해물), 까이(닭)로 많이 먹는다. 길거리에서도 음식점에서도 맛볼 수 있는 대표적인 볶음국수다.

똠얌꿍 Tom Yam Kung ต้มยำกุ้ง
Hot spicy and sour soup

소위 세계 3대 수프라는 별명이 붙은 똠얌꿍. 똠얌이라는 수프에 꿍(새우)을 넣고 조리한 것이 일반적이라 어느새 일반 명사처럼 굳어져 버렸다. 태국의 대표적인 국물 요리인 똠얌은 레몬그라스, 카피르 라임 잎, 양생강(갈랑가), 고추 등의 여러 가지 향신료가 들어가 복합적인 맛이 나는 것이 특징이다. 똠(삶다), 얌(새콤하다)이라는 단어처럼 신맛과 다양한 향신료 덕분에 호불호가 갈리는 대표적인 음식이기도 하다.

카오팟 Khao Phat ข้าวผัด
Fried rice

태국 음식이 입맛에 안 맞는다면 우리나라에서도 흔하게 먹을 수 있는 볶음밥을 시켜 보자. 향신료가 들어가지 않아 향신료에 대한 거부감이 있는 여행자에게는 정말로 소중한 음식이다. 다른 면 요리처럼 카오팟에도 고기나 해산물을 함께 볶을 수 있으니 취향에 따라 토핑을 정해 보자.

꾸아이띠아우 Kuai-tiao ก๋วยเตี๋ยว
Rice noodles with beef or pork

베트남에 베트남 쌀국수가 있다면, 태국에는 꾸아이띠아우가 있다. 깔끔한 고기 육수와 갓 삶은 면을 넣어서 쉽고 든든하게 먹을 수 있는 대표적인 서민 음식이다. 면은 개인의 취향에 따라 얇은 면(센미), 중간 면(센렉), 굵은 면(센야이)을 선택할 수 있다. 고기나 해산물을 추가할 수도 있다.

쏨땀 Som tam ส้มตำ
Spicy green papaya salad

태국의 김치 역할을 하는 태국의 국민 반찬 쏨땀. 우리나라 여행자 중에도 쏨땀 마니아가 많이 있을 정도로 매콤 새콤한 맛으로 한국인들의 입맛에 잘 맞는 반찬으로 등극했다. 덜 익은 파파야와 당근 고추 등의 야채와 향신료를 넣고 절구로 빻아서 만든 음식이다. 느끼한 음식을 먹을 때나 밥반찬으로 좋다.

까이양 Kai yang ไก่ย่าง

Grilled chicken

숯불에 구운 닭고기 요리다. 달콤한 양념에 재운 닭고기를 숯불에 구워 내는 간단한 요리로 입맛이 없거나 먹을 음식이 마땅치 않을 때 길거리 음식점에서 쉽게 마주칠 수 있다. 닭고기뿐만 아니라 돼지고기(무 양) 숯불 구이도 있으니 취향에 따라 즐기자.

얌운센 Yam wun sen ยำวุ้นเส้น

Thai glass noodle salad

태국식 당면 샐러드다. 몇 가지 야채(샐러리, 양파, 쪽파, 고추 등)를 넣고 당면과 라임 주스, 생선 액젓, 설탕 등을 넣고 무친 음식. 새콤한 맛으로 식전에 전채 요리로 많이 먹는다.

수끼 Suki สุกี้

태국식 샤부샤부로 이미 우리나라 여행자들에게도 익숙한 이 음식은 끓는 육수에 각종 고기나 해산물, 야채 등을 담가서 익힌 후에 먹는 요리다. 건강식이기도 하고 자극적이지 않은 맛 때문에 태국 음식이 입에 안 맞는 여행자라면 수끼를 먹는 것을 추천한다.

팟팍붕파이댕
Phat Phakbung Fai Daeng ผัดผักบุ้งไฟแดง
Fried morning glory (water spinach)
공심채 혹은 모닝 글로리라고 알려진 채소를 태국 된장인 '따오찌여우'와 함께 볶은 간단한 요리. 강한 불로 재빨리 볶아 내서 불 맛이 느껴지는 요리로 많은 여행자에게 사랑받는 음식이다. 고수나 레몬그라스처럼 향이 강한 채소가 아니어서 일반적인 입맛을 가진 여행자라면 부담 없이 먹을 수 있다.

땡모반 Thang Mo Bhan น้ำแตงโม
Watermelon juice
길거리 상점이든 음식점이든 빼놓지 않고 시키는 여행자들의 대표 음료 땡모반. 저렴한 가격과 달콤하고 시원한 맛으로 더위에 지친 여행자들의 갈증을 없애 준다. 안에 설탕 시럽이 들어가서 매우 달콤하니 너무 달콤한 게 싫은 사람은 설탕을 빼 달라고 말하자(마이 싸이 남딴).

차옌 Cha Yen ชาเย็น
Thai Milk Tea
태국에서 나는 아삼 계열 홍차 비앙 마이에 연유와 얼음을 넣어 시원하고 달콤하게 마시는 태국 시민들의 대표 음료다. 길거리 곳곳에서 팔고 있고 가격 또한 한국 돈으로 1,000원 정도지만 푸짐한 양과 맛으로 인기가 많다.

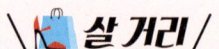 살 거리

화장품
아직 한국에 들어오지 않은 브랜드부터 한국보다 가격적으로 메리트가 있는 화장품까지 뷰티 마니아들이라면 솔깃할 만한 아이템들이 즐비하다. 특히 우리나라보다 피부색이 어두운 태국은 미백 화장품이 발달하였으니 나에게 맞는 화장품을 미리 찾아보고 구매해보자.

똠얌꿍 라면
호불호가 갈리는 태국 전통 음식 똠얌꿍을 컵라면으로 즐길 수 있는 가장 쉬운 방법이다. 다양한 브랜드가 있지만 가장 인지도가 높고 평도 괜찮은 마마 똠얌꿍 라면이 가장 인기다. 똠얌꿍을 좋아하는 여행자라면 근처 마트에 들러 꼭 구매하자.

치약

생필품 중 한국에서 구하기 어려운 콜게이트 치약은 여행자들이 꼭 사야 하는 필수 아이템이다. 미백 효과와 상쾌함으로 마니아가 많고 가격도 부담스럽지 않게 저렴해서 눈에 보인다면 한 번 도전해 봐도 좋다.

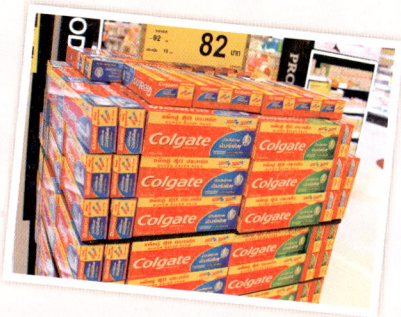

호랑이 연고

소위 만병통치약이라고 불리는 방콕 여행 필수품 호랑이 연고다. 근육통부터 모기 물린 곳까지 용도가 다양해서 주로 어른들에게 사랑받는 제품이다. 방콕의 드러그스토어에서 쌓아 놓고 팔아서 가끔 익숙한(?) 냄새를 맡을 수 있다.

건과일

열대 과일의 천국, 태국의 여운을 한국에서도 느끼고 싶다면 건과일을 추천한다. 망고부터 두리안, 용과 등 다양한 열대 과일 종류가 있으니 기호에 따라 골라 보자. 건과일 브랜드 중에서는 쿤나Kunna 브랜드가 퀄리티가 좋다는 평이 많다.

코코넛 오일

최근 한국 TV에서도 코코넛 오일의 효능이 많이 나와 없어서 못 사는 코코넛 오일. 요리뿐만 아니라 피부 미용에도 좋은 기름이기 때문에 방콕에 왔다면 한 번쯤 눈여겨볼만하다.

꿀

한국에서 가짜 꿀 파동의 여파로 꿀에 대한 믿음이 낮아진 요즘, 방콕의 꿀을 사오는 것이 하나의 트렌드가 됐다. 기본적으로 낮은 가격과 가격 대비 퀄리티가 뛰어나다는 것이 일반적인 평. 옆의 사진에 나오는 꿀이 왕실 인증 꿀이고 특별히 좋다는 소문이 있지만 헛소문이니 믿지 말자.

과일 비누

비싼 스파 용품이 부담스럽다면 가벼운 과일 비누는 어떨까? 한 개에 천 원도 안 하는 저렴한 가격에 향기와 모양 또한 일품이라 실제 사용하기보다 방향제나 인테리어 용품으로도 자주 사용된다. 지인들에게 선물하기도 매우 좋은 아이템이니 눈여겨보자.

스파 용품

다양한 스파 브랜드를 가지고 있는 태국에서 스파 용품을 빼놓고는 방콕 필수 기념품을 논할 수 없다. 어브Erb, 탄Thann, 판퓨리Panpuri, 카르마 카멧Karmat kamet 등 다양한 브랜드에서 나오는 스파 제품을 기호에 따라 골라 보자.

야돔

막힌 코가 뻥 뚫리는 태국인들의 필수품 야돔. 길을 걷다 보면 현지인들이 코로 흡입하는 광경을 자주 목격할 수 있는데 이 야돔이 바로 그 주인공이다. 요즘에는 기분이나 상태에 따라서 사용할 수 있는 여러 향의 야돔이 많이 나왔으니 자신의 상태에 맞게 구매해 보자.

핸드 드립 커피

베트남과 함께 커피 쪽에서는 알아주는 태국의 커피. 특히 태국의 3대 커피라고 불리는 도이창, 도이퉁, 와위 커피는 깊고 진한 맛으로 현지인들뿐만 아니라 여행자들에게도 큰 인기를 끌고 있다. 선물용으로도 좋으니 기회가 된다면 구매를 추천한다.

코끼리 바지

코끼리 문양이 프린팅된 얇은 천의 통이 큰 바지다. 소위 에어컨 바지라는 별명을 가진 이 바지는 태국 여행자 패션의 완성이라고 불릴 정도로 시원한 통풍과 편안한 움직임으로 한 번 입으면 헤어 나올 수 없는 매력을 가졌다. 부모님 선물로도 좋으니 기념품으로 추천한다.

츄이 밀크 캔디

현지인들은 잘 모르지만 의외로 한국 여행자들에게 입소문이 나서 유명해진 츄이 밀크 캔디. 수박 맛과 옥수수 맛이 평이 좋다. 캔디보다는 젤리에 가까운 느낌으로 군것질을 하고플 때 하나씩 까먹으면 제맛이다.

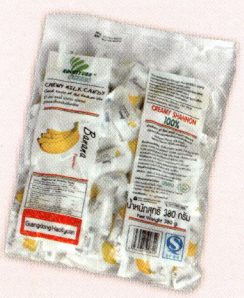

나라야

싸고 질 좋은 천으로 부담 없이 구매할 수 있는 나라야. 한국 돈 만 원으로 동전 지갑 3개 정도를 살 수 있어 가성비와 디자인 둘 다 잡을 수 있어서 현지인들과 여행자들 사이에서 인기. 방콕 곳곳에 나라야 매장이 있으니 한 번쯤 들러도 절대 후회하지 않을 것이다.

액세서리

값싼 인건비와 재료비로 우리나라보다 2배는 싼 액세서리는 태국 쇼핑의 꽃. 팔찌나 귀걸이부터 머리핀까지 다양한 디자인의 액세서리들을 만날 수 있다. 백화점보다는 시장이나 길거리에서 사는 것이 훨씬 저렴하니 잔돈을 없애는 가장 행복한 방법으로 추천한다.

미리 체험하는 방콕의 명소들

360도 영상을 통해 생생한 방콕의 모습을 미리 만나 보자.

지금, 방콕 360도 영상 & 사진 보는 방법

검색

1. 안드로이드는 Google Play 스토어 에서, IOS는 App Store 에서 YouTube 를 설치해 주세요.
2. 설치한 유튜브 앱에서 '플래닝북스'를 검색 후 〈지금, 방콕〉의 다양한 360도 영상을 감상하세요!
3. 카드보드를 활용하여 보시면 더욱 생생하게 감상하실 수 있어요~

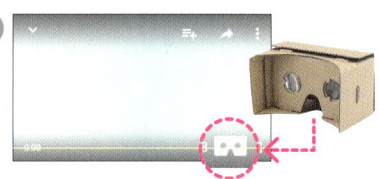

QR 코드-IOS

1. App Store 에서 NAVER 와 YouTube 를 설치해 주세요.
2. 네이버에서 QR 코드를 스캔해 주세요.
3. 오른쪽 하단에 있는 아이콘을 누른 후 'Safari로 열기'를 눌러 주세요.
4. 유튜브로 연결된 동영상으로 〈지금, 방콕〉의 다양한 360도 영상을 감상하세요!

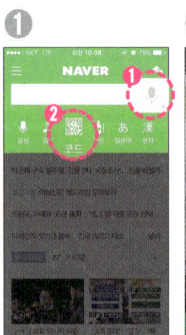

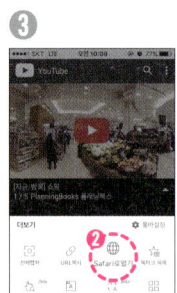

명소

에라완 사원 / 왓 뜨라이밋 / 칫롬역 주변 +랑수안 로드 / 담는사두악 수상 시장 / 암파와 수상 시장

매끌롱 시장 / 아시아티크

쇼핑

시암 파라곤 +시암 센터+ 시암 디스커버리 / 마분콩 센터 + 시암역 전철 / 그루브 / 팟퐁 야시장 / 네온 야시장 +팔라디움

레스토랑&식당

버티고 / 세라비 / 더 키친 테이블 / 클라우드 47 / 남

호텔

호텔 뮤즈 방콕 랑수안 엠 갤러리 컬렉션 / 더 오쿠라 프레스티지 방콕 / 더 세인트 레지스 방콕 / 더 수코타이 방콕 / 더블유 방콕

반얀트리 방콕 / 이스틴 그랜드 호텔 사톤 / 더 컨티넨트

Bangkok

🧳 Tip. 나에게 맞는 여행 일정 짜기

많은 여행지를 다녀봤지만 방콕만큼 재방문하는 도시가 있을까 싶을 정도로 방콕은 유난히 재방문 여행자들이 많다. 항공권, 물가, 음식, 마사지, 밤 문화 등 음주 가무에 능한(?) 한국인 여행자들에게 방콕은 가장 만만하면서도 가성비 좋은 여행지임에 틀림없기 때문은 아닐까?

방콕 여행에 왕도는 없고, 여행자들의 취향과 상황은 너무나도 다양하기 때문에 최대한 다양한 측면에서 일정을 계획했다. 최근에는 저가 항공권이 많기 때문에 오후 11시쯤 도착하는 여행자들에게 맞춘 일정 위주로 계획했다. 방콕을 오전에 도착하는 여행자는 본인이 여행하고자 하는 스케줄보다 하루 더 많은 계획을 참고하기 바란다. 예를 들어 2박 3일 일정의 경우 3박 4일 일정을 참고하면 된다.

① 숙소의 경우 일정별로 가격 편차가 심하기 때문에 특정 숙소보다는 지역 위주의 숙소로 표기했으니, 숙소 선택에 참고하자.

② 여행을 가는 사람마다, 기간마다 일정은 전부 달라질 수 있다는 사실을 명심하자. 구체적인 나만의 동선을 짜기 위해서는 동선별 일정과 동행별 일정으로 커다란 동선을 계획한 후, 테마별 일정으로 본인의 일정을 가다듬는 방식으로 짜는 것을 추천한다. 모든 계획은 방콕을 처음 방문하는 여행자에게 맞춰져 있으니, 이미 가 본 곳이 있다면 상황에 맞게 조정하는 센스를 발휘하자.

테마별 추천 코스

방콕

동행별 여행
혼자 떠나는 여행
친구와 함께 떠나는 여행
연인과 함께하는 여행
가족과 함께하는 여행

기간별 여행
금토일 여행
3박 4일 여행
4박 5일 여행

테마별 여행
쇼핑 여행
힐링 여행
역사 여행

Best Course 01

혼자 떠나는 여행

방콕 도심을 혼자 가는 것만큼 방콕을 더 잘 느낄 수 있는 방법은 없다. 혼자여도 두렵지도, 외롭지도 않은 여행지만을 추천한다. 너무 시끄럽고 화려한 밤보다는 멋진 풍경을 감상하며 조용히 칵테일 한잔의 밤 문화를 즐겨 보자.

1일차: 인천 국제공항 → 수완나품 국제공항 → 카오산 로드 → 숙소

2일차: 왕궁 → 왓 프라깨오 → 왓 포 → 왓 포 마사지 스쿨 → 왓 아룬 → 숙소 → 버티고 & 문 바 → 아시아티크 → 차이나타운

3일차: 짐 톰슨 하우스 → 방콕 아트 앤 컬처 센터 → 시암 파라곤 → 숙소 → 오드리 카페 앤 비스트로 → 센터 포인트

4일차: 짜뚜짝 시장 → 1881 바이 워터 라이브러리 → 수완나품 국제공항

DAY 1 수완나품 국제공항 → 카오산 로드 → 숙소

카오산 로드

수완나품 국제공항 — 택시 약 45분 — 숙소 체크인

수완나품국제공항

DAY 2

왕궁 → 왓 프라깨오 → 왓 포 → 왓 포 마사지 스쿨 → 띠엔 선착장Tha Tien → 쿤 매 쁘악 선착장Tha Khun Mae Pueak → 왓 아룬 → 쿤 매 쁘악 선착장 → 띠엔 선착장 → 라차웡세 선착장Tha Rachawongse → 차이나타운 → 라차웡세 선착장 → 아시아티크 → 사톤 선착장Sathorn Pier → 버티고 & 문 바

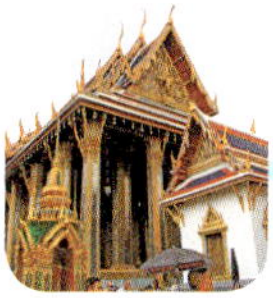

왕궁

도보 10분

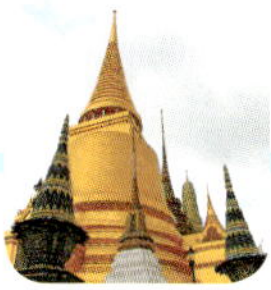

왓 프라깨오

도보 15분

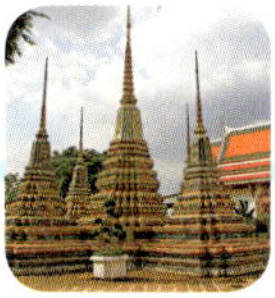

왓 포

도보 2분

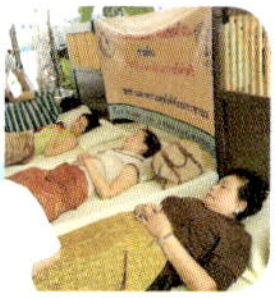

왓 포 마사지 스쿨

도보 5분

Tien

띠엔 선착장

보트 3분(횡단)

Khun Mae Pueak

쿤 매 쁘악 선착장

도보 1분

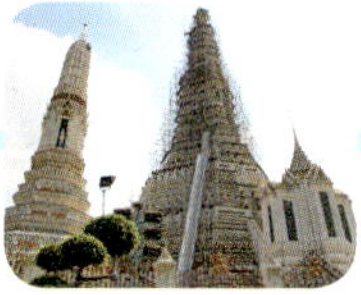

왓 아룬

도보 1분

Khun Mae Pueak

쿤 매 쁘악 선착장

보트 3분(횡단)

Tien

띠엔 선착장

보트 10분

Rachawongse

라차웡세 선착장

도보 10분

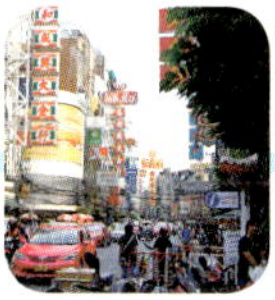

차이나타운

도보 10분

Rachawongse

라차웡세 선착장

보트 20분

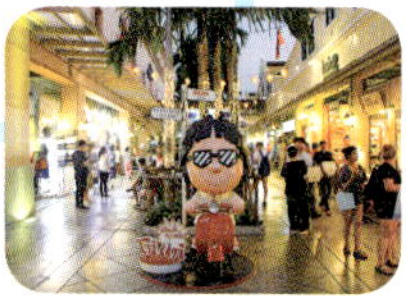

아시아티크

보트 10분 (셔틀 가능)

Sathorn Pier

사톤 선착장

택시 10분

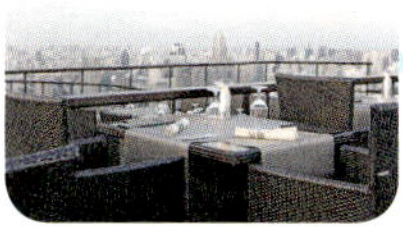

버티고 & 문 바

DAY 3 (BTS 실롬 선) 내셔널 스타디움National Stadium역 ➡ 짐 톰슨 하우스 ➡ 방콕 아트 앤 컬처 센터 ➡ 시암 파라곤 ➡ 센터 포인트 ➡ (BTS수쿰윗선) 시암Siam역 ➡ (BTS 수쿰윗선) 통로Thong Lo역 ➡ 오드리 카페 앤 비스트로

National Stadium
— 도보 10분 —

짐 톰슨 하우스
— 도보 10분 —

방콕 아트 앤 컬처 센터
— 도보 3분 —

시암 파라곤

오드리 카페 앤 비스트로
— 도보 15분 —

Thong Lo
— BTS 20분 —

Siam
— 도보 1분 —

센터 포인트
— 도보 3분 —

 **DAY 4** (BTS 수쿰윗 선) 모 칫Mo Chit역 ➡ 짜뚜짝 시장 ➡ (BTS 수쿰윗 선) 모 칫역 ➡ (BTS 수쿰윗 선) 칫롬Chit Lom역 ➡ 1881 바이 워터 라이브러리 ➡ (BTS 수쿰윗 선) 칫롬역 ➡ (BTS 수쿰윗 선) 파야타이Phaya Thai역 ➡ (SRT) 파야타이역 ➡ 수완나품 국제공항

Mo Chit
— 도보 5분 —

짜뚜짝 시장
— 도보 5분 —

Mo Chit
— BTS 15분 —

Chit Lom
— 도보 5분 —

1881 바이 워터 라이브러리

수완나품 국제공항
— SRT 20분 —
SRT
Phaya Thai
— 도보 1분 —
BTS
Phaya Thai
— BTS 10분 —
BTS
Chit Lom
— 도보 5분 —

친구와 함께 떠나는 여행

친구와 함께라면 숙소와 교통비 부담이 반으로 줄어들기 때문에
더욱 과감하게 지역 이동을 해 가며 놀 수 있다. 특히 혹시 모를 안전 문제도
친구와 함께라면 덜 위험하니 화려한 방콕의 밤을 즐기도록 하자.

1일차 인천 국제공항 — 수완나품 국제공항 — 숙소

2일차 수파닝가 이팅 룸 — 시암 센터 — 센터 포인트 — 카오산 로드 — 잇 사이트 스토리 덱

3일차 왕궁 — 왓 프라깨오 — 왓 포 — 왓 포 마사지 스쿨 — 버티고 & 문 바 — 아시아티크 — 차이나타운

4일차 짜뚜짝 시장 — 수완나품 국제공항

DAY 1
수완나품 국제공항 ➔ 숙소

 택시 약 40분

수완나품 국제공항   숙소 체크인

DAY 2 (BTS 수쿰윗 선) 통로Thong Lo역 ➡ 수파닝가 이팅 룸 ➡ (BTS 수쿰윗 선) 통로역➡ (BTS 수쿰윗선) 시암Siam역 ➡ 시암 센터 ➡ 센터 포인트 ➡ 잇사이트 스토리 덱➡ 띠엔 선착장Tha Tien ➡ 프라 안팃 선착장Tha Phra Arhit ➡ 카오산 로드

DAY 3 왕궁➡ 왓 프라깨오 ➡ 왓 포 ➡ 왓 포 마사지 스쿨➡ 띠엔 선착장Tha Tien ➡ 라차웡세 선착장Tha Rachawongse ➡ 차이나타운 ➡ 라차웡세 선착장 ➡ 아시아티크 ➡ 사톤 선착장Sathorn Pier ➡ 버티고&문바

왕궁

왓 프라깨오

왓 포

왓 포 마사지 스쿨

차이나타운

| 도보 5분 | 띠엔 선착장 | 보트 10분 | 라차웡세 선착장 | 도보 10분 | 차이나타운 | 도보 10분 | 라차웡세 선착장 |

버티고 & 문 바 — 택시 10분 — 사톤 선착장 — 보트 10분 (셔틀 가능) — 아시아티크 — 보트 20분

DAY 4 (BTS 수쿰윗 선) 모 칫Mo Chit역 ➜ 짜뚜짝 시장 ➜ (BTS 수쿰윗 선) 모 칫역 ➜ (BTS 수쿰윗 선) 파야타이Phaya Thai역 ➜ (SRT) 파야타이역 ➜ 수완나품 국제공항

Mo Chit — 도보 5분 — 짜뚜짝 시장 — 도보 5분 — Mo Chit — BTS 10분 — Phaya Thai (BTS) — 도보 1분 — Phaya Thai (SRT) — SRT 20분 — 수완나품 국제공항

45

연인과 함께하는 여행

저렴한 가격의 5성급 호텔과 멋진 분위기의 루프톱 바, 여심을 저격하는 카페와 레스토랑 등으로 많은 커플이 여행하는 곳이 방콕이다. 낮에는 분위기 있는 맛집과 스파 위주로 계획하고 밤에는 방콕의 로맨틱한 밤을 최대한 즐겨 보자.

1일차 인천 국제공항 — 수완나품 국제공항 — 숙소

2일차 왕궁 — 왓 프라깨오 — 왓 포 — 왓 포 마사지 스쿨 — 짜오프라야 리버 크루즈 — 아시아티크 — 차이나타운

3일차 오드리 카페 앤 비스트로 — 터미널 21 — 짐 톰슨 하우스 — 트리무르티 사원 — 숙소 — 버티고 & 문 바 — 반 팟타이 — 센터 포인트

4일차 센트럴월드 — 그레이 하운드 — 수완나품 국제공항

DAY 1 수완나품 국제공항 ➜ 숙소

택시 약 40분

수완나품 국제공항   숙소 체크인

왓 프라깨오

DAY 2: 왕궁 ➡ 왓 프라깨오 ➡ 왓 포 ➡ 왓 포 마사지 스쿨 ➡ 띠엔 선착장 Tha Tien ➡ 라차웡세 선착장 Tha Rachawongse ➡ 차이나타운 ➡ 라차웡세 선착장 ➡ 아시아티크 ➡ 아시아티크 선착장 Asiatique Pier ➡ 짜오프라야 리버 크루즈 ➡ 아시아티크 선착장

왕궁 — 도보 10분 → 왓 프라깨오 — 도보 15분 → 왓 포 — 도보 2분 → 왓 포 마사지 스쿨 — 도보 5분 → 띠엔 선착장 — 보트 10분 → 라차웡세 선착장 — 도보 10분 → 차이나타운 — 도보 10분 → 라차웡세 선착장 — 보트 10분 → 아시아티크 — 도보 1분 → 아시아티크 선착장 → 짜오프라야 리버 크루즈 → 아시아티크 선착장

DAY 3: (BTS 수쿰윗선) 통로 Thong Lo역 ➡ 오드리 카페 앤 비스트로 ➡ (BTS 수쿰윗선) 통로역 ➡ (BTS 수쿰윗선) 아속 Asok역 ➡ 터미널 21 ➡ (BTS 수쿰윗 선) 아속역 ➡ (BTS 수쿰윗/실롬 선) 시암 Siam역 환승 ➡ (BTS 실롬 선)내셔널 스타디움 National Stadium역 ➡ 짐 톰슨 하우스 ➡ 트리무르티 사원 ➡ 센터 포인트 ➡ (BTS 수쿰윗/실롬 선) 시암역 ➡ (BTS 실롬 선) 사판 딱신 Saphan Taksin역 ➡ 반팟타이 ➡ 버티고 & 문 바

Thong Lo — 도보 15분 → 오드리 카페 앤 비스트로 — 도보 15분 → Thong Lo — BTS 10분 → Asok — 도보 1분 → 터미널 21

도보 1분		BTS 8분		BTS 2분		도보 10분	

BTS Asok → **BTS** Siam 환승 (BTS 수쿰윗 선 → 실롬 선) → **BTS** National Stadium → 짐 톰슨 하우스

- **BTS** Siam — 도보 1분 — 센터 포인트 — 도보 5분 — 트리무르티 사원 (택시 10분 from 짐 톰슨 하우스)
- BTS 20분
- **BTS** Saphan Taksin — 도보 5분 — 반 팟타이 — 택시 10분 — 버티고 & 문 바

DAY 4 (BTS 수쿰윗 선) 칫롬 Chit Lom역 ➜ 센트럴월드 ➜ 그레이 하운드 ➜ (BTS 수쿰윗 선) 칫롬역 ➜ (BTS 수쿰윗 선) 파야타이 Phaya Thai역 ➜ (SRT) 파야타이역 ➜ 수완나품 국제공항

 **BTS** Chit Lom — 도보 5분 —  센트럴월드 — 도보 2분 —  그레이 하운드 — 도보 5분 —  **BTS** Chit Lom

BTS 10분

 수완나품 국제공항 — SRT 20분 — **SRT** Phaya Thai — 도보 1분 — **BTS** Phaya Thai

가족과 함께하는 여행

아이 혹은 부모님을 모시고 방콕을 방문한다면 이곳저곳 다니는 빡빡한 일정보다는 휴양과 식사에 집중하는 코스가 좋다. 가족 단위 여행자는 수쿰윗 지역보다 사톤 지역의 가족형 호텔 혹은 리조트 구역 숙소를 추천한다.

1일차: 인천 국제공항 — 수완나품 국제공항 — 숙소

2일차: 반 쿤 매 — 시암 파라곤 — 시라이프 오션 월드 — 키자니아 — 숙소 — 셀라돈 — 센터 포인트 — 마담 투소

3일차: 왕궁 — 왓 프라깨오 — 왓 포 — 왓 포 마사지 스쿨 — 왓 아룬 — 숙소 — 칼립소 방콕 — 아시아티크 — 숙소 휴식 — 아난따 사마콤 궁전

4일차: 짜뚜짝 시장 — 수완나품 국제공항

DAY 1

수완나품 국제공항 ➜ 숙소

 택시 약 40분

수완나품 국제공항 　　　　　 숙소 체크인

DAY 2

(BTS수쿰윗/실롬선) 시암Siam역 ➡ 반 쿤 매 ➡ 시암 파라곤 ➡ 시라이프 오션 월드 ➡ 키자니아 ➡ 마담 투소 ➡ 센터 포인트 ➡ (BTS 실롬 선) 시암역 ➡ (BTS 실롬 선) 살라댕Sala Daeng역 ➡ 셀라돈

센터 포인트

마담 투소

키자니아

셀라돈

DAY 3

왕궁 ➡ 왓 프라깨오 ➡ 왓 포 ➡ 왓 포 마사지 스쿨 ➡ 띠엔선착장Tha Tien ➡ 쿤매쁘악선착장Tha Khun Mae Pueak ➡ 왓아룬 ➡ 쿤매쁘악선착장 ➡ 띠엔선착장 ➡ 아난따사마콤궁전 ➡ 숙소휴식 ➡ 사톤선착장Sathorn Pier ➡ 아시아티크 ➡ 칼립소방콕

왕궁

왓 프라깨오

왓 포

왓 포 마사지 스쿨

띠엔 선착장	쿤 매 쁘악 선착장	왓 아룬

도보 5분 / 보트 3분(횡단) / 도보 1분

쿤 매 쁘악 선착장

도보 1분

사톤 선착장

BTS 또는 택시

숙소 휴식

아난따 사마콤 궁전

택시 20분

띠엔 선착장

보트 3분

보트 10분 (셔틀가능)

아시아티크

도보 1분

칼립소 방콕

DAY 4

(BTS 수쿰윗 선) 모 칫Mo Chit역 ➡ 짜뚜짝 시장 ➡ (BTS 수쿰윗 선) 모 칫역 ➡ (BTS 수쿰윗 선) 파야타이Phaya Thai역 ➡ (SRT) 파야타이역 ➡ 수완나품 국제공항

Mo Chit

도보 5분

짜뚜짝 시장

도보 5분

Mo Chit

BTS 10분

수완나품 국제공항

SRT 20분

SRT
Phaya Thai

도보 1분

BTS
Phaya Thai

금토일 여행

주말에만 열리는 짜뚜짝 시장과 야시장은 그럴듯한 싸구려 기념품을 사기에 최적의 쇼핑 플레이스를 제공한다. 잘 나가는 클럽과 술집은 주말에 더욱 화려하다. 특히 나 자신에게 선물하기에는 가장 가성비 좋은 여행지라는 점을 기억하자.

목요일: 인천 국제공항 → 수완나품 국제공항 → 숙소

금요일: 왕궁 → 왓 프라깨오 → 왓 포 → 왓 포 마사지 스쿨 → 차이나타운 → 아시아티크 → 짜오프라야 리버 크루즈 → 버티고 & 문 바 → 숙소

토요일: 짜뚜짝 시장 → 솜분 시푸드 → 센터 포인트 → 숙소 휴식 → 롯 파이 마켓 랏차다 → 데시 비치 → 레벨스 클럽 앤 라운지 → 숙소

일요일: 시암 파라곤 → 수완나품 국제공항

 DAY 1 수완나품 국제공항 → 숙소

수완나품 국제공항 —택시 약 40분— 숙소 체크인

DAY 2

왕궁 ➡ 왓 프라깨오 ➡ 왓 포 ➡ 왓 포 마사지 스쿨 ➡ 띠엔 선착장 Tha Tien ➡ 라차웡세 선착장 Tha Rachawongse ➡ 차이나타운 ➡ 라차웡세 선착장 ➡ 아시아티크 ➡ 아시아티크 선착장 Asiatique Pier ➡ 짜오프라야 리버 크루즈 ➡ 아시아티크 선착장 ➡ 사톤 선착장 Sathorn Pier ➡ 버티고 & 문 바

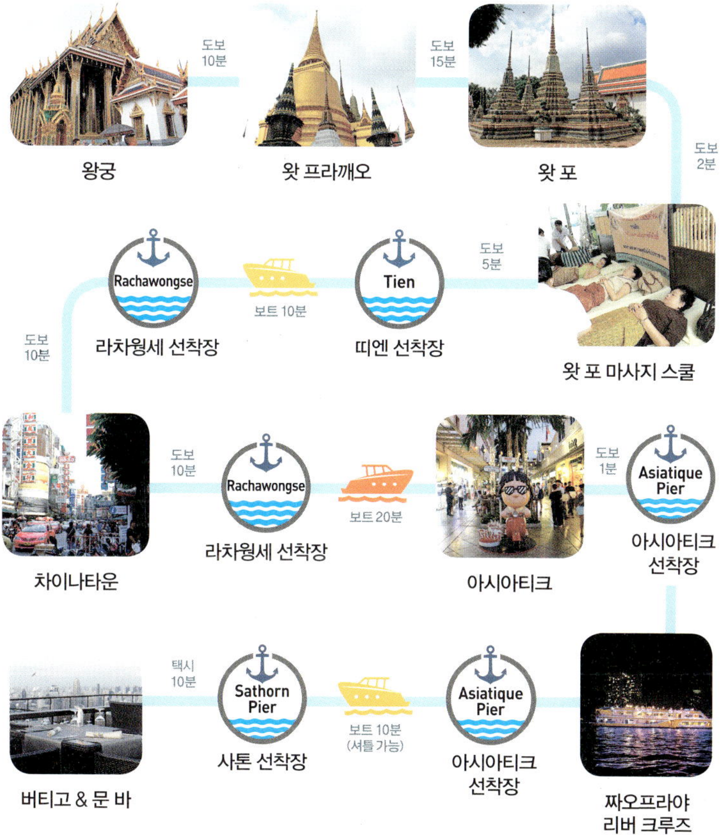

왕궁 — 도보 10분 → 왓 프라깨오 — 도보 15분 → 왓 포 — 도보 2분 → 왓 포 마사지 스쿨 — 도보 5분 → 띠엔 선착장 — 보트 10분 → 라차웡세 선착장 — 도보 10분 → 차이나타운 — 도보 10분 → 라차웡세 선착장 — 보트 20분 → 아시아티크 — 도보 1분 → 아시아티크 선착장 → 짜오프라야 리버 크루즈 → 아시아티크 선착장 — 보트 10분 (셔틀 가능) → 사톤 선착장 — 택시 10분 → 버티고 & 문 바

DAY 3

(BTS 수쿰윗 선) 모 칫 Mo Chit 역 ➡ 짜뚜짝 시장 ➡ (BTS 수쿰윗 선) 모 칫역 ➡ (BTS 수쿰윗선) 시암 Siam 역 ➡ 솜분 시푸드 ➡ 센터 포인트 ➡ 숙소 휴식 ➡ 롯파이 마켓 랏차다 ➡ 지하철 타일랜드 컬처럴 센터 Thailand Cultural Centre 역 ➡ 지하철 수쿰윗 Sukhumvit 역 ➡ (BTS 수쿰윗 선) 아속 Asok 역 ➡ (BTS 수쿰윗 선) 통로 Thong Lo 역 ➡ 데시 비치 ➡ 레벨스 클럽 앤라운지

53

DAY 4

(BTS 수쿰윗/실롬 선) 시암Siam역 ➡ 시암 파라곤 ➡ (BTS 수쿰윗 선) 시암역 ➡ (BTS 수쿰윗 선) 파야타이Phaya Thai역 ➡ (SRT) 파야타이역 ➡ 수완나품 국제공항

3박 4일 여행

가장 많은 여행자가 선택하는 꽉 찬 3박 4일 여행 일정이다. 이번 장에 한해서는
호불호가 덜 갈리고 실패하기 어려운 스폿을 구체적으로 선정한다.
본문과 비교하면서 구체적인 스폿들에 대한 선택은 여전히 자유다.

1일차 인천 국제공항 — 수완나품 국제공항 — 이스틴 그랜드 호텔 사톤

2일차 호텔 조식 — 인피니티 풀 — 체크아웃(짐 보관) — 블루 엘리펀트 — 호텔(짐 수령) — 시암 앳 시암 디자인 호텔 방콕(체크인) — 짐 톰슨 하우스 — 시암 앳시암 디자인 호텔 방콕 — 레드 스카이 바 — 칼립소 방콕 — 아시아 티크 — 스타벅스 — 센트럴 월드

3일차 조식 후 체크아웃(짐 보관) — 왕궁 — 왓 프라깨오 — 왓 포 — 왓 포 마사지 스쿨 — 팁사마이 — 호텔(짐 수령) — 더 컨티넨트(체크인) — 더 컨티넨트 — 레벨스 클럽 앤 라운지 — 더 아이언 페어리즈 — 손통 포차나 — 호텔 휴식

4일차 조식 후 체크아웃 — 짜뚜짝 시장 — 수완나품 국제공항

DAY 1 수완나품 국제공항 ➡ 이스틴 그랜드 호텔 사톤

택시 약 40분

수완나품 국제공항 — 이스틴 그랜드 호텔 사톤 체크인

DAY 2

호텔 조식 ➡ 인피니티 풀에서 수영 ➡ 체크아웃(짐 보관) ➡ 블루 엘리펀트 ➡ 호텔(짐 수령) ➡ (BTS 실롬 선) 수라삭Surasak역 ➡ (BTS 실롬 선) 내셔널 스타디움National Stadium역 ➡ 시암 앳 시암 디자인 호텔 방콕(체크인) ➡ 짐 톰슨 하우스 ➡ 센트럴월드 ➡ 스타벅스 ➡ 아시아티크 ➡ 칼립소 방콕 ➡ 레드 스카이 바 ➡ 시암 앳 시암 디자인 호텔 방콕

호텔 조식

인피니티 풀에서 수영

체크아웃(짐 보관)

도보 1분

블루 엘리펀트

도보 1분

시암 앳 시암 디자인 호텔 방콕(체크인)

도보 5분

National Stadium

BTS 20분

Surasak

도보 10분

짐 톰슨 하우스

도보 15분 /택시 5분

센트럴월드

도보 15분

스타벅스

택시 25분

아시아티크

도보 1분

시암 앳 시암 디자인 호텔 방콕

택시 5분

레드 스카이 바

택시 25분

칼립소 방콕

DAY 3

조식 후 체크아웃(짐 보관) ➔ 왕궁 ➔ 왓 프라깨오 ➔ 왓 포 ➔ 왓 포 마사지 스쿨 ➔ 팁사마이 ➔ 호텔(짐 수령) ➔ (BTS 실롬 선) 내셔널 스타디움 National Stadium 역 ➔ (BTS 실롬/수쿰윗 선) 시암역 환승 ➔ (BTS 수쿰윗 선) 아속 Asok 역 ➔ 더 컨티넨트(체크인 및 휴식) ➔ 손통 포차나 ➔ 더 아이언 페어리즈 ➔ 레벨스 클럽 앤 라운지 ➔ 더 컨티넨트

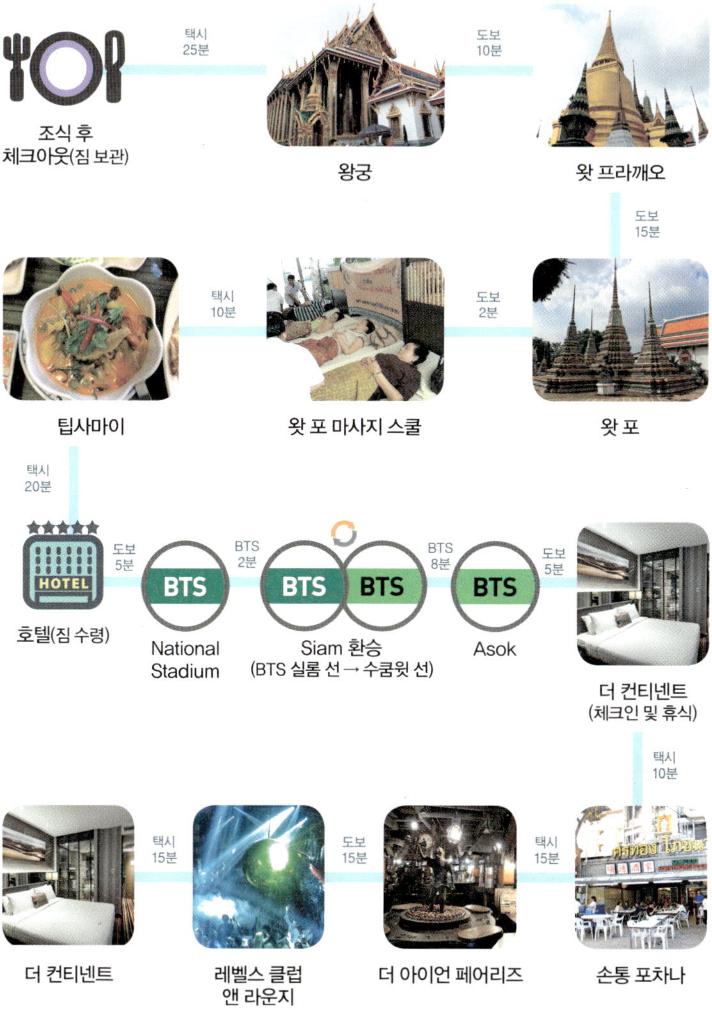

| 조식 후 체크아웃(짐 보관) | 택시 25분 | 왕궁 | 도보 10분 | 왓 프라깨오 |

| 팁사마이 | 택시 10분 | 왓 포 마사지 스쿨 | 도보 2분 | 왓 포 | 도보 15분 |

택시 20분

호텔(짐 수령) — 도보 5분 — National Stadium — BTS 2분 — Siam 환승 (BTS 실롬 선 → 수쿰윗 선) — BTS 8분 — Asok — 도보 5분 — 더 컨티넨트(체크인 및 휴식)

택시 10분

더 컨티넨트 — 택시 15분 — 레벨스 클럽 앤 라운지 — 도보 15분 — 더 아이언 페어리즈 — 택시 15분 — 손통 포차나

DAY 4 조식 후 체크아웃 ➜ (BTS 수쿰윗 선) 아속Asok역 ➜ (BTS 수쿰윗 선) 모 칫Mo Chit역
➜ 짜뚜짝 시장 ➜ (BTS 수쿰윗 선) 모 칫역 ➜ (BTS 수쿰윗 선) 파야타이Phaya Thai역
➜ (SRT) 파야타이역 ➜ 수완나품 국제공항

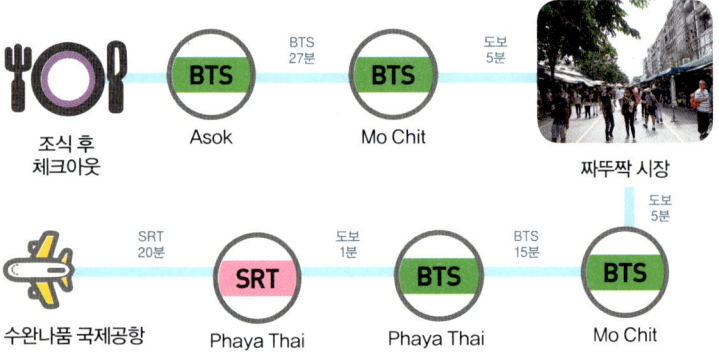

4박 5일 여행

4박 5일이면 방콕의 이름 좀 알려졌다는 스폿들은 대부분 돌아볼 수 있다. 방콕 근교 관광지도 반나절 들어갔으니 각자의 스케줄에 맞게 일정을 짜는 것을 추천한다. 하지만 여전히 갈 곳은 넘쳐 나고 시간은 부족하니 방심하지 말자.

1일차
인천 국제공항 → 수완나품 국제공항 → 이스틴 그랜드 호텔 사톤

2일차
조식 및 휴식 후 체크아웃(짐 보관) → 블루 엘리펀트 → 짐 찾은 후 시암 앳 시암 디자인 호텔 방콕(체크인) → 짐 톰슨 하우스 → 센트럴 월드 → 스타벅스 → 시암 앳 시암 디자인 호텔 방콕 → 레드 스카이 바 → 칼립소 방콕 → 아시아티크

3일차
조식 후 체크 아웃 → 아룬 레지던스 (체크인) → 왕궁 → 왓 프라깨오 → 왓 포 → 왓 포 마사지 스쿨 → 팁사마이 → 아룬 레지던스 → 카오산 로드 → 더 덱 바이 아룬 레지던스 → 아룬 레지던스 → 아난따 사마콤 궁전

4일차
호텔 체크아웃 → 카오산 로드 → 여행사(짐 보관) → 근교 반나절 투어 → 방콕 하이츠 → 손통 포차나 → 호텔 휴식 → 더 컨티넨트 (체크인)

5일차
조식 후 체크아웃 → 짜뚜짝 시장 → 수완나품 국제공항

수완나품 국제공항 ➜ 이스틴 그랜드 호텔 사톤

택시 약 40분

수완나품 국제공항   이스틴 그랜드 호텔 사톤 체크인

호텔 조식 ➔ 인피니티 풀에서 수영 ➔ 체크아웃(짐 보관) ➔ 블루 엘리펀트 ➔ 호텔(짐 수령) ➔ (BTS 실롬 선) 수라삭Surasak역 ➔ (BTS 실롬 선) 내셔널 스타디움National Stadium역 ➔ 시암 앳 시암 디자인 호텔 방콕(체크인) ➔ 짐 톰슨 하우스 ➔ 센트럴 월드 ➔ 스타벅스 ➔ 아시아티크 ➔ 칼립소 방콕 ➔ 레드 스카이 바 ➔ 시암 앳 시암 디자인 호텔 방콕

호텔 조식

인피니티 풀에서 수영

체크아웃(짐 보관)

도보 1분

블루 엘리펀트

도보 1분

시암 앳 시암 디자인 호텔 방콕(체크인)

도보 5분

National Stadium

BTS 20분

Surasak

도보 1분

호텔(짐 수령)

도보 10분

짐 톰슨 하우스

도보 15분/택시 5분

센트럴월드

도보 15분

스타벅스

택시 25분

아시아티크

도보 1분

시암 앳 시암 디자인 호텔 방콕

택시 5분

레드 스카이 바

택시 25분

칼립소 방콕

 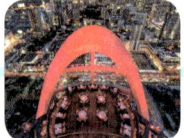 

DAY 3 조식 후 체크아웃 ➡ 아룬 레지던스(체크인) ➡ 왕궁 ➡ 왓 프라깨오 ➡ 왓 포 ➡ 왓 포 마사지 스쿨 ➡ 팁사마이 ➡ 아난따 사마콤 궁전 ➡ 아룬 레지던스 ➡ 더 덱 바이 아룬 레지던스 ➡ 카오산 로드 ➡ 아룬 레지던스

조식 후 체크아웃

택시 20분

아룬 레지던스(체크인)

도보 10분

왕궁

도보 10분

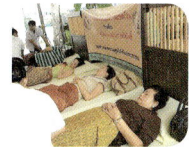

왓 포 마사지 스쿨

도보 2분

왓 포

도보 15분

왓 프라깨오

택시 10분

팁사마이

택시 10분

아난따 사마콤 궁전

택시 15분

아룬 레지던스

아룬 레지던스

택시 10분

카오산 로드

택시 10분

더 덱 바이 아룬 레지던스

DAY 4 호텔 체크아웃 ➜ 카오산 로드 근처 여행사(짐 보관) ➜ 근교 반나절 투어 ➜ 더 컨티넨트(체크인 및 휴식) ➜ 손통 포차나 ➜ 방콕 하이츠

호텔 체크아웃

택시 5분

카오산 로드 근처 여행사(짐 보관)

근교 반나절 투어

택시 30분

방콕 하이츠

택시 10분

손통 포차나

택시 10분

더 컨티넨트 (체크인 및 휴식)

DAY 5 조식 후 체크아웃 ➜ (BTS 수쿰윗 선) 아속Asok역 ➜ (BTS 수쿰윗 선) 모 칫Mo Chit역 ➜ 짜뚜짝 시장 ➜ (BTS 수쿰윗 선) 모 칫역 ➜ (BTS 수쿰윗 선) 파야타이Phaya Thai역 ➜ (SRT) 파야타이역 ➜ 수완나품 국제공항

조식 후 체크아웃

도보 5분

Asok

BTS 27분

Mo Chit

도보 5분

짜뚜짝 시장

수완나품 국제공항

SRT 20분

Phaya Thai

도보 1분

BTS
Phaya Thai

BTS 15분

BTS
Mo Chit

도보 5분

62

쇼핑 여행

작은 액세서리부터 명품까지 동남아 쇼핑의 중심지 방콕은 종류별로 가격별로 다양한 살 거리가 있다. 기념품부터 나를 위한 선물까지 다양한 구매 계획을 가지고 있는 여행자를 위해 준비한 일정이니 쇼핑 마니아라면 한 번 도전해 보자.

1일차
인천 국제공항 — 수완나품 국제공항 — 숙소

2일차
시암 파라곤 — 고메 마켓 — 어나더 하운드 — 시암 센터 — 시암 디스커버리 — 마분콩 센터
버티고 & 문 바 — 팟퐁 야시장 — 아시아티크 — 시암스퀘어

3일차
짜뚜짝 시장 — 터미널 21 — 모스 버거
롯 파이 마켓 랏차다 — 엠포리움 & 엠카르티에

4일차
공항 면세점 — 수완나품 국제공항

DAY 1 수완나품 국제공항 ➡ 숙소

수완나품 국제공항 —(택시 약 40분)— 숙소 체크인

롯 파이 마켓 랏차다

DAY 2

(BTS수쿰윗/실롬선) 시암Siam역 ➜ 시암 파라곤(일반 명품) ➜ 고메 마켓 ➜ 어나더 하운드 ➜ 시암 센터(로컬 브랜드) ➜ 시암 디스커버리(홈, 가전) ➜ 마분콩 센터(짝퉁, 전자제품, 의류) ➜ 시암 스퀘어(보세) ➜ (BTS 실롬 선) 내셔널 스타디움National Stadium역 ➜ (BTS 실롬 선) 사판 딱신Saphan Taksin역 ➜ 사톤 선착장Sathorn Pier ➜ 아시아티크(기념품, 액세서리, 일반) ➜ 팟퐁 야시장(짝퉁, 액세서리) ➜ 버티고 & 문 바

Siam — 도보 1분 — 시암 파라곤 — G층 — 고메 마켓 — G층 — 어나더 하운드

도보 3분

마분콩 센터 — 도보 5분 — 시암 디스커버리 — 도보 1분 — 시암 센터

도보 5분

시암 스퀘어 — 도보 15분 — National Stadium — BTS 20분 — Saphan Taksin — 도보 3분 — 사톤 선착장

보트 10분 (셔틀 가능)

버티고 & 문 바

택시 15분

팟퐁 야시장

택시 15분

아시아티크

DAY 3 (BTS 수쿰윗 선) 모 칫Mo Chit역 ➡ 짜뚜짝 시장 ➡ (BTS 수쿰윗 선) 모 칫역 ➡ (BTS 수쿰윗 선) 아속Asok역 ➡ 터미널 21 ➡ 모스 버거 ➡ (BTS 수쿰윗 선) 아속역 ➡ (BTS 수쿰윗 선) 프롬퐁Phrom Phong역 ➡ 엠포리움 & 엠카르티에 ➡ 롯 파이 마켓 랏차다

DAY 4 (BTS 수쿰윗 선) 파야타이Phaya Thai역 ➡ (SRT) 파야타이역 ➡ 수완나품 국제공항 ➡ 면세점 쇼핑 후 출국

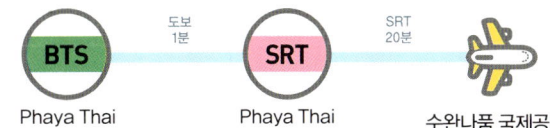

수완나품 국제공항

힐링 여행

방콕의 힐링은 조금 더 적극적이고 자극적이다. 멋진 시티 뷰를 감상할 수 있는 인피니티 풀과 한국인 입맛에도 정말 잘 맞는 음식, 말이 필요없는 글로벌 스탠다드의 타이 마사지 등 오로지 나를 위해 사용하는 멋진 3박 4일 일정을 소개한다.

1일차 ★ 인천 국제공항 — ★ 수완나품 국제공항 — ★ 숙소 — ★ 아시아 허브 어소시에이션

2일차 ★ 호텔 조식 및 휴식 — ★ 센터 포인트 — ★ 센트럴월드 — ★ 1881 바이 워터 라이브러리
★ 버티고 & 문 바 — ★ 칼립소 방콕 — ★ 아시아티크

3일차 ★ 비터맨 — ★ 룸피니 공원 — ★ 스타벅스 — ★ 잇 사이트 스토리 덱 — ★ 창 풋 마사지 앤 스파

4일차 ★ 호텔 조식 및 휴식 — ★ 수완나품 국제공항

 DAY 1 수완나품 국제공항 ➡ 숙소 체크인 ➡ 아시아 허브 어소시에이션

 택시 약 40분 택시

수완나품 국제공항　　　숙소 체크인　　　아시아 허브 어소시에이션

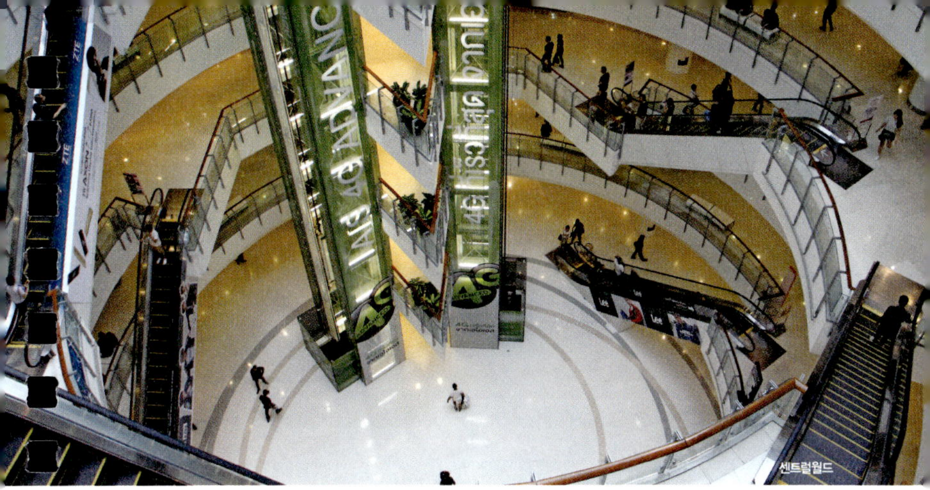

DAY 2 호텔 조식 및 휴식 ➔ (BTS수쿰윗/실롬선) 시암Siam역 ➔ 센터 포인트 ➔ 센트럴월드 ➔ 1881 바이 워터 라이브러리 ➔ 아시아티크 ➔ 칼립소 방콕 ➔ 버티고 & 문 바

Siam

호텔 조식 및 휴식

센터 포인트

아시아티크

1881 바이 워터 라이브러리

센트럴월드

칼립소 방콕

버티고 & 문 바

DAY 3 비터맨 ➡ 룸피니 공원 ➡ 스타벅스 ➡ 창 풋 마사지 앤 스파 ➡ 잇 사이트 스토리 덱

비터맨 — 도보 15분 — 룸피니 공원 — 도보 10분 — 스타벅스

잇 사이트 스토리 덱 — 택시 약 20분 — 창 풋 마사지 앤 스파 — 도보 5분

DAY 4 호텔 조식 및 휴식 ➡ (BTS 수쿰윗 선) 파야타이 Phaya Thai역 ➡ (SRT) 파야타이역 ➡ 수완나품 국제공항

호텔 조식 및 휴식

Phaya Thai
— 도보 1분 —

Phaya Thai
— SRT 20분 —

수완나품 국제공항

역사 여행

이전의 쇼핑 일정과는 다르게 대부분의 코스가 올드 시티 주변으로 이루어진다. 방콕의 역사를 제대로 알아보고 싶다면 태국의 옛 수도였던 방콕의 근교 도시 아유타야 또한 추천한다.

1일차
인천 국제공항 — 수완나품 국제공항 — 숙소

2일차
왕궁 — 왓 프라깨오 — 왓 포 — 왓 포 마사지 스쿨 — 왓 수탓 — 카오산 로드 — 민주 기념탑 — 왓 사껫 — 프라 수멘 요새 — 아난따 사마콤 궁전 — 왓 뜨라이밋 — 차이나타운

3일차
카오산 로드 — 여행사 — 아유타야 하루 투어

4일차
짐 톰슨 하우스 — 에라완 사원 — 쭐랄롱꼰 대학교 — 수완나품 국제공항

DAY 1

수완나품 국제공항 ➜ 숙소

 택시 약 40분

수완나품 국제공항   숙소 체크인

DAY 2

왕궁 → 왓 프라깨오 → 왓 포 → 왓 포 마사지 스쿨 → 띠엔 선착장Tha Tien → 쿤 매 쁘악 선착장Tha Khun Mae Pueak → 왓 아룬 → 쿤 매 쁘악 선착장 → 띠엔 선착장 → 왓 수탓 → 왓 사껫 → 민주 기념탑 → 카오산 로드 → 프라 수멘 요새 → 아난따 사마콤 궁전 → 왓 뜨라이밋 → 차이나타운

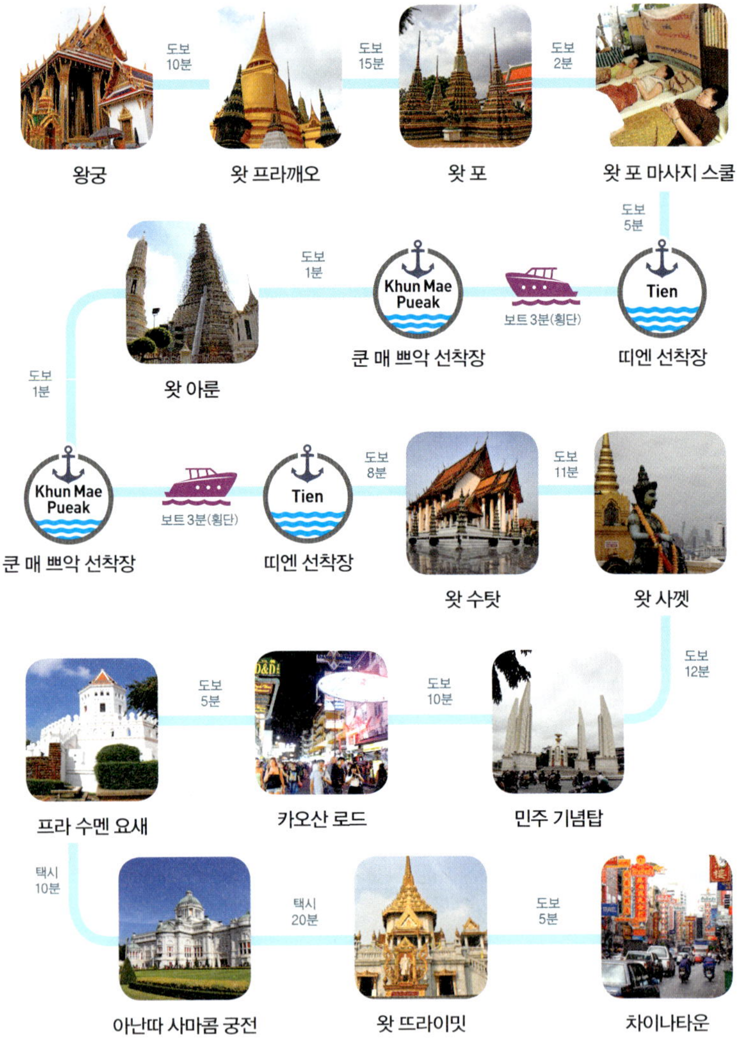
왕궁
도보 10분
왓 프라깨오
도보 15분
왓 포
도보 2분
왓 포 마사지 스쿨
도보 5분
Tien
띠엔 선착장
보트 3분(횡단)
Khun Mae Pueak
쿤 매 쁘악 선착장
도보 1분
왓 아룬
도보 1분
Khun Mae Pueak
쿤 매 쁘악 선착장
보트 3분(횡단)
Tien
띠엔 선착장
도보 8분
왓 수탓
도보 11분
왓 사껫
도보 12분
민주 기념탑
도보 10분
카오산 로드
도보 5분
프라 수멘 요새
택시 10분
아난따 사마콤 궁전
택시 20분
왓 뜨라이밋
도보 5분
차이나타운

DAY 3 카오산 로드 ➔ 여행사 ➔ 아유타야 하루 투어

카오산 로드

여행사

아유타야 하루 투어

 DAY 4 (BTS 실롬 선) 내셔널 스타디움National Stadium역 ➔ 짐 톰슨 하우스 ➔ (BTS 실롬 선) 내셔널 스타디움역 ➔ (BTS 수쿰윗/실롬 선) 시암Siam역 환승 ➔ (BTS 수쿰윗 선) 칫롬Chit Lom역 ➔ 에라완 사원 ➔ 쭐랄롱꼰 대학교 ➔ (BTS 수쿰윗 선) 시암역 ➔ (BTS 수쿰윗 선) 파야타이Phaya Thai역 ➔ (SRT) 파야타이역 ➔ 수완나품 국제공항

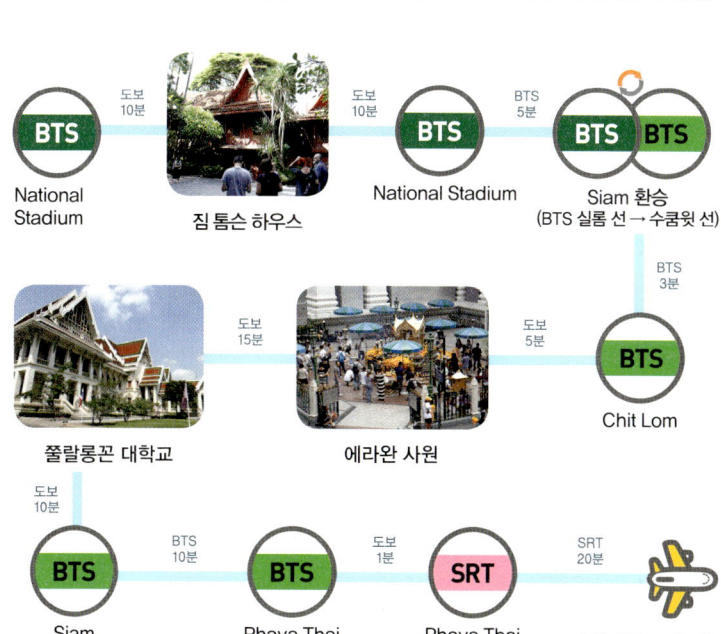

Bangkok

지역 여행

방콕

수쿰윗
센트럴
사톤 & 실롬
올드 시티
인근 지역

낮과 밤, 여행자와 현지인,
볼거리와 즐길 거리가 공존하는 곳

방콕 시내를 동서로 관통하는 거리 주변으로 대사관을 비롯해 글로벌 체인 호텔, 외국인 관광객을 위한 쇼핑센터가 즐비한 지역이다. 방콕을 찾는 여행자라면 꼭 한 번 들르게 되는 핫한 지역으로, 수완나품 국제공항과 멀지 않고, 방콕 도심 곳곳을 연결하는 지상철(BTS)이 다녀 하루쯤은 이곳에서 머물 정도로 인기가 많다. 고가 도로 위에 있는 지상철 선로를 따라 나나역부터 통로, 에까마이역까지 4km가 조금 넘는 큰 규모는 아니지만 이곳의 매력을 다 즐기기 위해서는 한 달도 부족하다. 커다란 대로 주변으로 펼쳐지는 골목(소이, Soi)들에는 호텔, 식당, 마사지, 펍(Pub)들로 가득 차 있으니 여행 콘셉트에 따라 동선을 잘 짜야 수쿰윗을 즐길 수 있다. 거미줄처럼 연결된 수쿰윗에서 나만의 방콕 핫 플레이스를 발견해보자.

수쿰윗 지역은 방콕의 대표적인 교통 체증 지역으로, 편안한 여행을 위해서는 지상철을 이용하길 추천한다. 만약 급하게 이동해야 한다면 오토바이 택시를 추천한다. 자동차와 툭툭(릭샤, Rickshaw) 사이를 요리조리 빠져나가는 오토바이 택시는 매연만 감수한다면 도착 지점까지 빠르게 이동할 수 있다.

❶ 공항

국제선 청사에서 나와 지하 1층 공항 철도 탑승 후 파야타이Phaya Thai역에서 지상철로 환승 후 아속Asok역 또는 에까마이Ekkamai역에서 하차. 혹은 공항 철도 탑승 후 마까산Makkasan역에서 지하철 펫차부리Phetchaburi역 환승 후 지하철 수쿰윗Sukhumvit역에서 하차(목적지가 수쿰윗역에서 멀다면 추천하지 않는다). 택시의 경우 평소 30분 정도면 가능하지만 교통 체증이 심한 지역이니 참고하자.

❷ 주요 지상철
BTS 나나Nana역
BTS 아속Asok역
BTS 프롬퐁Phrom Phong역
BTS 통로Thong Lo역

골목골목 가야 할 곳이 많은 수쿰윗 지역의 특성상 동선이 한 번 꼬이면 땡볕에서 매연을 실컷 마시며 걸어야 하는 불상사가 생긴다. 필자의 경험상 도보 15분 이상의 거리라면 지상철을 이용하든지, 택시를 이용하는 것이 정신 건강에 유익하다. 골목에서 길을 잃었을 경우, 당황하지 않고 일단 고가 도로를 바라보며 대로로 빠져나온 후 지도에서 골목 번호를 확인해 보자.

여행 동선 수쿰윗 지역은 지상철 역 주변으로 쇼핑센터, 음식점 거리 등이 밀집돼 있다. 본문 중 가고자 하는 스폿을 정해 지상철 역을 중심으로 나만의 여행 동선을 계획해서 움직이자.

스쿰윗 BEST COURSE

대중적인 코스
대

숙소 → 브로콜리 레볼루션 (조식) →(도보 10분)→ 엠포리엄 백화점 (쇼핑) →(도보 3분)→ 카르마카멧 다이너 →(자동차 10분)→ 헬스 랜드 (마사지)

→(도보 5분)→

디엔디 클럽 ←(도보 10분)— 더 아이언 페어리즈 ←(자동차 20분)— 어보브 일레븐 ←(도보 10분)— 로사비앵 ←(도보 10분)— 터미널 21 (쇼핑)

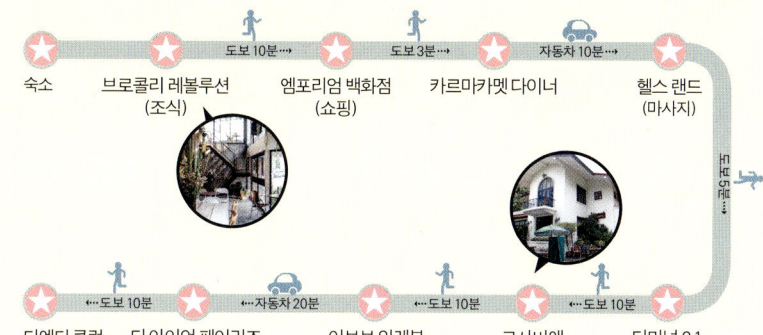

5성급 호텔, 바(Bar), 펍(Pub)이 즐비한 거리
수쿰윗 소이 11 Sukhumvit Soi 11 [쑤쿰윗 쏘이 씹엣]

주소 Sukhumvit Soi 11, Sukhumvit Rd, Klongton Nua **위치** (BTS 수쿰윗 선) 나나(Nana)역 3번 출구에서 도보 1분

JW 메리어트 호텔 방콕을 비롯해 글로벌 호텔이 여럿 생기며 방콕의 중심가로 진화하고 있는 수쿰윗 지역의 대표 거리. 중심 거리인 수쿰윗 소이 11을 중심으로 양쪽 골목 사이에 고급 레스토랑과 스파 숍, 최신 유행하는 루프톱 바와 클럽이 밀집해 있다. 여행자는 물론 방콕에 거주하는 외국인 직장인들이 즐겨 찾는 깔끔한 거리로, 식당을 제외하고는 대부분의 가게가 해 질 무렵부터 문을 여니 낮 시간대는 근처 숍에서 마사지를 즐기

고 해가 진 후 맛집 탐방을 시작으로 바와 펍에서 방콕의 밤을 즐겨 보자.

> **TIP** 환전이 필요하다면 바수 환전소 VASU EXCHANGE [와수 액첸]
>
> **주소** 133-133/1, Sukhumvit Soi 11 **위치** (BTS 수쿰윗 선) 나나(Nana)역 1번 출구에서 출구 방향 정면 **시간** 9:00~18:00(월~금), 9:00~17:00(토) **휴무** 일요일 **홈페이지** www.vasuexchange.com
>
> 우리나라 은행보다 환화 환전율이 더 좋을 때도 많다고 하여 방콕 여행자들에게는 이미 너무나도 유명해진 바수 환전소. 나나역 1번 출구에서 도보 3분 이내에 도착할 수 있어 접근성 또한 매우 좋다. 이곳에서 좋은 환율로 환전하기 위해서는 5만 원권 환전이 필수다. 만 원권이나 천 원권은 더 불리한 환전율이 매겨지니 꼭 알아 두자. 환전에서 가장 중요한 여권은 2번 체크하자.
>
>

수쿰윗 소이 11 상세 지도

- 차콜 탄두르 그릴 앤 믹솔로지
  Charcoal Tandoor Grill & Mixology
- 디바나 너처 스파
  Divana Nurture Spa
- 하파 스파
  Hapa Spa
- 어보브 일레븐
  Above Eleven
- ATM
- 세븐일레븐
  Seven Eleven
- 홀리데이 인
  Holiday Inn
- 크레이브 와인 바 앤 레스토랑
  Crave Wine Bar & Restaurant
- TMB 은행
  TMB Bank
- w xyz Bar
- 레벨스 클럽 앤 라운지
  Levels Club & Lounge
- 오스카 비스트로
  Oskar Bistro
- 알로프트 방콕 수쿰윗 11
  Aloft Bangkok Sukhumvit 11
- Sukhumvit Soi 5
- Sukhumvit Soi 7
- Sukhumvit Soi 11
- Sukhumvit Soi 13
- Sukhumvit Soi 15
- 그랜드 프레지던트
  Grand President
- 클라이맥스 클럽
  Climax Club
- 숙 11 호스텔
  Suk 11 Hostel
- 로사비앵
  Rosabieng
- 더 앰배서더 방콕
  The Ambassador Bangkok
- 11 갤러리
  Eleven Gallery
- 세븐일레븐
  Seven Eleven
- 타파스 카페
  Tapas Cafe
- 일레븐 애비뉴
  Eleven Avenue
- 그랜드 스위스 호텔
  Grand Swiss Hotel
- Sukhumvit Rd
- 바수 환전소
  Vasu Exchange
- 나나역
  Nana
- 바이 포
  Bai Po
- 온 8 수쿰윗
  On 8 Sukhumvit
- 수쿰윗 소이 11
  Sukhumvit Soi 11
- 반 달라 마인드보디 스파
  Baan Dalah MindBody Spa
- 로얄 익스프레스 방콕
  Royal Express Bangkok
- Sukhumvit Rd

수쿰윗 소이 11 레스토랑

오스카 비스트로 OSKAR bistro

주소 24 Sukhumvit Soi 11, Sukhumvit Rd, Klongton Nua **시간** 16:00~다음 날 2:00 **가격** 100~500밧(1인) **홈페이지** www.oskar-bistro.com/bangkok(홈페이지 예약가능) **전화** 097-289-4410

2012년 태국 베스트 레스토랑으로 선정된 이력이 있는 현대적이면서도 아늑한 분위기의 비스트로 앤 바. 낮 시간에는 고전적인 프랑스 요리 등 유럽풍 요리를 선보이고, 저녁 시간에는 DJ 음악을 중심으로 가볍게 몸을 흔들며 맥주와 와인을 즐길 수 있는 공간이 된다. 음식의 퀄리티와 분위기도 좋지만 가격도 착해 평일 저녁이나 주말에는 예약을 해야 한다. 1층 메인 바와 2층 이벤트 홀에서는 매일 저녁 공연도 열린다.

크레이브 와인 바 앤 레스토랑 crave Wine Bar & Restaurant

주소 8F The Aloft Hotel, 35 Sukhumvit Soi 11, Sukhumvit Rd, Klongton Nua **시간** 6:30~22:00(런치 11:30~16:00) **가격** 799밧(디너: 목~토), 1,390밧(디너: 일~수) **홈페이지** www.aloftbangkoksukhumvit11.com **전화** 02-207-7000

글로벌 호텔 체인 SPG 계열인 알로프트 호텔 8층에 위치한 바 앤 레스토랑이다. 우리나라 여행자들에게는 잘 알려지지 않았지만 아는 사람은 다 안다는 이곳은, 합리적인 가격과 괜찮은 음식 라인업으로 만족할 만한 한 끼를 제공한다. 목요일부터 토요일까지는 태국 음식과 해산물 뷔페를, 일요일부터 수요일까지는 태국 음식과 다양한 나라의 음식을 즐길 수 있다. 샐러드 바부터 디저트 뷔페까지 배부른 식사를 찾는다면 이곳을 추천한다.

로사비앵 Rosabieng

주소 3 Sukhumvit Soi 11, Sukhumvit Rd, Klongton Nua **시간** 11:00~22:30 **가격** 250~500밧(1인) **전화** 02-253-5868-9

앰배서더 호텔 맞은편에 위치한 태국식 레스토랑이다. 개조한 오래된 전통 가옥과 코코넛 나무가 어우러진 정원이 매우 인상적이다. 기차의 식당 칸이라는 뜻을 가진 로사비앵 내부에는 기차에서 볼 수 있는 아기자기한 소품이 가득하고 매일 저녁에는 라이브 재즈 공연도 열린다. 음식 맛이 깔끔하고 저렴한 메뉴부터 고급 메뉴까지 준비돼 있다.

차콜 탄두르 그릴 앤 믹솔로지 CHARCOAL TANDOOR GRILL & MIXOLOGY

주소 5F Fraser Suites Sukhumvit, 38/8 Sukhumvit Soi 11, Sukhumvit Rd, Klongton Nua **시간** 18:00~24:00 **가격** 390~700밧(1인) **홈페이지** www.charcoalbkk.com **전화** 02-038-5112

중앙아시아 음식과 조합을 이룬 북인도 음식 전문점이다. 각종 향신료를 진열해 놓은 심플한 인테리어와 인도 특유의 편안함이 인상적이다. 숯불로 달군 원통형 인도 화덕 탄두르Tandoor에 닭고기, 양고기를 꿰어 구워 낸 다양한 케밥과 북인도 식단에서 빠질 수 없는 빵 로티Roti까지 전통 북인도 요리를 만날 수 있다.

어보브 일레븐 ABOVE ELEVEN

주소 33F Fraser Suites Sukhumvit, 38/8 Sukhumvit Soi 11, Sukhumvit Rd, Klongton Nua **시간** 18:00~다음 날 2:00 **가격** 400~600밧(1인) **홈페이지** www.aboveeleven.com **전화** 02-038-5112

야경을 즐기며 요리와 음료를 즐길 수 있는 바 앤 레스토랑이다. 방콕 베스트 루프톱으로 선정될 정도로 유명한 이곳에는 페루 음식을 기본으로 한 일식과 태국 음식을 선보인다. 야경을 즐기며 마실 수 있는 각종 주류가 준비돼 있고, 전망 대비 가격이 착해 하루 전 예약은 필수다. 특히 뷰가 좋은 창가 자리는 최소 3일 전에 예약해야 한다. 참고로 가게는 3층으로 이뤄졌는데, 3층 그래머시 파크GRAMERCY PARK는 거의 모든 좌석이 창가다. 드레스 코드가 있으니 참고하자.

 **수쿰윗 소이 11** 스파

바이 포 Bai Po

주소 11/1 Sukhumvit Rd, Klongton Nua **시간** 10:00~24:00 **가격** 350밧(발 마사지), 450밧(타이 마사지; 1시간) **전화** 02-254-4834

다소 허름해 보이는 호텔 방콕 인BANGKOK INN 1층에 있는 마사지 숍. 방콕 내 다른 숍과 비교하면 형편없는 시설이지만 실력만큼은 꽤 괜찮은 로컬 숍이다. 태국 전통 마사지로 유명한 왓 포 마사지 스쿨에서 인정한 가게로, 까다롭기로 유명한 일본 여행자들 사이에서 제법 입소문이 나 있다. 럭셔리한 분위기가 아닌 가성비를 따지는 여행자라면 강력 추천한다.

디바나 너처 스파 divana NURTURE SPA

주소 71 Sukhumvit Soi 11, Sukhumvit Rd, Klongton Nua **시간** 11:00~23:00(평일) 10:00 ~23:00(주말) **가격** 1,650밧(1인 마사지), 1,450밧(발 치료; 100분) **홈페이지** www.divanaspa.com/(온라인 예약 시 할인) **전화** 02-651-2916

유명한 스파 브랜드 디바나divana에서 운영한다. 정원을 갖춘 도심 속 별장에 태국 의학, 현대 의학, 동양의 지혜가 융합한 케어 프로그램을 제공하는 지점이다. 오픈과 동시에 수쿰윗 소이 11의 대표 스파로 등극해 최상급 서비스를 받을 수 있는 곳이다. 마사지가 끝나고 정원에 있는 티 하우스에서 맛보는 홈메이드 빵과 쿠키, 간단한 태국식 식사도 일품이다. 일반 로컬 숍에 비하면 가격은 비싸지만 공식 홈페이지를 통해 상시 프로모션이 열리며, 온라인 예약 시 할인도 제공되니 참고하자.

하파 스파 hapa spa [하파 자파]

주소 3 Soi Sukhumvit, Khlong Tan Nuea **시간** 10:00~22:00(입장 마감 20:00) **가격** 390밧(타이마사지), 350밧(발 마사지), 690밧(자연 오일 마사지) *평일 10:00~15:00 방문 시 할인 **홈페이지** www.hapaspa.com(온라인 예약 시 할인) **전화** 02-253-9860

태국 뷰티 프로그램은 물론 매거진에 여러 번 소개된 핫한 곳이다. 최근 외국인 여행객의 발걸음이 끊이지 않는 스파 숍. 직사각형 형태로 길게 늘어선 상점에서 헤어 숍과 함께 운영되는 곳이다. 화이트 계열의 심플하고 고급스러운 인테리어와 차별화된 분위기가 편안하고 인상적이다. 방콕 내 고급 스파 못지않게 VIP 대접을 받는다는 느낌을 주어 입소문이 자자하며, 조명이 켜지는 저녁 시간대에 방문하면 더 안락한 분위기에서 하파 스파만의 특별한 서비스를 받을 수 있다.

수쿰윗 소이 11 나이트 라이프

하바나 소셜 HAVANA SOCIAL

주소 41/3 Soi Sukhumvit 11, Khlong Toei Nuea **시간** 18:00~다음 날 2:00 **가격** 200밧~(1인당) **홈페이지** www.facebook.com/havanasocialbkk **전화** 061-450-3750

수쿰윗 소이 11의 인기 루프톱 어보브 일레븐Above Eleven을 성공시킨 하스피탈리티 그룹에서 론칭한 라이브 바. 빈티지 느낌이 물씬 풍기는 건물 외관에 고풍스러운 기둥, 분위기로는 수쿰윗 소이 11에서 최고라 해도 부족함이 없을 정도로 멋스러운 공간이다. 총 4층이며, 1층은 럼과 칵테일 등 일반 바이고, 2층은 위스키와 시가 라운지, 3~4층은 현재 공사 중이다. 신나는 캐리비언 사운드와 살사 음악을 메인으로 일주일에 3번 동성애자가 참여하는 라이브 밴드 공연도 열린다. 럭셔리하고 독특한 분위기의 바를 찾는다면 강력 추천하고 싶은 곳이다. 한 가지 기억해야 할 것으로 하바나 소셜에 입장하려면 가게 앞에 있는 허름한 전화 부스Telefono에서 가게로 전화를 걸어 4자리 비밀번호를 받아야 입장 가능하다.

레벨스 클럽 앤 라운지 LEVELS CLUB & LOUNGE

주소 6F The Aloft Hotel, 35 Sukhumvit Soi 11, Sukhumvit Rd, Klongton Nua **시간** 21:00~(연중무휴) **가격** 23:00 전 입장 시 입장료 무료(행사 시 유료), 300밧~(내부 주류) **홈페이지** www.levelsclub.com **전화** 082-308-3246

글로벌 호텔 체인 SPG 계열인 알로프트 호텔 6층에 위치한 클럽 & 라운지. 세계적인 디제잉 공연을 비롯해 대중음악과 일렉트로닉, 혼합으로 분류된 3개의 존Zone에서 취향에 맞는 음악을 들을 수 있다. 평일은 한산하지만 주말은 힙스터들로 가득하며, 캐주얼하면서 약간의 매너를 중시하는 신나는 클럽을 찾는 여행자라면 이곳을 추천한다. 드레스 코드와 여권 지참은 필수다.

한국인이 운영하는 상점이 밀집해 있는 곳
한인 타운 수쿰윗 플라자 Sukhumvit Plaza Korean Town [쑤쿰윗 플라쟈]

주소 10 Sukhumvit Soi 12, Sukhumvit Rd, Khlong Toei **위치** (BTS 수쿰윗 선) 아속(Asok)역에서 도보 3분 **시간** 상점마다 다름

한국 음식과 달달한 소주가 생각나는 여행자라면 주목하자. 큰 규모의 건물에 '태국 한인 상가'라 적힌 한글 간판이 붙어 있는 한인 타운으로, 한국인이 운영하는 식당 및 상점이 밀집해 있다. 또한 한류 열풍으로 현지 10~30대에게 큰 사랑을 받고 있는 곳이기도 하다. 고기 뷔페를 비롯해 불고기, 삼겹살, 족발, 치킨 등 웬만한 한국 음식은 다 있으며, 슈퍼마켓, 기념품 가게, 노래방 등 많은 상점이 운영 중이다. 국내 가격과 같아 현지 물가에 비하면 비싼 편에 속하지만 소주를 비롯해 한식이 그립거나 언어의 불편함으로 방콕 여행에 어려움을 겪고 있는 사람들에게는 오아시스와 같은 곳이기도 하다.

특별한 모닝 마사지 코스로 인기몰이 중인 마사지 숍
라바나 Lavana [라바나]

주소 4 Sukhumvit Soi 12, Sukhumvit Rd, Khlong Toei **위치** (BTS 수쿰윗 선) 아속(Asok)역에서 도보 4분 **시간** 9:00~24:00 **가격** 700밧(타이마사지), 1,100밧(오일마사지) **홈페이지** www.lavanabangkok.com **전화** 02-229-4510

한인 타운 근처에 위치한 마사지 숍이다. 프라이빗 룸이 48개나 있는 대형 스파지만 합리적인 가격과 모닝 프로모션으로 한국 여행자들에게 많은 인기를 끌고 있다. 아로마 마사지가 이곳의 인기 코스다. 아로마 오일 향도 직접 고를 수 있고, 특별히 집중해 줬으면 하는 부위를 미리 표시해 더욱 관리받을 수 있다. 이외에 4 핸드 마사지도 추천한다. 워낙 인기가 많아서 예약은 거의 '무조건'이라고 할 정도로 필수다. 예약은 전화 혹은 이메일을 통해 할 수 있다.

콘돔을 테마로 한 이색 레스토랑
캐비지즈 앤 콘돔스 Cabbages & Condoms

주소 10 Sukhumvit Soi 12, Sukhumvit Rd, Khlong Toei **위치** (BTS 수쿰윗 선) 아속(Asok)역 2번 출구에서 오른쪽 계단으로 내려와 400m 직진 후 왼쪽 소이 12번으로 250m 직진 **시간** 11:00~23:00 **가격** 250밧~(1인) **홈페이지** www.pda.or.th/restaurant **전화** 02-229-4611

입구부터 민망한 전시품들로 사람들의 눈길을 끄는 이곳은, 에이즈 예방에 관심이 많은 오너가 만든 식당이다. 콘돔으로 만들어진 마네킹이나 다양한 전시물들은 먹는 재미 외에도 보는 재미까지 있다. 태국 음식의 주 메뉴로 뿌팟퐁 커리와 똠얌꿍, 솜땀 등이 이 집의 대표 메뉴다. 가격 대비 음식의 맛이 훌륭하다고 할 수는 없지만, 좋은 의도와 재밌는 콘셉트로 사람들이 끊이질 않는다. 식사를 마친 후 계산하면 콘돔을 주니 부끄러워 말고 챙겨 보자.

깜깜한 어둠 속에서 즐기는 식사
다인 인 더 다크 DID(dine in the dark)

주소 1F The Sheraton Grand Sukhumvit, 250 Sukhumvit Rd, Khlong Toei **위치** (BTS 수쿰윗 선) 아속(Asok)역 2번과 5번 출구 사이에 연결된 스카이워크로 바로 연결 **시간** 18:30~23:00 **휴무** 일요일 **가격** 1,450밧(1인, 온라인 예약 시) **홈페이지** www.dineinthedarkbangkok.com **전화** 02-649-8358

영화〈어바웃 타임About Time〉에서 남녀 주인공이 처음 만난 공간으로 유명해진 블라인드 레스토랑이다. 서로의 얼굴이 보이지 않는 어둠 속에서 식사를 즐길 수 있는 이색 레스토랑이다. 어둠 속에서 오로지 촉각, 미각, 후각만으로 맛보는 이곳의 음식은 색다른 경험 덕분에 한층 더 맛있어진다. 이용 방법은 밝은 곳에서 식사 메뉴 아시안Asian, 웨스턴Western, 베지테리언Vegetarian, 서프라이즈Surprise, 스페셜 와인 페어링 메뉴Special Wine Pairings Menu를 정하면 시각 장애인 직원의 도움을 받아 어둠 속에서 식사를 하게 된다. 식사가 끝나면 설문 조사 작성과 함께 어떤 요리가 나왔는지 설명을 듣게 되는데

가끔 생각지도 못한 재료의 음식이 나와 시각적 편견에 따른 음식 맛의 차이가 얼마나 큰지를 새삼 느끼게 해준다. 공식 홈페이지에서 미리 예약 하고 가면 20% 할인이 가능하다.

3년 연속 베스트 레스토랑으로 선정된 이탈리안 레스토랑
로시니 ROSSINI'S

주소 2F The Sheraton Grand Sukhumvit, 250 Sukhumvit Rd, Khlong Toei **위치** (BTS 수쿰윗 선) 아속(Asok)역 2번과 5번 출구 사이에 연결된 스카이워크로 바로 연결 **시간** 12:00~14:30(런치: 월~금)/18:30~21:30(디너), 18:00~21:30(토) **가격** 1,380밧~(1인: 3가지 메뉴가 나오는 코스) **홈페이지** www.rossinisbangkok.com **전화** 02-649-8364

3년 연속 태국 베스트 레스토랑에 선정될 정도로 럭셔리한 분위기와 맛 그리고 좋은 서비스로 인정받은 이탈리안 레스토랑이다. 식전 빵을 시작으로 샐러드, 푸아 그라가 든 에피타이저, 수프와 세컨드 디쉬, 메인 요리까지 이어지는 코스 요리와 파스타, 스테이크 등 단품으로 메뉴가 구성돼 있다. 이탈리아 음식 하면 와인을 빼놓을 수 없다. 로시니에는 전문 매니저가 상주해 도움을 요청하면 메뉴에 맞는 와인을 추천해 준다. 고급 호텔 내부에 있어 가격이 비싼 편이지만 매주 다른 코스 요리를 선보이는 런치 메뉴는 2~3만 원대이니 한 끼 정도 럭셔리하게 즐기고 싶다면 로시니를 방문해 보자.

2만 원으로 5성급 호텔 레스토랑을 즐길 수 있는 곳
바질 basil

주소 2F The Sheraton Grand Sukhumvit, 250 Sukhumvit Rd, Khlong Toei **위치** (BTS 수쿰윗 선) 아속(Asok)역 2번과 5번 출구 사이에 연결된 스카이워크로 바로 연결 **시간** 12:00~14:30(런치), 18:00~20:30(디너) **가격** 490밧~(단품 메뉴), 900밧~(디너 1인 예산) **홈페이지** www.basilbangkok.com **전화** 02-649-8366

태국의 파인 레스토랑 순위에 항상 이름을 올리는 곳으로, 여행자들이 많이 찾는 방콕 대표 레스토랑이다. 가장 인기 있는 메뉴는 런치 코스다. 디너 코스에 비해 확실히 저렴하고 외국 여행자들을 고려해 태국 특유의 향신료가 강하지 않아 태국 음식의 맛있는 부분만 골라 먹는 느낌을 받는다. 드레스 코드는 따로 없으나 레스토랑 분위기에 맞게 조금은 차려 입고 가는 것을 추천한다.

층층마다 이국적 콘셉트로 꾸며 놓은 쇼핑센터
터미널 21 Terminal 21 [트어머널 이씹엣]

주소 88 Sukhumvit Soi 19, Sukhumvit Rd, Khlong Toei **위치** (BTS 수쿰윗 선) 아속(Asok)역에서 바로 연결 **시간** 10:00~22:00 **홈페이지** www.terminal21.co.th/asok **전화** 02-108-0888

태국 내 3개 지점을 운영하고 있는 대형 쇼핑센터다. 지상철 역과 바로 연결돼 쇼핑을 즐기는 현지인과 여행자들로 가득하다. 600개 이상의 브랜드 숍이 입점해 있으며, 지하를 포함해 총 9개 층이 로마, 파리, 도쿄, 샌프란시스코 등 유명 도시 콘셉트로 꾸며져 있다. 에스컬레이터마다 비행기가 이륙하는 픽토그램이 그려져 마치 각 도시로 여행을 떠나는 듯한 느낌을 받는다. 브랜드 숍을 비롯해 세계 각국의 프랜차이즈와 레스토랑이 있어 반나절 이상 일정을 잡아야 하는 곳이다. 우기와 건기가 넘어가는 매년 10월과 4월, 연말연시에는 빅 세일 행사도 진행한다. 2층에 위치한 인포메이션에서 투어리스트 카드를 발급받으면 할인과 택스 리펀도 가능하니 참고하자.

터미널 21 층별 안내

고메 마켓 gourmet market LG층 : 카리브 해
대형 마트로, 다양한 디저트를 만날 수 있는 공간이다. 그 밖에 간식과 선물용 먹거리를 구매하고 싶다면 추천한다.

자스팔 JASPAL G층 : 로마
태국 브랜드 자스팔은 동남아 브랜드임에도 기대 이상의 재질과 디자인을 자랑한다.

팀 호 완 Tim Ho Wan 3층 : 이스탄불
미슐랭이 인정한 홍콩 본점의 체인점으로, 돼지고기, 새우 등을 넣은 다양한 딤섬을 맛볼 수 있다. 딤섬당 평균 가격은 120밧이다.

모스 버거 MOS BURGER LG층 : 카리브 해
일본 여행 시 한 번쯤 들러 봐야 할 유명한 모스 버거가 이곳에 있다. 일본 본토 맛과는 다소 차이가 있지만 햄버거 마니아라면 추천한다.

뷰티 뷔페 BEAUTY BUFFET 3층 : 이스탄불
국내에도 소문난 태국 화장품 브랜드. 저렴한 가격에 향과 품질이 좋아 여행객들 선물용으로 좋다. 마스크 팩과 보디 제품이 인기다.

폴 프랭크 paul frank 3층 : 이스탄불
귀여운 원숭이 로고로 우리에게도 제법 익숙한 브랜드. 매장이 크지 않지만 가방, 속옷 등 웬만한 제품은 다 있으니 쇼핑해 보자.

헤브 어 지 Have a Zeed 4층 : 샌프란시스코

태국 북동부 이산 지방 요리를 전문으로 하는 가게로, 저장 요리가 발달해 우리의 젓갈류와 비슷하다 보니 한국인 여행자들 입맛에 잘 맞아 인기다. 방콕 현지인들도 즐겨 찾는 터미널 21 대표 음식점이다.

렛츠 릴렉스 Let's Relax 6층 : L.A.

여행자들에게 인기인 마사지 숍. 터미널 21에 위치해 접근성이 좋아 예약 없이 방문하면 최소 1시간 정도 기다려야 한다. 발 마사지를 받으면 쿠키와 차만, 전신 마사지를 받으면 망고 찰밥을 제공한다. 예약은 홈페이지 www.letsrelaxspa.com 에서 가능하다.

현지인에게도 인기가 많은 스파 숍
헬스 랜드 Health land

주소 55/5 Sukhumvit Soi 21, Sukhumvit Rd, Khlong Toei **위치** ❶ (BTS 수쿰윗 선) 아속(Asok)역에서 도보 5분 ❷ 지하철 수쿰윗(Sukhumvit)역 1번 출구에서 도보 2분 **시간** 9:00~23:00 **가격** 600밧(타이 마사지 : 2시간), 1,000밧(아로마 마사지 : 1시간 30분), 350밧(발 마사지 : 1시간) **홈페이지** www.healthlandspa.com **전화** 02-261-1110

태국에서 제법 큰 규모로 9개 지점을 운영하고 있는 스파 숍이다. 현지인뿐 아니라 외국인 여행자에게 유명한데, 그 이유는 시설과 서비스 대비 가격이 저렴하기 때문이다. 아이와 함께해도 괜찮은 분위기로 가족 단위 여행객에게 인기다. 가장 인기 코스는 타이 마사지다. 2시간에 550밧이라는 착한 가격에 전통 태국 마사지를 받을 수 있다. 참고로 현지 여행사를 통해 쿠폰을 구매하면 더 저렴한 금액으로 이용할 수 있다. 워낙 유명해 전화 예약은 필수다.

태국 북부 전통 가옥에서 옛 생활 양식을 볼 수 있는 박물관
깜띠엥 하우스 [Kamthieng House [반 캄티엥]

주소 131 Sukhumvit Soi 21, Sukhumvit Rd, Khlong Toei **위치** ❶ (BTS 수쿰윗 선) 아속(Asok)역에서 도보 3분 ❷ 지하철 수쿰윗(Sukhumvit)역 1번 출구에서 바로 연결 **시간** 9:00~17:00(화~토) **휴관** 매주 월요일, 일요일 **요금** 100밧 **홈페이지** www.siam-society.org **전화** 02-661-6470

1960년대 치앙마이 매삥Mae Ping강변에 만들어진 깜띠엥의 집을 옮겨와 지금은 박물관으로 사용하고 있다. 이곳은 태국 북부에서 시작된 옛 란나Lanna 왕조 시대 전통 양식과 북부 지역의 생활 양식을 볼 수 있다. 입장료를 지불하고 안으로 들어가면 푸른 잔디와 나무들 사이 목조 건물과 건물 외부, 내부에는 북부 지역에서 사용하는 농사 도구, 고산족 물품 등 생활 물품이 전시돼 있다. 꼭 가봐야 할 명소는 아니지만 매연으로 가득한 도심에서 목조 건물과 어우러진 자연 공간에서 잠시 쉬어 가고 싶다면 들러 보자.

깜띠엥 하우스 인근 식당

타파스 와이 비노
TAPAS Y VINO

주소 30 Sukhumvit Soi 21, Sukhumvit Rd, Khlong Toei **위치 ❶** (BTS 수쿰윗 선) 아속(Asok)역에서 도보 3분 ❷ 지하철 수쿰윗(Sukhumvit)역 1번 출구 맞은편 호텔 지하 **가격** 600밧~(1인) **시간** 18:00~23:00 **홈페이지** tapasvinobangkok.com/ **전화** 02-204-4075

풀만 방콕 그랜드 수쿰윗 호텔에 위치한 스페인 요리 전문점이다. 내부 인테리어는 물론 조명과 장식품이 마치 스페인에 있는 듯한 느낌을 준다. 오픈 키친으로 전문 셰프의 조리 과정을 볼 수 있어 더 흥미롭다. 가격대는 와인을 곁들인 코스가 1,200밧부터다. 저녁 시간에는 단품 메뉴(180밧~)와 와인을 즐기는 사람들도 많다.

촉차이 스테이크 하우스
CHOKCHAI STEAKHOUSE

주소 45 Sukhumvit Soi 23, Sukhumvit Rd, Khlong Toei **위치 ❶** (BTS 수쿰윗 선) 아속(Asok)역 3번 출구에서 왼쪽으로 500m 직진 후 사거리에서 오른쪽으로 100 직진 후 왼쪽 골목으로 20m ❷ 지하철 수쿰윗(Sukhumvit)역 1번 출구에서 도보 3분 **시간** 10:00~22:00 **가격** 430밧~(1인; 소고기 스테이크), 320밧~(돼지고기 스테이크) **홈페이지** www.farmchokchai.com **전화** 02-259-9596

소고기 소비가 많지 않은 태국 내에서도 촉차이 농장의 소고기는 인정한다는 말이 있을 정도로 방콕 내 최고의 품질을 자랑한다. 미국 서부 시대를 연상시키는 인테리어로 분위기 또한 괜찮은 편이다. 고기의 숙성 과정에 따라 가격이 달라지니 주머니 사정에 맞게 취향대로 골라 먹자. 햄버거도 인기 메뉴다.

더 로컬
THE LOCAL

주소 32-32/1, Sukhumvit Soi 23, Sukhumvit Rd, Khlong Toei **위치 ❶** (BTS 수쿰윗 선) 아속(Asok)역 3번 출구에서 왼쪽으로 500m 직진 후 사거리에서 오른쪽으로 100 직진 ❷ 지하철 수쿰윗(Sukhumvit)역 1번 출구에서 도보 4분 **시간** 11:30~14:30(오전), 17:30~23:00(오후) **가격** 600밧~(1인) **홈페이지** www.thelocalthaicuisine.com **전화** 02-664-0664

한국뿐만 아니라 태국 내에서도 이미 유명한 고급 레스토랑이다. 태국 음식을 처음 입문하는 사람이라면 추천한다. 똠얌꿍과 뿌팟퐁커리 그리고 게살볶음밥은 여행자들의 영원한 베스트셀러. 식당 이름처럼 현지 가격대보다는 조금 있지만 한국 음식점을 생각하면 가볍게 태국 음식 한 끼를 즐겨 보자.

최신 패션 트렌드를 만날 수 있는 핫 플레이스
엠카르티에 백화점 EMQUARTIER

주소 693 Sukhumvit Rd, Khlong Toei Nuea **위치** (BTS 수쿰윗 선) 프롬퐁(Phrom Phong)역 1번 출구에서 바로 연결 **시간** 10:00~22:00 **홈페이지** www.emquartier.co.th **전화** 02-269-1000

2015년 5월 쇼핑센터 엠포리움 맞은편에 오픈한 대형 백화점. 최신 현대 시설과 200개가 넘는 브랜드가 입점해 있다. 총 3개의 넓은 건물에서 쇼핑과 맛집을 즐기는 사람들로 가득하다. 이곳의 하이라이트는 녹지 공간으로 꾸민 자연 친화적인 실내 인테리어다. 태국 북부 밀림 지역을 표현한 자연 공간에 현대적 숍들이 어우러져 쾌적하고 편안한 공간에서 쇼핑을 즐길 수 있다. 또 하나 이곳에서 놓칠 수 없는 포인트는 바로 음식. 지하에 푸드 코트를 시작으로 6~9층까지 유명 레스토랑을 포함해 약 60개의 전문 음식점이 있다. 건물 5층에는 쉬어 갈 수 있는 워터 가든과 B층과 2층에는 여행자를 위한 짐 보관 서비스를 운영한다. 인포메이션에서 투어리스트 카드를 발급받으면 할인과 택스 리펀도 가능하다.

엠카르티에 백화점 층별 안내

콰르티어 푸드 코트 Quartier Food court B층

푸드홀은 음식점과 디저트 카페를 비롯해 31개 매장이 운영되고 있는 푸드 코트다. 값싼 가격에 다양한 음식을 맛볼 수 있다.

고메 마켓 gourmet market G층

고메 마켓은 신선한 과일과 다양한 식재료를 판매해 여성 여행자들에게 인기다. 특히 선물용 식재료를 찾거나 잘 익은 열대 과일을 구매하고 싶은 여행자가 있다면 이곳을 추천한다. 계산 시 투어리스트 카드는 필수다.

컵 카오 컵 플라 KUB KAO KUB PLA 6층

컵 카오 컵 플라는 홈메이드 아이스크림 체인점으로, 유명한 아이베리 iberry에서 운영하는 푸드 & 스위츠 카페다. 방콕에만 5개 매장을 운영하고 있다.

르 달랏 Le Dalat 7층

방콕 레스토랑 랭킹에서 빠지지 않고 올라오는 베트남 전문 음식점이다. 단품 메뉴도 인기지만 여러 종류를 맛볼 수 있는 런치(11:30~14:00) 메뉴 세트를 추천한다. 참고로 본점은 아속역 인도 대사관 근처에 있다.

나라 nara 7층

나라는 제법 큰 규모의 매장을 5개나 운영하고 있는 태국 음식 전문점이다. 특히 엠카르티에 지점은 현대적이면서도 태국 전통 문양 등으로 꾸며진 인테리어가 인기다. 천연색을 넣어 만든 한 가지 색의 접시만 이용하는 것도 특징이라 할 수 있다. 정통 태국 요리를 맛보고 싶다면 추천한다.

크랩 앤 클루 Crab & Claw 7층

매일 한정된 수량만 판매하는 해산물 전문점. 랍스터를 포함해 다양한 시푸드를 맛볼 수 있다. 가격대는 다소 높은 편이지만 직원들의 친절도와 신선도, 맛을 비교하면 꽤 괜찮은 편이다. 목요일부터 주말까지는 가족 단위 손님들이 많아 대기 시간이 길어질 수 있으니 참고하자.

오드리 카페 데 플뢰르 Audrey Café des Fleurs 8층

오드리 카페 데 플뢰르는 파스타를 비롯해 케이크와 음료 등 다양한 메뉴를 판매하는 레스토랑이다. 서양 음식과 태국 음식의 조화를 이룬 가게로 방콕에서 꽤 유명하다. 여행자들에게 가장 인기 있는 메뉴는 똠얌꿍 피자. 어울리지 않을 것 같은 조합이 기대 이상이다. 타이 티를 넣은 크레이프 케이크도 꼭 맛봐야 할 대표 메뉴다.

오랜 시간 방콕을 대표한 럭셔리 백화점
엠포리엄 백화점 EMPORIUM

주소 622 Sukhumvit Soi 24, Sukhumvit Rd, Khlong Toei **위치** (BTS 수쿰윗 선) 프롬퐁(Phrom Phong)역 2번 출구에서 바로 연결 **시간** 10:00~22:00 **홈페이지** www.emporium.co.th **전화** 02-269-1000

1997년 문을 연 백화점으로, 바로 옆의 엠카르티에 백화점과 같은 기업이 운영하면서 오랜 시간 방콕을 대표했다. 오픈 이후 방콕 최고의 핫 플레이스로 자리매김하다 현대식 쇼핑센터가 여럿 생기면서 인기는 떨어졌지만 2015년 전면 리모델링을 통해 재도약을 하고 있다. 지하 주차장을 포함해 지상 4층까지 총 7개 층에는 명성에 걸맞은 고급 브랜드가 가득하고 방콕뿐만 아닌 태국에서도 꽤 유명한 음식점이 대거 입점해 있다. 엠포리엄 백화점은 쇼핑과 문화를 함께 즐기는 백화점을 목표로 초호화 시설을 갖춘 영화관을 비롯해 아이들을 위한 놀이 시설 등 문화 시설도 여럿 있으니 참고하자. 이곳 역시 인포메이션에서 투어리스트카드를 발급받으면 할인과 택스 리펀도 가능하다.

왕실에서 인정한 왓 포 마사지 스쿨 & 숍
왓 포 마사지 스쿨
WAT PO'S THAI TRADITIONAL MASSAGE SCHOOL SUKHUMVIT [왓 포 맛싸]

주소 1/54-55 Sukhumvit Soi 39, Sukhumvit Rd, Khlong Toei **위치** (BTS 수쿰윗 선) 프롬퐁(Phrom Phong)역 3번 출구에서 도보 3분 **시간** 9:00~22:00(평일), 9:00~23:00(금~일) **가격** 300밧(타이마사지; 1시간), 500밧(타이마사지; 2시간) **홈페이지** www.facebook.com/watpo.sukhumvi **전화** 02-261-0568

태국 전통 마사지를 교육시키는 왓 포 스쿨 교수들을 초빙해 교습 및 마사지를 제공하는 마사지 스쿨이자 숍이다. 왓 포에 있는 태국 전통 마사지 교육 기관인 왓 포 마사지 스쿨의 교수들을 초빙해 운영하는 곳으로, 마사지 실력이 좋다고 소문이 나 있다. 시설은 일반 로컬 마사지 숍보다는 좋은 편이지만 프리미엄 고급 스파에 비하면 떨어지는 편이다. 이곳의 가장 큰 장점은 가성비 좋은 가격과 검증된 마사지사를 만날 수 있다는 점에서 현지에 자리 잡은 외국인, 특히 일본인들

이 자주 찾는 곳이다.

합리적인 가격과 깔끔한 마사지를 받고 싶다면
바디 튠 BODY tune

주소 18/2-3 Sukhumvit 39, Klongton Nua **위치** (BTS 수쿰윗 선) 프롬퐁(Phrom Phong)역 3번 출구에서 도보 4분 **시간** 10:00~24:00 **가격** 450밧(타이 마사지: 60분), 750밧(오일 마사지: 60분) **홈페이지** www.bodytune.co.th **전화** 02-662-7778

고급스럽고 퀄리티 있는 마사지 숍, 가성비 좋은 마사지 숍으로 알려진 곳이다. 고급 스파 못지않게 편안한 분위기와 실력, 위생이 괜찮다. 본 매장이 위치한 수쿰윗 외에도 실롬(BTS 살라댕역)에서도 만날 수 있는데, 두 지점 모두 지상철과 접근성이 좋고 평가도 좋아 로컬은 물론 가성비 좋은 숍을 찾는 여행자들에게 인기다. 가장 인기 코스는 5가지 종류의 아로마 오일 중 자신이 원하는 오일을 골라 받을 수 있는 아로마 오일 마사지다.

럭셔리 분위기에서 즐기는 퓨전 음식점
마하나가 MAHANAGA [마하나까]

주소 2 Sukhumvit Soi 29, Sukhumvit Rd, Khlong Toei **위치** (BTS 수쿰윗 선) 프롬퐁(Phrom Phong)역 1번 출구에서 도보 3분 **시간** 17:30~24:00 **가격** 600밧~(1인) **홈페이지** www.mahanaga.com (예약 가능) **전화** 02-662-3060

태국 및 현지 식자재를 이용한 퓨전 레스토랑이다. 제법 큰 규모의 건물에 화려한 장식으로 인테리어를 한 고급 식당이다. 방콕에서 유명한 럭셔리 스파를 운영하는 기업에서 오픈한 식당이라 오리엔탈풍의 인테리어와 태국 음식을 기본으로 한 독특한 퓨전 음식 맛으로 인기가 많다. 1인 코스 요리가 1,600밧부터 시작되는 가격대라 비싸지만 많은 사람이 즐겨 찾는 방콕 인기 레스토랑 중 하나다. 방문 전 예약은 필수다.

아로마를 전문 매장으로 함께 운영하는 브런치 카페
카르마카멧 다이너 Karmakamet Diner [까르마까멧 다이너]

주소 30/1 Metheenivet Soi, Sukhumvit Rd, Khlong Toei **위치** (BTS 수쿰윗 선) 프롬퐁(Phrom Phong) 역에서 도보 5분 **시간** 10:00~23:30 **가격** 110밧(커피), 490밧~(식사) **홈페이지** www.karmakametdiner.com **전화** 02-262-0700

방콕을 방문하는 여자 여행자들에게 엄청난 인기를 끌고 있는 도심 속 정원 카페 앤 레스토랑이다. 원래 아로마 제품을 전문으로 취급하고 있었지만 취향 저격 제대로 해 주는 인테리어와 깔끔한 음식으로 방콕 여행 기념사진을 남기기 좋은 곳이 됐다. 파스타나 샌드위치, 버거류가 주 메뉴 가격이 우리나라 레스토랑과 비슷하기 때문에 부담스럽다면 커피 혹은 맥주 한잔을 시켜서 가볍게 분위기를 즐겨도 좋다. 식사를 마친 후에는 아로마와 각종 향초들을 파는 섹션으로 가서 구경하는 재미가 있다.

깔끔하고 수준 높은 서비스로 인기인 스파 숍
아시아 허브 어소시에이션 ASIA HERB ASSOCIATION

주소 50/6 Sukhumvit Soi 24, Sukhumvit Rd, Khlong Toei **위치** (BTS 수쿰윗 선) 프롬퐁(Phrom Phong) 역에서 도보 5분 **시간** 9:00~다음 날 2:00 **가격** 600밧(타이 마사지: 1시간), 1,000밧(타이 마사지: 2시간), 1,300밧(허브 볼 마사지: 90분) **홈페이지** www.asiaherbassociation.com **전화** 02-261-7401

얼핏 들으면 허브 전문 취급점이라고 오해할 만한 이곳은, 한국 여행자들에게 큰 인기를 누리고 있는 스파 앤 마사지 전문점이다. 간단한 일본어가 가능할 정도로 일본인 여행자들이 많이 찾는다. 태국뿐만 아니라 캄보디아에도 진출한 떠오르는 스파 앤 마사지 브랜드로, 고급스럽고 깔끔한 인테리어와 수준 높은 서비스를 제공하지만 가격은 중급 스파 중에서는 꽤 착한 편이다. 이곳의 추천 코스는 허브 볼Herbal Ball. 자체 보유 농장에서 기르는 허브들로 매일매일 만들어지는 신선한 허브 볼에 큰 자부심을 가지고 있다.

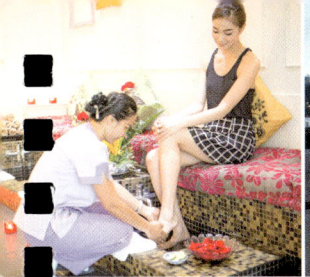

깔끔하고 수준 높은 서비스로 인기인 스파 숍
리프레시 @ 24 Refresh@24

주소 43 Soi Sukhumvit 24, Sukhumvit Rd, Khlong Toei **위치** (BTS 수쿰윗 선) 프롬퐁(Phrom Phong) 역에서 도보 6분 **시간** 9:30~다음 날 1:00 **가격** 440밧(타이 마사지: 1시간), 950밧(허브 볼: 90분) **홈페이지** www.refresh24spa.com **전화** 02-259-7235

큰 규모의 화려하고 럭셔리한 분위기는 아니지만 심플한 인테리어와 현대풍 시설로 로컬과 고급 스파 숍이 부담스러운 여행자들에게 인기인 체인 스파 숍이다. 특히 이곳은 스파와 마사지를 동시에 즐길 수 있으며, 다양한 결합 상품으로 취향에 따라 예산에 따라 즐길 수 있다. 또한 새벽 1시까지 운영해 늦은 시간 방콕에 도착해 마사지를 받고 싶은 여행자라면 이곳을 추천한다. 단 당일 예약은 오후 11시 마감이니 주의해야 한다. 온라인에서는 예약 및 다양한 프로모션을 살펴볼 수 있으니 참고하자.

편안하고 고급스러운 일본식 온천
유노모리 온센 앤 스파 Yunomori Onsen & Spa

주소 A-Square 120/5 Sukhumvit Soi 26, Sukhumvit Rd, Khlong Toei **위치** (BTS 수쿰윗 선) 프롬퐁(Phrom Phong) 역에서 도보 10분 **시간** 9:00~24:00 **가격** 450밧(온천: 성인), 250밧(온천: 15세 이하 및 65세 이상), 990밧(온천+타이 마사지 & 발 마사지: 90분), 390밧(타이 마사지: 1시간) **홈페이지** www.yunomorionsen.com **전화** 02-259-5778

방콕 시내 에이 스퀘어 A-Square 내부에 위치한 일본식 온천 앤 마사지 숍이다. 태국이라 믿기 어려울 정도로 실내외 일본풍 인테리어로 만들어진 도심 속 휴식 공간으로 꾸며졌다. 1인용 탕을 비롯해 대형 탕과 외부 휴식 공간까지 갖추어져 커플족은 물론 가족 단위 여행객에게도 인기다. 일본 본토 온천과 동일하게 내부 식당 및 마사지 숍 등 다양한 공간이 준비돼 있다. 잘 꾸며진 공간인 만큼 외국인을 비롯해 현지인도 즐겨 찾는다. 마사

지는 최소 48시간 전에 예약해야 한다. 온천 주변으로 케이 빌리지, 손통 포차나 등 유명한 가게들이 여럿 있고 인근을 연결하는 셔틀 툭툭도 운영하고 있으니 참고하자.

방콕 3대 뿌팟퐁 커리집으로 불리는 맛집
손통 포차나 SORNTHONG POCHANA

주소 2829-31 Rama 4 Rd, Khlong Toei **위치** (BTS 수쿰윗 선) 프롬퐁(Phrom Phong)역 4번 출구에서 도보 12분 **시간** 16:00~다음날 1:30 **가격** 250밧~(1인) **홈페이지** www.sornthong.com **전화** 02-258-0118

새삼스러울 것 없는 일반 음식점인데 언제나 여행자들로 북적거리는 방콕 3대 해산물 맛집이다. 방콕 여행자들이 한 번쯤은 꼭 들러 봤다는 유명한 식당으로, 대표 메뉴인 게살을 넣은 뿌팟퐁 커리 외에도 해산물을 이용한 각종 태국 요리가 준비돼 있다. 회전율이 높은 가게인 만큼 해산물의 신선도와 맛도 기본 이상은 하기 때문에 평소 도전해 보고 싶었던 해산물 요리를 과감하게 도전해 보는 것도 좋다. 워낙 유명한 가게라 메뉴판에 한글이 적혀 있으니 걱정 없다. 인기 메뉴는 새우 요리인 꿍옵운센ุ้งอบวุ้นเส้น, 계란과 커리를 함께 넣어 볶은 게 요리인 뿌팟퐁 커리ปูผัดผงกะหรี่가 있다. 한 가지 기억할 것은 해산물인 만큼 배탈로 고생했다는 여행자가 여럿 있으니 주의하자.

> **TIP** 짝퉁에 주의하자. 최근 택시 기사들이 손통 포차나의 유명세 때문에 짝퉁 식당으로 데려간다고 한다. 택시를 타면 손통 포차나 대신 근처 유명한 쇼핑센터인 'K 빌리지K village로 가 달라고 한 후, K 빌리지에서 손통 포차나까지 걸어가길 추천한다. 참고로 거리는 도보 5분이다.

방콕의 클럽이 궁금하면 이곳으로
방콕 알씨에이 Bangkok RCA(Royal City Avenue)

주소 Rama IX Soi 8, Hua Mak, Bang Kapi **위치** 지하철 펫차부리(Phetchaburi)역에서 도보 20분(택시 이용 추천)

수쿰윗 동북쪽에 위치한 방콕 최대의 엔터테인먼트 및 클럽 활동 지역 중 하나인 RCA. 대중교통으로 접근하기는 조금 애매한 위치지만 밤만 되면 택시와 툭툭에서 화려한 밤을 기대하는 선남선녀들이 삼삼오오 내리는 것을 볼 수 있다. 각종 클럽과 바 그리고 늦게까지 영업하는 노점상들이 모여 있는 명실상부한 방콕 내 최고의 클럽 지역이다. 지금은 좀 시들해졌지만 밤 10시부터 새벽 2시까지 여전히 핫하다. 참고로 밤 12시쯤 최고점을

찍으니 참고하자. 12시를 기준으로 너무 빨리 혹은 너무 늦게 도착하지 않는다면 화려한 방콕의 밤을 즐길 수 있다.

방콕 알씨에이 나이트 라이프

루트 66 ROUTE 66 [룰 혹혹 클럽]

주소 29/33-48 Royal City Avenue Building, 66 Rama IX Soi 8, Hua Mak, Bang Kapi **위치** 지하철 펫차부리(Phetchaburi)역에서 도보 22분(택시 이동 추천) **시간** 21:00~다음 날 2:00 **가격** 300밧(음료 1잔 쿠폰) **홈페이지** www.route66club.com **전화** 02-203-0407

알씨에이 거리에서 가장 유명한 대표 클럽이다. 실내는 라이브, 일렉트로닉, 클럽 스테이지로 구별되고, 재미있는 건 화장실로 연결된 공간에서 미니 DJ가 준비돼 있다. 태국 내 유명 DJ가 뜨는 날에는 클러버들로 가득 차 광란의 밤을 보낼 수 있다. 여행자가 더 많이 찾는 곳으로, 여권 또는 복사본 지참은 필수다.

오닉스 ONYX

주소 Royal City Avenue Building, Thanon Phra Ram 9, Hua Mak, Bang Kapi **위치** 지하철 펫차부리(Phetchaburi)역에서 도보 22분(택시 이동 추천) **시간** 21:00~다음 날 2:00 **가격** 500밧(음료 1잔 쿠폰) **전화** 081-645-1177 **홈페이지** www.onyxbangkok.com

2015년 10월 문을 연 알씨에이 거리에서 가장 최근에 생긴 클럽이다. 최첨단 사운드와 시스템, 화려한 조명과 어마어마한 크기는 이 거리에서 가장 유명한 루트 66과 경쟁하고 있다. 현지인 20~30대가 가장 선호하는 클럽으로 매일 밤 12시면 메인 스테이지가 꽉 찰 정도다. 현지인들과 여행자들이 섞여 있는 이곳은 한국 여행자들이 가장 많이 가는 클럽으로도 유명하다. 복장과 신분증 검사는 필수니 가기 전에 체크하자.

도심에서 열리는 방콕 야시장
롯 파이 마켓 랏차다 Rot Fai Market Ratchada [딸랏 롯 빠이 라차다]

주소 Ratchadaphisek 6 Alley, Din Daeng **위치** 지하철 타일랜드 컬처럴 센터(Thailand Cultural Centre)역 3번 출구에서 도보 3분 **시간** 17:00~다음 날 1:00(화~일) **전화** 092-713-5599

방콕 도심 번화가 랏차다 골목 안쪽에서 매주 화요일부터 일요일까지 저녁 시간에 열리는 방콕 야시장. 해 질 무렵 하나둘 오픈하는 노점상들이 저녁 8시 이후면 절정에 달한다. 열대 과일을 비롯해 태국 로컬 푸드, 액세서리, 디저트 등 다양한 먹거리와 살 거리가 가득하다. 야시장답게 가격도 착해 더욱 인기가 좋다. 열대 과일 주스, 해산물 요리 등은 롯 파이 마켓 랏차다에서 손꼽히는 인기 메뉴 참고하자.

방콕 20~30대층에게 가장 핫 플레이스로 뜨고 있는 거리
통로 Thong Lo [통러]

주소 Sukhumvit Soi 55, Khlong Tan Nuea **위치** (BTS 수쿰윗 선) 통로(Thong Lo)역 1번 출구 주변 및 수쿰윗 소이 55 일대

2010년 후반부터 생겨난 개성 넘치는 카페와 바Bar 등으로 지금은 현지인들 사이에서 핫 플레이스로 뜨는 거리다. 수쿰윗 소이 55Sukhumvit Soi 55를 중심으로 방콕의 청담동이라 불릴 정도로 현지 상류층이 많이 찾는 지역으로 고급 주택가를 비롯해 고급 레스토랑, 테라스를 보유한 카페와 바가 즐비하다. 주거 지역이 밀집해 있어 대형 마켓, 스파 숍 등 생활 편의 시설도 여럿 있어 현지 20~30대 커플족들의 데이트 장소로 인기다. 테라스에 앉아 방콕의 일상을 즐기기 적당하며 해가 질 무렵에 가면 하나둘 켜지는 네온사인으로 탈바꿈하는 거리를 볼 수 있다.

통로 상세 지도

- 더 로 바 / The Raw Bar
- 홉스 / HOBS(House of Beers)
- 배드모텔 / Badmotel
- 더 아이언 페어리즈 / The Iron Fairies
- 데시 비츠 / Desi beats
- 렛츠 릴렉스 온천 앤 스파 / Let's Relax Onsen and Spa
- 더 커먼스 / The commons
- 제이 애비뉴 / J Avenue
- 수파니가 이팅 룸 / Supanniga Eating Room
- 블랙 앰버 소셜 클럽 / Black Amber Social Club
- 디바나 디바인 스파 / Divana Divine Spa
- 오드리 카페 앤 비스트로 / Audrey Café & Bistro
- 래빗 홀 / Rabbit Hole
- 파타라 파인 타이 퀴진 / Patara Fine Thai Cuisine
- 통로 / Thong Lo
- 통로역 / Thong Lo

Ekkamai Rd / Sukhumvit Soi 55 / Thong Lo 11 / Thong Lo 5 / Thong Lo 1 / Sukhumvit Soi 53 / Sukhumvit Rd

통로 인근 상점

블랙 앰버 소셜 클럽 Black Amber Social Club

주소 160/17 Thonglor Soi 6, Soi Sukumvit 55, Klongton Nua **시간** 18:30~다음 날2:00(일요일 24:00까지) **휴무** 월요일 **가격** 200밧~(주류) **전화** 092-276-2772

통로를 찾는 쿨 가이들의 머리를 책임지는 헤어 숍 블랙 앰버 바버 숍Black Amber Barber Shop의 멤버들이 만든 남자들을 위한 위스키 앤 시가 바. 통로에서 꽤 분위기 좋기로 소문난 곳으로, 입구에 들어서자마자 깔끔한 셔츠에 검정 조끼를 입은 바텐더가 블랙 앤 화이트로 꾸민 바 테이블에서 음료를 만드는 것을 볼 수 있다. 남성을 콘셉트로 한 가게인 만큼 대부분의 손님은 30대 초반의 댄디한 남성이 주를 이룬다. 내부 직원들 모두 영어에 능숙한 편이라 편안한 대화를 나누며 시간을 보낼 수 있다.

수파니가 이팅 룸
SUPANNIGA EATING ROOM

주소 160/11 Sukhumvit Soi 55, Khlong Tan Nuea **시간** 11:30~14:30(런치), 17:30~23:00(디너) **가격** 200밧~(1인) **홈페이지** www.supannigaeatingroom.com **전화** 02-714-7508

태국 퓨전 음식의 대표 주자라 할 수 있는 레스토랑이다. 태국 가정식을 기본으로 집안 대대로 내려오는 레시피에 변화를 준 음식이 특징이다. 카레 페이스트로 양념한 게살을 바나나 잎으로 감싸 찐 호 목 크램 미트Hor Mok Crab Meat(350밧), 까 룸 톳 남 쁠라Ka Lum Tod Nam Pla(120밧)가 이 집의 대표 메뉴다. 디저트로는 타이 티 판나 코타Thai Tea Panna Cotta(85밧)를 강력하게 추천한다.

렛츠 릴렉스 온천 앤 스파
Let's Relax Onsen and Spa

주소 5F Centre Point, 300 Sukhumvit Soi 55, Khlong Tan Nuea **시간** 10:00~24:00 **가격** 650밧(온천), 450밧(발 마사지; 45분), 600밧(타이 마사지; 1시간), 1,000밧(아로마 마사지; 1시간) **홈페이지** www.letsrelaxspa.com/bangkok/thonglor **전화** 02-042-8045

5성급 호텔 그랜드 센터 포인트Grande Centre Point 5층에 위치한 온천 & 스파 숍. 2016년 11월에 오픈해 방콕에서 가장 최신 시설을 갖춘 곳이기도 하다. 호텔 내부에 있는 만큼 고급스럽고 편안한 분위기가 인상적이다. 규모는 크지 않지만 냉온 찜질방과 휴게실, 스파 공간이 준비돼 있다. 온라인 예약 시 온천 입장료를 제외하고 15% 할인을 받을 수 있으니 참고하자.

오드리 카페 앤 비스트로 Audrey Café & Bistro

주소 163 Thonglor Soi 11 Phra Khanong, Khlong Toei **시간** 11:00~22:00 **가격** 200밧~(1인) **홈페이지** www.audreygroup.com/AudreyCafeBistro **전화** 02-712-6667

심플하고 우아한 인테리어로 여자 여행자들의 취향을 저격한 오드리 카페다. 입구에 심어져 있는 거대한 나무는 신비로운 분위기를 자아내고 유럽식 정원에 들어와 있는 것 같은 느낌을 들게 한다. 화이트와 파스텔 톤의 인테리어와 클래식한 가구들이 어우러져 없던 에스트로겐이 생기는 마법을 경험할 수 있다. 겹겹이 쌓아 올린 크레프 케이크에 홍차 시럽을 듬뿍 뿌린 디저트가 이곳의 인기 메뉴다. 참고로 건물 2층에는 아기자기한 아이템들이 1층보다 더 많이 배치돼 있다.

더 아이언 페어리즈 The Iron Fairies

주소 394 Sukhumvit Soi 55, Khlong Tan Nuea **시간** 18:00~다음 날 2:00 **가격** 140밧(생맥주), 150밧(로컬 맥주), 360밧(칵테일) **전화** 099-918-1600

2013년 이곳으로 옮긴 더 아이언 페어리즈 재즈 바는 〈캐리비안의 해적〉이라는 영화 속처럼 앤티크한 가구들과 청동 계단이 인상적이다. 한국 여행자들에게도 잘 알려져 있는 미스터 존스 오퍼니지Mr. Jones Orphanage 외에 다양한 레스토랑과 바 인테리어를 맡았던 서튼Sutton이 직접 인테리어해 유명세를 탔다. 이곳의 대표 메뉴는 칵테일과 '올드 맨 잽Old Man Jap'이라고 불리는 햄버거다. 또

한 매일 밤 7시 30분부터 12시 30분까지는 라이브 공연이 열리니 참고하자.

홉스 HOBS(HOUSE of BEERS)

주소 522/3 Sukhumvit Soi 55, Khlong Tan Nuea **시간** 11:00~24:00 **가격** 200밧~(1인) **홈페이지** www.houseofbeers.com **전화** 02-392-3513

더위에 지쳐 통로 지역을 떠도는 여행자들이 쉬어 갈 수 있는 홉스HOBS. 기차역을 콘셉트로 INT 커뮤니티 몰 안쪽에 위치한 맥주집이다. 낮과 밤의 분위기가 사뭇 다르며, 낮에는 그늘 안에서 여유롭게 맥주 한잔을, 밤에는 매일 밤 9시부터 열리는 DJ의 신나는 선곡에 너도나도 파티 분위기다. 다양한 병맥주도 팔고 있으나, 방콕 내 수제 맥주 집으로 꽤 유명세를 날리고 있는 곳이니 시원한 에일 맥주Ale beer 한잔을 추천한다.

더 로 바 THE Raw Bar

주소 440/9 Sukhumvit Soi 55, Khlong Tan Nuea **시간** 17:30~24:00(평일), 11:30~15:00(주말) **가격** 500밧~(1인) **홈페이지** www.facebook/TheRawBarBKK **전화** 02-713-8335

신선한 해산물 그리고 술을 좋아하는 여행자라면 강력하게 추천한다. 남자들의 로망을 자극하는 대항해 시대의 멋진 배에 탄 듯한 느낌을 주는 분위기로 30~40대 남성들이 자주 찾는 곳이다. 생굴과 소고기 다타키, 스페인식 사시미 샐러드 세비체 등 바의 이름 그대로 날 것 위주의 메뉴가 이곳의 콘셉트다. 이곳의 추천 메뉴는 더티 오이스터Dirty Oyster인데, 6개의 생굴 위에 캐비어가 올려진 고급스럽고 깔끔한 맛이 많은 인기를 끌고 있다. 매주 수요일, 금요일, 토요일에는 DJ가 다양한 장르의 음악을 선보이기도 하다.

데시 비츠 DESI BEATS

주소 10F The Opus Building, 139 Soi Thong lor 10, Sukhumvit Soi 55, Khlong Tan Nuea **시간** 18:00~다음 날 2:00 **가격** 400밧~(1인) **홈페이지** www.facebook.com/DesiBeatsBKK **전화** 081-683-8889

더 오푸스 빌딩The Opus Building 10층에 위치한 모로코 양식의 인도풍 레스토랑 앤 바. 실내외 테이블을 갖춘 제법 규모가 있는 곳이다. 어두운 조명 아래 퓨전 인도 요리와 각종 주류를 즐길 수 있다. 실내외가 나누어져 있는데 다소 시끄러운 실내보다는 어두운 밤 작은 조명 아래서 방콕의 밤을 즐길 수 있는 야외 좌식 테이블이 인기다.

배드모텔 BADMOTEL

주소 331/4-5 Sukhumvit Soi 55, Khlong Tan Nuea **시간** 7:30~다음 날 1:00 **가격** 135밧(병맥주), 285밧~(과일 맥주) **전화** 02-712-7288

식사와 간단한 술 한잔까지 함께할 수 있는 바. 태국의 흔한 낡은 3층짜리 버려진 건물을 감각적인 공간으로 재탄생시켜 안쪽의 테라스와 1층 실내 공간 그리고 소형 DJ부스까지 젊은 감각을 한층 뽐냈다. 각종 주류 외에도 태국 음식을 기본으로 한 퓨전 형식이 가미된 요리도 인기다. 늦은 저녁 출출한 배도 채우고 간단히 맥주를 즐기고 싶은 여행자라면 추천한다.

디바나 디바인 스파 divana divine spa

주소 103 thonglor 17, Sukhumvit Soi 55, Khlong Tan Nuea **시간** 10:00~24:00 **가격** 1,850밧(아로마 마사지; 90분) **홈페이지** www.divanaspa.com/DivineSpa **전화** 02-712-7309

인기 브랜드 디바나divana 체인점으로, 이곳은 오리엔탈 허브 등 유기농 재료를 주로 이용한다. 편안한 휴식과 고객 맞춤형 치료가 콘셉트라 나무와 관목, 자갈 등을 이용한 선불교 요소가 접목된 자연 친화적인 인테리어와 침묵의 평온함을 느낄 수 있는 조명 또한 매우 인상적이다. 온라인 예약 시 할인도 된다.

파타라파인타이퀴진 patara FINE THAI CUISINE

주소 375 Thonglo Soi 19, Sukhumvit Soi 55, Khlong Tan Nuea **시간** 11:30~23:00 **가격** 290밧~(런치세트) **홈페이지** www.patarathailand.com **전화** 02-185-2960

2011년부터 레스토랑 부문에서 각종 상을 휩쓴, 맛의 안정성은 자부할 만한 곳이다. 레스토랑 한편에 있는 바 또한 레스토랑과 별개로 인지도가 상당하다. 식사 후에 즐기는 간단한 칵테일이나 샷으로는 타이 모히토 Thai Mojito, 통로 펀치Thonglor Punch 그리고 P-19의 평이 좋다.

핫 플레이스로 뜨고 있는 오픈형 종합 몰
더 커먼스 THE COMMONS

주소 335 Soi Thonglor 17, Sukhumvit Soi 55, Khlong Tan Nuea **위치** (BTS 수쿰윗 선) 통로(Thong Lo)역 3번 출구에서 도보 5분 **시간** 10:00~22:00 **홈페이지** www.thecommonsbkk.com **전화** 02-712-5400

요즘 수쿰윗에서 가장 핫한 커뮤니티 몰인 더 커먼스. 마치 인사동의 쌈짓길이나 건대의 커먼그라운드를 연상시키는 오픈형 구조로, 더운 날씨의 방콕에서 시원하게 지어진 독특한 외관 때문에 많은 인기를 끌고 있다. 이곳의 진짜 매력은 브런치, 식사, 디저트, 술 등을 한꺼번에 즐길 수 있는 핫한 레스토랑들로 이루어졌다는 것이다. 이곳은 방콕의 힙스터들이 가장 많이 찾는 장소이기도 하다. 군데군데 아기자기한 소품들과 의류를 파는 곳도 많아 낮 동안에 딱히 스케줄이 없는 여행자라면 이곳에서 시간을 보내는 것을 강력하게 추천한다.

현지인들의 만남의 장소로 애용되는 마켓
제이 애비뉴 J AVENUE

주소 323/1-3 Sukhumvit Soi 55, Khlong Tan Nuea **위치** (BTS 수쿰윗 선) 통로(Thong Lo)역 3번 출구에서 도보 6분 **시간** 10:00~22:00 **홈페이지** www.facebook.com/Javenue.Thonglor **전화** 02-660-9000

더 커먼스 THE COMMONS에 아성을 뺏겼지만 지금도 여전히 통로에 방문하는 많은 현지인과 여행자를 위해 쉬어 가는 역할을 충실히 해내고 있는 제이 애비뉴. 한국 여행자들에게 익숙한 오 봉 팽, 그레이 하운드 카페, 애프터 유 디저트 카페, 아이베리 Iberry를 비롯한 다양한 레스토랑과 카페를 만날 수 있다. 제법 큰 규모로 들어와 있는 빌라 마켓 Villa Market에서는 빅 씨 슈퍼센터보다 더 싼 가격으로 득템할 수 있는 간식거리들과 고급 식자재들을 만날 수 있으니 둘러볼 만하다. 입구에 커다란 볼링 핀이 서 있고 찾기 쉬운

위치에 있어 현지인들 사이에서는 만남의 광장으로 인식되고 있다.

맛집 랭킹에 늘 상위에 랭크되는 퓨전 음식점
보란 Bo.lan

주소 24 Sukhumvit Soi 53, Khlong Tan Nuea **위치** (BTS 수쿰윗 선) 통로(Thong Lo)역 1번 출구에서 도보 3분 **시간** 11:30~14:30(런치), 18:00~22:30(디너) **가격** 1,880밧(런치 코스; 1인) **휴무** 매주 월요일 **홈페이지** www.bolan.co.th **전화** 02-260-2962

태국인 요리사 보Bo와 캐나다 요리사 딜런 Dylan 커플이 만든 태국식 레스토랑이다. 방콕 내 권위 있는 매거진에서도 상위권에 자주 오르며 명실상부한 태국 고급 레스토랑으로 자리 잡았다. 이곳의 음식은 커플의 국적이 말해주듯, 태국 전통 음식에 외국인 입맛에 맞춘 창작 요리들이 인기다. 매 분기마다 계절에 맞는 재료를 사용하기 때문에 메뉴도 계속 바뀐다. 가격이 절대 착한 편이 아니기 때문에 디너 코스보다는 점심 코스 메뉴(880

밧)를 추천한다. 단품도 시도해 볼 만하지만 코스 메뉴가 이 집의 제대로 된 맛을 느낄 수 있다는 것이 대체적인 평이다.

다양한 세계 맥주를 즐길 수 있는 맥주 창고
보틀즈 오브 비어 BOTTLES OF BEER

주소 2/7 Sukhumvit Soi 34, Khlong Tan Nuea **위치** (BTS 수쿰윗 선) 통로(Thong Lo)역 1번 출구에서 도보 4분 **시간** 9:00~24:00 **가격** 150밧~(수입 맥주), 220밧(통닭 한 마리) **홈페이지** www.bottlesofbeer.co **전화** 095-251-9799

우리나라의 맥주 창고 같은 가벼운 분위기의 맥주 전문점이다. 전 세계에서 들어온 퀄리티 있는 병맥주를 만날 수 있고, 수제 맥주로도 이름을 날리고 있다. 한국에서도 좀처럼 찾아보기 힘든 일본의 히타치노Hitachino, 캘리포니아의 홀게이트Holgate 등 희귀한 맥주도 만날 수 있다. 가격도 합리적인 편이어서 많은 맥주 애호가들이 즐겨 찾는 곳 중 하나다. 6병 묶음 한 팩을 살 경우 도매가로 주기 때문에 혼자보다는 둘이 와서 한 팩을 사는 것이 합리적인 방법이다. 이곳의 전기구이 통닭과 오리고기 버거는 맥주와 함께 곁들이면 최고의 궁합을 보여 주니 추천한다.

채소가 당신의 삶을 바꾼다 이야기하는 건강 식당
브로콜리 레볼루션 BROCCOLI REVOLUTION

주소 899 Sukhumvit Rd, Khlong Tan Nuea **위치** (BTS 수쿰윗 선) 통로(Thong Lo)역 1번 출구에서 도보 5분 **시간** 7:00~22:00 **가격** 250밧(차콜 버거), 90밧~(음료) **홈페이지** www.broccolirevolution.com **전화** 081-123-9945

'채소가 당신의 삶을 바꾼다'는 그들의 슬로건처럼 건강한 메뉴를 선보이는 건강 식당이다. 몸에 좋은 채식단도 많지만 꼭 채식주의자가 아니어도 쉽게 채소에 다가갈 수 있도록 맛을 낸 다양한 메뉴가 있어 힙스터들에게 인기를 얻고 있다. 대표 메뉴는 브로콜리 퀴노아 차콜 버거Broccoli Quinoa Charcoal Burger다. 숯으로 색을 낸 검은 빵과 붉은 토마토 그리고 양상추가 먹기 전부터 눈을 즐겁게 한다. 버거 안에 들어 있는 패티는 고기 대신 잘게 다진 브로콜리와 검은 퀴노아, 하얀 퀴노아로 고기의 식감과 촉촉함을 잘 살렸다. 식사가 부담스럽다면 스무디나 채소 음료수를 도전해 보자.

주택가에 위치한 작고 편안한 스파
만다린 진저 스파 MANDARIN GINGER SPA

주소 8 Sukhumvit Soi 59, Khlong Tan Nuea **위치** (BTS 수쿰윗 선) 통로(Thong Lo)역 3번 출구에서 도보 5분 **시간** 10:00~22:00 **가격** 500밧(발 마사지: 1시간), 500밧(타이 마사지: 1시간), 1,000밧(아로마 마사지: 1시간) **홈페이지** www.mandaringingerspa.com **전화** 02-714-1622

고급 주택가 지역에 위치한 스파 숍. 깔끔한 인테리어에 오렌지(만다린) 컬러가 눈에 띄는 곳이다. 큰 규모는 아니지만 위치가 좋아 통로 고급 주택가에 사는 태국 상류층인 하이쏘High Society들이 자주 이용하는 곳이다. 마사지를 비롯해 트리트먼트, 페이셜, 왁싱 등 전문으로 훈련받은 테라피스트의 도움을 받아 편안한 휴식을 즐길 수 있다. 여행자들에게 알려지지 않은 곳으로, 규모와 상관없이 조용한 곳에서 전문가의 손길을 받고 싶은 여행자라면 추천한다.

태국 중·상류층의 최신 트렌드를 볼 수 있는 핫 플레이스
에까마이 Ekkamai [에까마이]

주소 Ekkamai Soi, Khlong Tan Nuea **위치** (BTS 수쿰윗 선) 에까마이(Ekkamai)역 1번 출구에서 도보 3분

수쿰윗 일대 통로역 주변과 더불어 태국 중·상류층 및 외국인이 많이 거주하는 지역으로 최근 방콕 젊은이들 사이에서 핫 플레이스로 손꼽히는 대표 지역이다. 과거 동부 버스 터미널을 중심으로 교통의 중심지로의 역할만 했던 이곳에 소이 63을 중심으로 레스토랑과 바가 하나둘 생겨 나면서 새로운 바람이 불고 있다. 태국의 중·상류층의 방문이 늘고 있어 방콕의 최신 트렌드를 만날 수 있는 곳이다. 방콕 시내 다른 지역과는 달리 고급 건물에 정리 정돈된 심플한 인테리어 그리고 맛과 분위기를 사로잡은 상점들로 데이트족은 물론 가족 단위 방문객들도 늘고 있다.

에까마이 상세 지도

- 미켈러 방콕 / Mikkeller Bangkok
- 옐로우 스푼 페이스트리 / Yellow Spoon Pastry
- 디엔디 클럽 / DND(Do Not Disturb) CLUB
- 언 패션 카페 / (Un) Fashion Café
- 미트리셔스 / Meatlicious
- 사바이짜이 / Sabaijai
- 뮤즈 / Muse
- 에까마이역 / Ekkamai
- 에까마이 / Ekkamai
- 퀘인트 / Quaint
- 동부 버스 터미널 / Eastern Bus Terminal
- 만다린 진저 스파 / Mandarin Ginger Spa
- Sukhumvit Soi 55
- Ekkamai Rd
- 메리어트 이그제큐티브 아파트먼트 방콕 / Marriott Executive Apartments Bangkok

에까마이 인근 상점

퀘인트 Quaint

주소 23 Sukhumvit Soi 61, Khlong Tan Nuea **시간** 10:00~24:00 **가격** 120밧~(티), 250밧~(식사) **홈페이지** www.facebook.com/QuaintBangkok **전화** 02-714-1998

빈티지한 아이템과 오래된 벽돌 건물을 사랑하는 오너가 운영하는 카페 & 퓨전 레스토랑이다. 현지에서 나온 재료로 서양식 조리법을 사용하는 이곳은 브런치와 간단한 저녁 식사 메뉴가 주를 이룬다. 빈티지한 외관에 정원까지 갖춘 이곳에서는 케사디아와 랍스터 비스크 그리고 레드 커리 소스를 곁들인 노르웨이산 연어 스테이크를 추천한다. 라이  브 음악에 대한 열정도 상당해서 수요일부터 토요일까지 항상 공연도 있다.

사바이짜이 SABAIJAI

주소 65 Sukhumvit Soi 63, Khlong Tan Nuea **시간** 10:30~22:30 **가격** 120밧~(1인) **홈페이지** www.sa-bai-jai.com **전화** 02-714-2622

저렴하게 맛있는 한 끼 식사를 해결할 수 있는 태국 음식점. 현지인이나 외국인들도 즐겨 찾으며, 본관과 별관으로 나뉘어 낮에는 주로 별관을 운영한다. 새우가 곁들여진 레드 커리와 까이양은 누구나 좋아할 만한 안정적인 맛을 선사해서 태국 음식에 대한 호불호가 갈리는 사람이라면 추천한다. 자칫 실패하기 쉬운 해산물 요리도 맛있게 하는 것으로 소문난 곳이다. 탱글탱글한 새우와 당면이 잘 어우러진 얌운센이나 해산물 튀김도 호평을 얻고 있다.

언 패션 카페 (UN) FASHION CAFE

주소 1F Ekkamai Shopping Mall, Ekamai Soi 10, Sukhumvit Soi 63, Khlong Tan Nuea **시간** 10:30~20:30 **가격** 75밧(티), 100밧~(과일 라테) **전화** 094-421-2411

도심 한가운데 숨은 아지트 같은 분위기를 느낄 수 있는 카페. 캐러밴을 개조한 빈  티지한 외관과 아기자기한 내부 인테리어에 오래전부터 식지 않은 인기를 누리고 있는 곳이다. 인기 메뉴인 딸기 라테는 단순히 '딸기 시럽과 우유'의 조합이 아닌 라테 위에 딸기 향이 나는 우유 거품을 올려 지금까지 알고 있던 딸기 라테와는 다른 풍미를 느낄 수 있다. 이 외에도 일본 전통 말차로 만든 말차 라테 또한 추천 메뉴다.

디엔디 클럽 DND(DO NOT DISTURB) CLUB

주소 217/8 Ekamai Soi 5/1, Sukhumvit Soi 63, Khlong Tan Nuea **시간** 20:00~다음 날 2:00 **휴무** 매주 월요일 **가격** 무료입장(초청이벤트 시 유료) **전화** 094-414-9266

2014년 10월 14일 혜성같이 등장해 오픈부터 지금까지도 방콕의 20~30대들에게 사랑받고 있는 고급 클럽이다. 이발소, 세탁소 등 특색 있는 앤티크한 인테리어와 매주 열리는 게스트 공연으로 주말이면 춤을 추기도 어려울 정도로 스테이지가 꽉 찬다. 일렉트로닉 음악을 비롯해 매주 특별 게스트를 초대하는데, 놀라운 건 꽤 유명한 DJ도 여럿 다녀갔다고 한다. 시즌에 따라 잠옷 파티 등 이색 파티를 진행하니 방문 전 공식 페이스북을 통해 살펴보고 필요한 복장을 미리 준비해가도록 하자.

옐로우 스푼 페이스트리 Yellow Spoon Pastry

주소 317/6-1 Ekamai Soi 19, Sukhumvit Soi 63, Khlong Tan Nuea **시간** 10:00~20:00 **가격** 165밧(펀치류), 120밧~(커피), 280밧(더링) **홈페이지** www.yellowspoonpastry.com **전화** 085-482-2842

호주의 유명한 요리 전문 학교, 르 꼬르동 블루Le Cordon Bleu Australia를 졸업하고 호텔에서 일해 온 셰프가 만든 깨끗하고 맛있는 빵집이다. 이곳의 슬로건은 간단하다. 'NO 마가린, NO 인공 재료, NO 방부제로 깨끗하고 맛있는 빵을 만든다.'이다. 이 동네 하이쏘들의 사랑을 받고 있는 이 빵집의 추천 메뉴는 솔티드 캐러멜 초콜렛 케이크Salted Caramel Chocolate Cake다. 이 외에도 다양한 종류의 오가닉 쿠키, 브라우니, 타르트들이 여행자들을 유혹한다.

방콕에서 가장 유명한 셰프가 운영하는 레스토랑
미트리셔스 Meatlicious

주소 8 Ekamai Soi 6, Sukhumvit Soi 63, Khlong Tan Nuea **위치** (BTS 수쿰윗 선) 에까마이(Ekkamai)역 1번 출구에서 도보 7분 **시간** 18:00~24:00 **가격** 400밧~(1인) **전화** 091-698-6688

아시아 베스트 50 레스토랑에 이름을 올린 에까마이의 핫 플레이스 미트리서스. '가간 Gaggan'이라는 인도 음식점을 세계적인 수준의 레스토랑으로 끌어올린 경력이 있는 가간 아난드Gaggan Anand가 차린 레스토랑으로, 첨단 기술(?)과 전통 방식을 적절히 섞어 숯불과 장작으로 구워 낸 바비큐 요리로 독특한 유명세를 타고 있다. 이곳의 추천 메뉴는 토마호크tomahawk다. 숙성된 양질의 고기와 숯으로 마무리된 이 무지막지한 스테이크는 이곳의 시그니처 메뉴이니 참고하자.

30종의 수제 맥주를 맛볼 수 있는 펍
미켈러 방콕 Mikkeller BANGKOK

주소 26 Ekamai Soi 10 Lane 2, Sukhumvit Soi 63, Khlong Tan Nuea **위치** (BTS 수쿰윗 선) 에까마이(Ekkamai)역 1번 출구에서 도보 7분 **시간** 17:00~24:00 **가격** 맥주 종류에 따라 다름 **홈페이지** www.mikkellerbangkok.com **전화** 02-381-9891

소량만 생산하는 미켈러 크래프트 맥주와 수준 높은 음식으로 방콕에서 꽤 유명한 비어 바 & 레스토랑이다. 넓은 잔디 정원과 2층 건물로 실내는 유명한 30개의 크래프트 맥주 탭이 나열돼 있다. 워낙 많은 종류가 있어 테스팅도 가능하고 맞춤형 맥주도 추천해 준다. 맥주 맛도 기가 막히지만 또 한 가지 주목할 것은 미켈러 하우스가 시작한 야심한 프로젝트 파인 다이닝이다. 미슐랭 3스타를 받은 미국에서 가장 비싼 레스토랑 중에 하나인 '그레이스Grace'에서 부주방장을 맡았던 한국인 단 박Dan Bark 씨가 선보이는 모던한 창작 요리를 만날 수 있다.

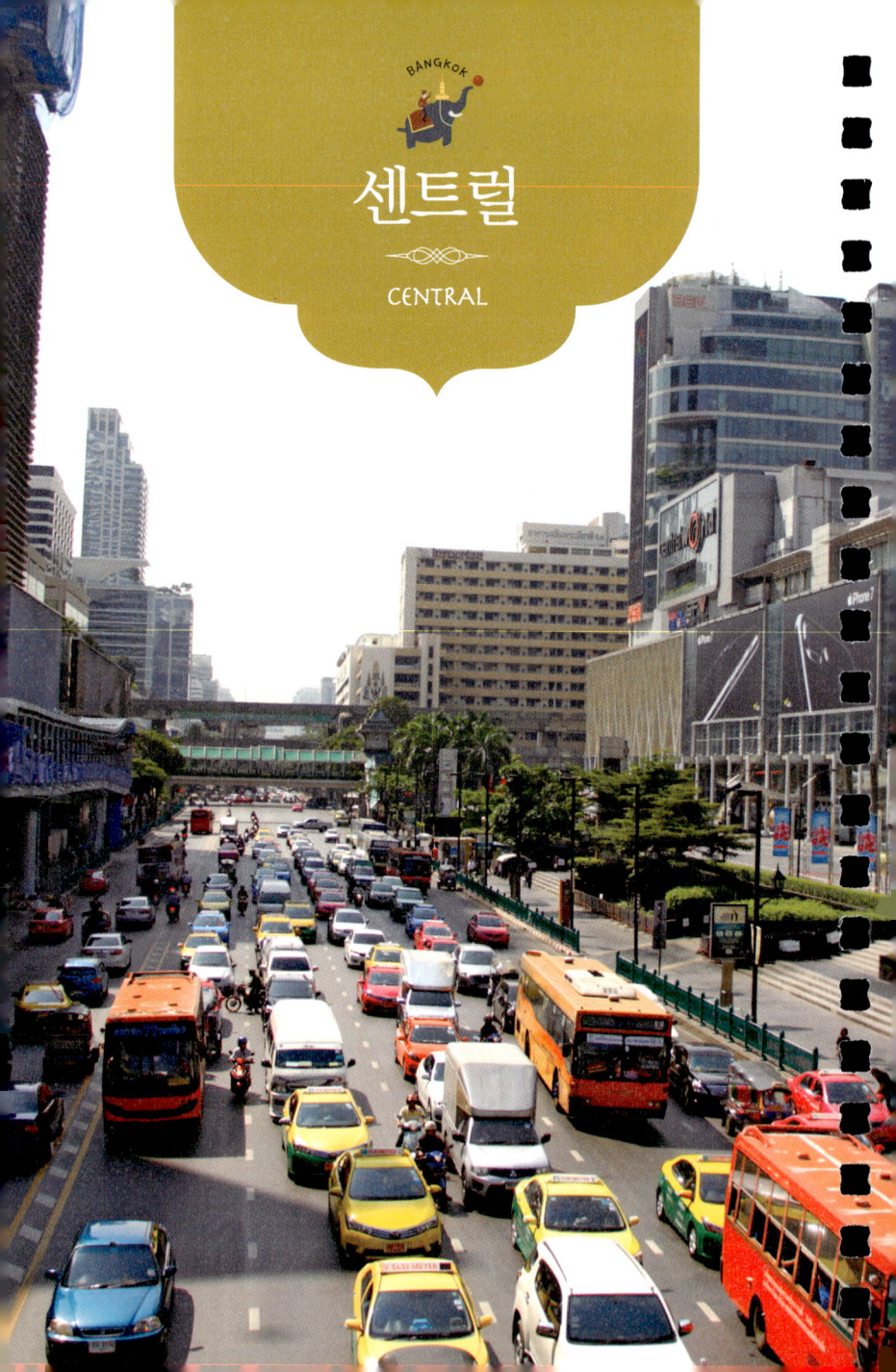
센트럴
CENTRAL

방콕의 새로운 심장, 쇼핑과 문화의 중심지

엄청난 규모를 자랑하는 초대형 백화점 시암 파라곤과 센트럴월드 등 고급 브랜드들이 즐비한 백화점과 함께 태국 실크의 대명사, 짐 톰슨 하우스까지 쇼핑과 식도락을 위한 관광 1번지로 통한다. 365일 낮과 밤을 가리지 않고 두툼한 쇼핑백을 들고 다니는 현지인과 관광객으로 발 디딜 틈이 없다. 이곳은 태국 최고의 명문대 중 하나인 '쭐랄롱꼰 대학교'가 위치해 있어 태국 젊은 세대의 문화도 한껏 느낄 수 있는 곳이니 한 번쯤 들러 볼 만하다.

방콕의 중심부에 위치해 있어 유동 인구가 가장 많은 구간이다 보니 지상철(BTS)도 촘촘히 위치해 있다. 버스 정류장도 곳곳에 있어 짧은 구간이라면 에어컨 버스를 타도 좋다. 택시는 주로 백화점과 지상철 역 앞에 대기하고 있으니 참고하자.

❶ 공항
국제선 청사에서 나와 지하 1층 공항 철도 탑승 후 파야타이Phaya Thai역에서 지상철로 환승 후 내셔널 스타디움National Stadium, 시암Siam, 칫롬Chit Lom 역에서 하차.

❷ 주요 지상철
BTS 내셔널 스타디움National Stadium역
BTS 시암Siam역
BTS 칫롬Chit Lom역
BTS 플른칫Phloen Chit역

교통 체증의 도시, 방콕에서도 악명 높은 구간을 자랑하는 이곳은 출퇴근 시간에는 교통 지옥을 연출하니 지상철을 추천한다. 교통 시간 외에도 이곳의 교통량은 상당히 많은 편이다. 교통량에 크게 영향받지 않는 툭툭이나 오토바이를 타고 이곳으로 간다면 매연을 실컷 마실 각오를 하고 타야 하니 참고하자.

센트럴 BEST COURSE

대중적인 코스

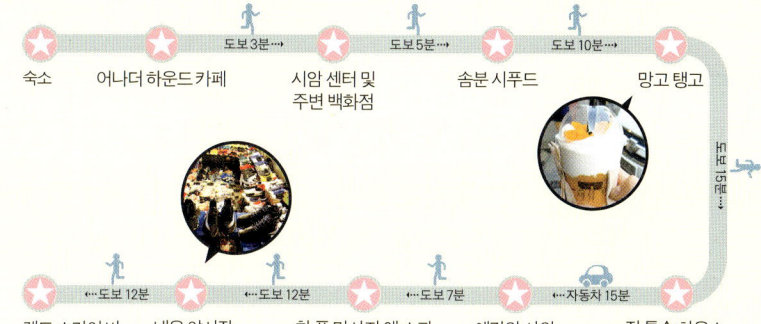

숙소 → 어나더 하운드카페 → (도보 3분) 시암 센터 및 주변 백화점 → (도보 5분) 솜분 시푸드 → (도보 10분) 망고 탱고 → (도보 15분) 짐 톰슨 하우스 → (자동차 15분) 에라완 사원 → (도보 7분) 창 풋 마사지 앤 스파 → (도보 12분) 네온 야시장 → (도보 12분) 레드 스카이바

쇼핑 천국의 중심이자 시암의 랜드마크
시암 파라곤 Siam Paragon [싸얌 파라곤]

주소 991 Rama I Rd, Khet Pathum Wan **위치** (BTS 수쿰윗 선) 시암(Siam)역 3번 출구에서 바로 연결 **시간** 10:00~22:00 **홈페이지** www.siamparagon.co.th **전화** 02-610-8000

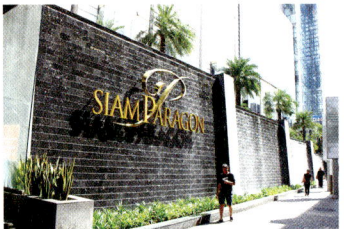

방콕 센트럴 지역 랜드마크이자 대형 종합몰이다. 시암역과 연결돼 있는 복합 쇼핑몰로, 그 옆으로 시암 센터, 시암 디스커버리 등과 연결돼 있다. 지하부터 지상 5층까지 총 9층으로 구성된 내부에는 층별 브랜드 매장과 고급 레스토랑이 위치해 있고, 특히 G층에 위치한 고메 마켓에는 태국뿐만 아니라 전 세계의 인기 음식들과 식료품, 과일 등을 만날 수 있는데 신선도, 퀄리티, 가격으로 여행자들의 마음을 사로잡았다. 가장 아래층에 아쿠아리움과 영화관, 자동차 매장, 전시 공간 등 다양한 문화 시설 공간도 있으니 참고하자. 인포메이션에서 투어리스트 카드를 발급받으면 할인 및 택스 리펀드도 가능하다.

시암 파라곤 층별 안내

어나더 하운드 카페 another hound café G층

태국의 대표 패션 브랜드 중 하나인 그레이 하운드에서 론칭한 어나더 하운드 카페. 이탈리아 퓨전 음식 전문점으로, 럭셔리함과 모던한 인테리어와 독특한 맛으로 태국 상류층과 각국의 여행자 입맛을 사로잡았다.

키자니아 Kidzania 5층

전 세계에 24개 매장을 가지고 있는 아이들을 위한 파라다이스 키자니아. 아이들이 직접 다양한 미션을 수행하며 돈을 벌고 다양한 직업 체험을 통해서 아이들에게 건전한 경제 의식을 심어 주는 프로그램으로 많은 사랑을 받고 있다. 한국의 키자니아보다 30~40% 저렴하고 영어로 진행되기 때문에 아이들을 데리고 온 가족에게 추천한다.

TWG 차 살롱 앤 부티크 TWG TEA Salon & Boutique M층

한국에도 상륙한 홍차 전문점 & 고급 레스토랑으로, 800종이 넘는 루즈 티 Loose Tea와 각종 디저트, 다양한 음식을 맛볼 수 있다. 블랙 & 골드 톤의 매장과 TWG의 시그니처라고 할 수 있는 티 보틀은 홍차에 관심 없는 사람이라도 눈길을 끌 만큼 소유욕을 자극한다. 처음 왔다면 이곳의 시그니처 홍차인 TWG의 1837 블랙 티 혹은 애프터눈 티 세트를 추천한다.

방콕 도시에서 만나는 바닷속 풍경
시라이프 오션 월드 SEALIFE OCEAN WORLD

주소 BF Siam paragon, 991 Rama I Rd, Khet Pathum Wan **위치** (BTS 수쿰윗 선) 시암(Siam)역 3번 출구에서 바로 연결된 시암 파라곤 지하 B층 **시간** 10:00~21:00 **가격** 990밧(성인), 790바트(만 2세~11세) *온라인 예약 시 할인 **홈페이지** www.sealifebangkok.com **전화** 02-687-2000

동남아시아에서 가장 커다란 규모를 자랑하는 아쿠아리움이다. 9,000마리가 넘는 해양 생물을 관찰할 수 있는 곳으로, 동남아 최대 규모라고는 하지만 한국의 아쿠아리움과 비교하면 조금 웅장한 감이 덜하다. 아이를 동반한 가족 단위 체험 프로그램을 여럿 운영하고 있어 인기다. 시암역과 연결돼 있는 시암 파라곤 지하에 위치해 쇼핑과 관광을 동시에 할 수 있는 최적의 위치에 있다. 무료 발급 카드인 투어리스트 카드로 할인을 받거나 여행사, 온라인 사이트를 이용하면 최고 50%까지 할인된 요금으로 티켓 구매가 가능하니 방문을 계획하고 있다면 미리 표를 구매해 방문하길 추천한다.

젊은 층에게 인기인 로컬 브랜드가 가득한 곳
시암 센터 SIAM CENTER [싸얌 센탄]

주소 989 Rama I Rd, Khet Pathum Wan **위치** (BTS 수쿰윗 선) 시암(Siam)역 1번 출구에서 바로 연결 **시간** 10:00~22:00 **홈페이지** www.siamcenter.co.th **전화** 02-658-8000

1970년대에 지어진 오랜 역사를 가진 종합몰이다. 시암역 주변 대형 복합 몰 중 가장 오래됐지만 2013년 리뉴얼 후 톡톡 튀는 영 브랜드와 태국 현지 디자이너의 과감한 디자인이 돋보이는 200개가 넘는 상점이 들어서면서 또 한 번 핫 플레이스로 인기몰이를 하고 있다. 젊은 층을 타깃으로 한 독특한 인테리어와 다양한 전시가 돋보이고, 빅토리아 시크릿, 에스티 로더 등 국제 브랜드와 뉴욕의 소호를 방불케 하는 개성 있는 로컬 디자이너들의 아이템들이 가득해 20~30대 젊은이들이 많이 찾는다. 또 하나 이곳만의 특별함이 있는데, 시암 센터에 위치한 각 매장에서는 다른 곳에서 볼 수 없는 리미티드 아이템을 보유하고 있어 나만의 아이템을 찾기 위해 방문하는 사람들도 제법 있다.

시암 센터 층별 안내

세포라 SEPHORA G층
한국에 공식 매장이 없음에도 한국 코스메틱 덕후들에게는 엄청난 인기를 끌고 있는 곳이다. 한국의 올리브영 같은 다양한 코스메틱 브랜드들이 입점해 있어 여성 여행자들에게 특히 인기다.

빅토리아 시크릿 VICTORIA'S SECRET G층
속옷으로 시작해 지금은 화장품, 의류까지 판매하는 미국 브랜드다. 미국에만 1,000개 이상의 매장을 운영할 정도로 인기다. 국내 직구족에게는 이미 유명한 브랜드로 알려져 저렴한 가격으로 화장품을 구매하기 위해 방문하는 사람들로 인기다.

심플하고 고급 브랜드가 가득한 복합 몰
시암 디스커버리 SIAM DISCOVERY [싸암 디스커무어리]

주소 979 Rama I Rd, Khet Pathum Wan **위치** ❶ (BTS 수쿰윗 선) 시암(Siam)역 1번 출구에서 도보 3분 ❷ (BTS 실롬 선) 내셔널 스타디움(National Stadium)역에서 바로 연결 **시간** 10:00~22:00 **홈페이지** www.siamdiscovery.co.th **전화** 02-658-1000

시암 센터와 함께 2013년 5월에 재오픈한 고급 복합 몰이다. 1층과 2층의 미래적인 인테리어가 돋보이는 백화점으로, 일본의 유명한 건축가 오키 사토Oki Sato가 설계했다. 전자 제품 관련 매장과 공동 작업 구역 허바Hubba, 통신 회사 버진Virgin에서 운영하는 피트니스 센터 등 눈에 띄는 시설도 여럿 있다. 일본에서 가장 유명한 잡화점 중에 하나인 로프트Loft 매장과 인테리어 소품점 '룸 콘셉트 스토어' 등 인테리어 소품 매장이 인기며, 방콕의 유행을 선도하는 밀집 지역인 시암 스퀘어Siam Square에서 가장 심플하고 고급 브랜드가 많아 가격대가 높은 편이니 참고하자.

시암 디스커버리 층별 안내

하비스 HOBBIES INNOVATION LAB

마니아들을 위한 여러 매장이 모여 있는 하비스. 태국의 국민 서점 아시아 북스를 비롯해 게임, 레코드, 피규어 등 엔터테인먼트 숍이 준비돼 있다. 특별할 정도의 핫 아이템은 없지만 마니아라면 한 번쯤 들러 볼 만하다. 시즌마다 매장 분위기과 달라지니 참고하자.

로프트 Loft DIGITAL LAB

모던한 인테리어 소품이 가득한 잡화점이다. 일본에서 가장 잘 나가는 잡화 브랜드답게 아기자기하고 실용성을 중심으로 심플한 디자인에 감각적인 인테리어 소품이 가득하다. 실용적이고 귀여운 생활용품과 피규어, 인형, 문구류 등 많은 제품이 준비돼 있으니 실용적인 제품에 관심이 많거나, 인테리어 소품, 기념품을 찾는 여행자라면 들러 보길 추천한다.

해비타트 habitat CREATIVE LAB

프랑스 리빙 인테리어 숍, 해비타트다. 지금은 이케아 가족이 된 브랜드로 전 세계 여러 곳에서 매장을 운영할 정도로 여성들에게 사랑을 받고 있다. 심플하고 감각적인 디자인에 실용성까지 갖춰 구경하는 것만으로도 인테리어 최신 트렌드와 인테리어 소품에 관한 최신 동향을 볼 수 있다.

룸 콘셉트 스토어 ROOM CONCEPT STORE CREATIVE LAB

감각적인 큐레이션이 돋보이는 룸 콘셉트 스토어. 국제적인 디자이너 제품과 태국 제품들이 골고루 섞여 있는 것이 특징이다. 시암 디스커버리와 엠카르티에 백화점 매장은 북유럽 스타일의 심플하고 위트 있는 아이템이 있는 반면 플른칫역 센트럴 엠버시 지점은 앤티크한 아이템 라인들이 있어 비교하며 보면 좋을 듯하다.

세계 유명 인사들의 밀랍 인형이 가득한 곳
마담 투소 Madame Tussauds

주소 6F Siam Discovery Center, 979 Rama I Rd, Khet Pathum Wan **위치** ❶ (BTS 수쿰윗 선) 시암(Siam)역 1번 출구에서 도보 3분 ❷ (BTS 실롬 선) 내셔널 스타디움(National Stadium)역에서 바로 연결 **시간** 10:00~22:00 **홈페이지** www.madametussauds.com/bangkok/en **전화** 02-658-0060

전 세계 유명 도시마다 볼 수 있는 마담 투소 밀랍 인형 박물관. 한 번 본 얼굴은 잊어버리지 않는 능력을 가졌던 마담 투소가 밀랍 인형 제조술을 배워 만든 다양한 유명인들을 만나 볼 수 있는 공간이다. 런던에서 처음 선보인 후 베를린, 암스테르담, 홍콩 등 유명한 도시 곳곳에서 박물관을 열어 이제는 전 세계 사람에게 많이 익숙해져 있다. 인형 하나당 2,500만 원 정도 하는 귀하신 몸이다 보니 만날 기회도 흔치 않다. 현장에서 입장권을 구매하면 한국 돈으로 3만 원이 넘지만 투어리스트 카드를 제출하거나(20%), 여행사를 통해 산다면 보다 저렴한 할인가로 즐길 수 있으니 미리 티켓을 구매하고 방문하도록 하자.

방콕의 예술·문화를 만날 수 있는 공간
방콕 아트 앤 컬처 센터 BANGKOK ART AND CULTURE CENTER

주소 939 Rama I Rd, Khet Pathum Wan **위치** ❶ (BTS 수쿰윗 선) 시암(Siam)역 1번 출구에서 도보 3분 ❷ (BTS 실롬 선) 내셔널 스타디움(National Stadium)역에서 바로 연결 **시간** 10:00~21:00 **휴무** 매주 월요일 **홈페이지** www.bacc.or.th **전화** 02-214-6630

방콕 아트 앤 컬처 센터BACC는 방콕의 예술과 문화를 느낄 수 있는 복합 문화 공간이다. 이곳의 가장 큰 매력은 바로 무료입장이라는 점이다. 그렇다고 볼 게 없다는 편견은 금물. 방콕의 랜드마크로도 손색이 없는 이곳의 기획전은 높은 수준을 자랑한다. 1층부터 6층까지는 회화, 조각, 영화 등 다양한 테마를 주제로 소규모 갤러리와 기념품 숍, 인기 브랜드 숍과 카페가 위치해 있고, 7층부터 9층까지는 본격적인 기획전이 열리는 넓은 갤러리가 위치해 있다. 필자의 개인적인 의견으로는 혼자 온 여행자가 태국 친구를 만들기 좋은 장소 중에 하나가 아닐까 생각한다. 혼자 온 방문객도 자주 눈에 띄니 혼자 온 여행자라면 맘에 드는 사람에게 간단히 말을 걸어 봐도 좋을 듯하다.

방콕의 용산 전자 상가와 동대문 상가로 불리는 쇼핑센터
마분콩 센터 MBK CENTER [마분크롱]

주소 444 Phayathai Rd, Khet Pathum Wan **위치** ❶ (BTS 수쿰윗 선) 시암(Siam)역 1번 출구에서 도보 3분 ❷ (BTS 실롬 선) 내셔널 스타디움(National Stadium)역에서 바로 연결 **시간** 10:00~22:00 **홈페이지** www.mbk-center.co.th **전화** 02-620-9000

우리의 용산 전자 상가, 남대문·동대문 상가를 합쳐 놓은 듯, 없는 것이 없는 복합 쇼핑몰이다. 의류, 전자 제품, 아로마, 기념품 등 다양한 제품을 만날 수 있다. 한 가지 주의해야 할 점은 이곳에서 사는 브랜드 제품(아이폰, 고급 시계, 지갑 등)에는 모조품이 많다. 특히 시계는 A급 모조품이라고 얘기하지만 하루를 넘기지 못하고 망가지는 일이 다반사다. 구경만 하는 것을 추천한다. 5~6층의 푸드 코트도 괜찮은 가성비를 자랑하니 참고하자.

시암 지역을 대표하는 만남의 광장 & 종합 몰
시암 스퀘어 원 SIAM SQUARE ONE [싸얌 쓰쾌 원]

주소 388 Rama I Rd, Khet Pathum Wan **위치** (BTS 수쿰윗 선) 시암(Siam)역 4번 출구에서 바로 연결 **시간** 10:00~22:00 **홈페이지** www.siamsquareone.com **전화** 02-255-9999

시암 파라곤과 마주 보고 있는 시암 지역의 대표적인 만남의 광장이다. 마치 홍대입구역처럼 쭐랄롱꼰 대학교와 붙어 있는 위치 탓에 방콕의 많은 젊은이가 이곳에서 쇼핑과 식사를 한다. 덕분에 인기 있는 디저트 가게나 보세 의류 숍들이 많은 것으로도 유명하다. 곳곳에 작은 백화점들과 식당가들이 위치해 있으니 가벼운 마음으로 돌아보자.

🛒 시암 스퀘어 원 층별 안내

메이고리 Maygori 2층

높게 쌓아 올린 빙수로 유명한 디저트 전문점 메이고리다. 탄성을 지르게 할 정도로 놀라운 크기와 형태로 방콕 인스타그램에서 이슈가 돼 유명해졌다. 한 가지 아쉬운 점은 보는 것에 비해 맛은 평범하다는 것이다.

와코루 Wacoal 3층

일본 교토에 본사를 둔 속옷 브랜드다. 국내에서도 이미 꽤 유명한 브랜드로 1949년 일본에서 설립돼 일본은 물론 미국, 유럽에서도 인기가 높다. 국내 가격과 비교했을 때 가격이 저렴해 많은 여행자가 찾는 브랜드 중 하나다.

솜분 시푸드 SOMBOON SEAFOOD 4층

시푸드 레스토랑으로 유명한 솜분 시푸드다. 전통 태국 요리와 해산물을 저렴하고 푸짐하게 먹을 수 있는 방콕 대표 맛집이다. 태국의 뿌팟퐁커리 3대 맛집으로 소문난 가게 직영점으로 방콕에 방문했다면 한 번쯤 가 봐야 할 인기 식당 중 한 곳이다.

센터 포인트 마사지 앤 스파 Center Point Massage & Spa 6층

실롬과 스쿰윗에도 매장을 운영하고 있는 로컬 마사지 숍. 쇼핑센터 건물에 위치해 접근성도 좋고 분위기와 서비스도 괜찮다. 쇼핑 후 피로를 풀거나 쇼핑을 즐기는 여자친구나 아내를 기다리는 남성들에게 인기. 온라인 예약 시 15% 할인을 받을 수 있고, 주말이나 공휴일에는 대기가 제법 있으니 예약 후 방문하도록 하자.

태국 현지인들이 극찬하는 태국 음식점
반 쿤 매 BAN KHUN MAE [반 쿤 메]

주소 458/6-9 Siam Square Soi 8, Khet Pathum Wan **위치** (BTS 수쿰윗 선) 시암(Siam)역 4번 출구에서 도보 2분 **시간** 11:00~23:00 **홈페이지** www.bankhunmae.com **전화** 02-250-1953

센트럴 지역 여행자들의 오랜 맛집 반 쿤 매 레스토랑이다. 현대적인 건물들과 숍이 난무하는 시암 스퀘어 지역에서 나무로 지어진 태국 전통 가옥 양식의 인테리어가 인상적인 곳이다. 분위기에 비해 가격이 높지 않고 맛 또한 좋아 현지인들이 손꼽는 맛집이다. 최근에는 외국인의 방문율이 높아져 그들의 입맛에 맞추려는 경향이 있어 현지인들 사이에서 호불호가 갈리지만, 큼직한 새우가 들어간 프론 인 레드 커리 페이스트(280밧), 똠얌꿍(200밧) 등 많은 종류의 태국 음식을 부담없이 즐길 수 있다.

쏨땀 마니아들이 추천하는 맛집
쏨땀 누아 Somtam Nua [쏨땀 누아]

주소 392/14 Siam Square Soi 5, Rama I Rd, Khet Pathum Wan **위치** (BTS 수쿰윗 선) 시암(Siam)역 4번 출구에서 도보 2분 **시간** 11:00~21:30 **가격** 150밧~(1인) **전화** 02-251-4880

태국의 김치라는 별명을 가진 태국 대표 음식 쏨땀. 한국인들 사이에서도 호불호가 갈리는 맛이지만, 좋아하는 사람이라면 다양한 종류의 쏨땀을 맛볼 수 있어 꼭 들르는 곳 중 하나다. 쏨땀은 다른 음식과 함께 먹는 사이드 메뉴이다 보니 다른 음식도 취급하는데 그중에서도 팟타이(110밧)와 까이톳(150밧)이다. 교촌 치킨과 종종 비교되는 맛으로, 조금 느끼할 수 있는 치킨의 맛이 쏨땀과 먹으면 마치 치킨 무와 함께 먹는 것 같은 효과(?)를 느낄 수 있어 이곳의 인기 메뉴로 등극했다. 시암 스퀘어에 본점이 있고 이 외에도 백화점에 많이 입점해 있으니 쏨땀 마니아들은 한 번 들러 보자.

태국에서 인정한 실크 전문가 생가 박물관
짐 톰슨 하우스 Jim Thompson House

주소 6 Soi Kasemsan 2, Rama 1 Road, Khet Pathum Wan **위치** (BTS 수쿰윗 선) 시암(Siam)역 1번 출구에서 도보 7분 **시간** 9:00~18:00 **요금** 150밧(성인), 100밧(22세 미만 청소년) **홈페이지** www.jimthompsonhouse.com **전화** 02-216-7368

태국을 다녀온 여행자들이 꼭 챙기는 기념품 중 하나인 실크. 실크 메이커 중 가장 인정받는 브랜드인 짐 톰슨이 생전에 살았던 생가를 보존해 현재는 박물관으로 사용하고 있는 곳이다. 짐 톰슨은 미국 뉴욕 출신의 건축가이자 군인 장교로 CIA의 전신 기관에서 태국에 파견돼 있다가 태국 실크의 매력에 빠져 돌아가지 않고 정착해 태국 실크 산업 발전에 큰 획을 그은 인물이다. 미국인임에도 불구하고 태국 사람들에게 사랑받는 그의 집은 태국 전통적인 양식의 티크 하우스로 외관뿐만 아니라 오래된 골동품들도 전시돼 있어 내부 또한 아름답다. 입장료 안에 가이드 투어가 포함돼 있지만 아쉽게도 한국어 가이드 투어는 없다.

TIP 망고 탱고 Mango Tango

주소 Siam Square Soi 3, Rama I Rd, Khet Pathum Wan **위치** (BTS 수쿰윗 선) 시암(Siam)역 2번 출구에서 도보 3분 **시간** 11:30~22:00 **가격** 55밧(망고푸딩), 140밧(망고 탱고) **홈페이지** www.mymangotango.com **전화** 081-619-5504

동남아 여행에서 빠질 수 없는 과일, 망고. 망고로 할 수 있는 모든 달콤한 시도를 하는 방콕의 대표 망고 디저트 체인점 망고 탱고. 메뉴는 단연 망고 탱고를 비롯해 망고 왈츠, 망고 룸바, 망고 차차차 등 춤 이름으로 재미까지 더한다. 노랗게 잘 익은 망고와 망고 아이스크림이 함께 나오는 대표 메뉴 망고 탱고가 더위에 지친 여행자에게 달콤한 휴식을 선사해 준다. 매장에 따라서 앉을 자리가 부족한 곳도 많아서 테이크 아웃으로 많이 가져가는 편이다. 망고 주스만 사서 먹는다면 조금 아쉬울 수 있으니 세트 메뉴를 추천한다.

브런치를 즐길 수 있는 편집 숍
더블유더블유에이 wwa

주소 2-3F, 428 Siam Square Soi 7, Rama I Rd, Khet Pathum Wan **위치** (BTS 수쿰윗 선) 시암(Siam)역 2번 출구에서 도보 5분 **시간** 13:00~21:00 **홈페이지** www.wwa.co.th **전화** 02-658-4686

감각적인 편집 숍에서 쇼핑과 브런치를 즐길 수 있는 곳이다. 청담동에도 매장을 운영하고 있는 태국의 디자이너 브랜드 wwa는 이미 패션 피플 사이에서는 시크하고 모던한 스타일로 많은 인기를 얻고 있다. 감각적인 시멘트 벽과 멋진 디스플레이가 특히 눈에 띈다. 20명 정도가 앉을 법한 작은 공간에서 서빙되는 브런치 메뉴들은 여자 여행자들의 취향을 저격한다. 영국인 셰프 다비나의 파스타, 샐러드, 팬케이크 등 다양한 브런치 메뉴를 취급한다. 다양한 베리를 섞은 잼과 크림 그리고 달짝지근한 팬케이크가 인상적인

베리 치즈 크림 팬케이크와 메이플 넛매그 버터 팬케이크가 인기다. 커피와 차도 판매하니 참고하자.

센트럴 중심에 위치한 루프톱 바
레드 스카이 바 Red Sky Bar

주소 55F Centara Grand at CentralWorld, 999/99 Rama 1 Road, Khet Pathum Wan **위치** (BTS 수쿰윗 선) 칫롬(Chit Lom)역 1, 2번 출구에서 도보 3분 **시간** 18:00~다음 날 1:00 **가격** 250밧~(1인) **홈페이지** www.centarahotelsresorts.com/redsky/ **전화** 02-100-6225

센트럴월드에서 연결되는 센타라 그랜드 호텔 Centara Grand Hotel 55층에 위치한 루프톱 바 앤 레스토랑이다. 도심 중간에 위치한 루프톱인 만큼 방콕 시내의 화려한 야경을 감상하며 편안한 시간을 보낼 수 있다. 연인과 함께 누워서 야경을 즐길 수 있는 베드 형태의 넓은 소파가 있어 인기다. 해가 진 이후에는 자리 잡기가 어려우니 미리 예약하거나 해 질 무렵 조금 일찍 방문해 좋은 자리를 선점하도록 하자.

과거 방콕 최대 종합 쇼핑몰
센트럴월드 centralworld [센탄월드]

주소 999/9 Rama I Rd, Khet Pathum Wan **위치** (BTS 수쿰윗 선) 칫롬(Chit Lom)역 1, 2번 출구에서 도보 3분 **시간** 10:00~22:00 **홈페이지** www.centralworld.co.th **전화** 02-640-7000

방콕에서 가장 큰 복합 몰로 알려진 센트럴월드다. 태국에서는 '센탄월드'라고 발음되는 이곳은 시암 계열인 시암 파라곤 오픈 전까지 방콕 NO.1으로 불리던 종합 쇼핑몰이다. 젊은 감성의 브랜드가 많은 젠Zen 백화점과 일본계 백화점인 이세탄Isetan 백화점, 센트럴 그랜드 호텔이 연결돼 있는 거대한 규모로 500개가 넘는 브랜드와 100개가 넘는 레스토랑, 카페가 입점해 있다. 한국인 여행자들이 최고라 손꼽는 시암 계열 못지않은 규모와 브랜드 매장을 보유한 곳으로, 태국 디자이너들의 숍이 따로 모여 있는 곳부터 핫한 레스토랑 밀집 존 그루브GROOVE, 매년 새해 카운트다운과 맥주 축제가 열리는

센탄월드 앞 공터와 맛있는 음식을 저렴하게 먹을 수 있는 푸드 코트까지 준비돼 있으니 참고하자.

센트럴월드 층별 안내

디자야 DISAYA 2층
소녀풍의 액세서리와 의상으로 해외까지 진출한 태국 브랜드 디자야. 파티 드레스부터 오피스 룩까지 주로 20대 후반에서 30대 초반의 여성들이 좋아하는 라인업을 갖췄다.

마이 백 스파 MY BAG SPA 3층
가방 수선을 전문으로 하는 마이 백 스파다. 명품 가방부터 일반 가방까지 수선이 가능하다. 수선은 이틀 정도 소요된다.

엠케이 골드 레스토랑
MK GOLD RESTAURANTS 6층
태국식 샤부샤부인 수끼 전문점. 인테리어와 일부 메뉴를 제외하고는 일반 MK 레스토랑과 비슷한 음식 맛이다.

카르마카멧 Karmakamet 3층
방콕 20~30대층에게 핫 플레이스로 뜨고 있는 아로마 브랜드 직영점 카르마카멧. 자연풍 인테리어로 유명하며 이곳에서는 각종 디퓨저와 아로마 오일을 판매한다.

페퍼 런치 Pepper Lunch 6층
1994년 일본에서 철판 스테이크 전문점으로 시작된 패밀리 레스토랑. 저렴한 가격에 꽤 괜찮은 한 끼를 즐길 수 있다.

아시아 북스 ASIA BOOKS 6층
태국 국민 서점 아시아 북스. 전국 대형 체인을 운영하고 있는 태국 대표 서점으로 국내에서는 쉽게 구할 수 없는 영문 및 태국 서적을 구할 수 있다.

방콕에서 핫하다는 레스토랑이 모여 있는 미식 거리
그루브 GROOVE

주소 999/9 Rama I Rd, Khet Pathum Wank **위치** (BTS 수쿰윗 선) 칫롬(Chit Lom)역 1, 2번 출구에서 도보 3분 **시간** 10:00~다음 날 1:00 **홈페이지** www.centralworld.co.th/groove **전화** 02-640-7000

센트럴월드 입구에 위치한 2만 평 규모의 다이닝 공간이다. 세계 각국의 유명 레스토랑, 바, 디저트 카페가 모여 있으면서 매일 오전 10시부터 새벽 1시까지 운영한다. 방콕 내에서도 워낙 유명한 식당이 여럿 있어 괜찮은 식당은 방문 전 예약은 필수다. 식사 시간대를 약간 피하면 좋은 좌석에서 꽤 근사한 식사를 즐길 수 있다. 가격대는 로컬 식당과 비교하면 1.5~2배 정도 비싼 편이다.

그루브 인기 식당

그레이하운드 카페 GREYHOUND café 2층

이제 태국의 대표 맛집이 되어 버린 그레이하운드. 방콕에서 잘나가는 핫한 레스토랑과 바가 모여 있는 센트럴월드의 그루브 2층에 당당히 위치해 있는 이곳은 가장 최근에 생긴 곳이기 때문에 인테리어도 첨단을 앞선다. 가격도 다른 곳에 비해 괜찮은 편이기 때문에 추천한다. 다양한 파스타와 치킨 윙, 똠얌꿍 같은 태국 음식도 한국 여행자들의 입맛에 맞는 편이다.

1881 바이 워터 라이브러리 1881 BY WATER LIBRARY 1층

칵테일과 고급 와인, 유럽식 요리를 맛볼 수 있는 바 앤 레스토랑이다. 19세기 산업 혁명에서 받은 영감으로 꾸며진 이곳은 철제와 각종 소품으로 산업 혁명이 한참이었던 유럽의 한 공장 내부에 들어와 있는 듯한 분위기가 인상적이다. 가운데 바를 중심으로 늦은 저녁 칵테일과 맥주를 마시러 오는 사람들로 인기며, 맥주와도 궁합이 잘 맞는 수제 버거가 특히 인기다. 식사류도 판매하지만 약간 아쉬운 곳이니 참고하자.

자신의 짝을 찾아 소원을 비는 힌두 사원
트리무르티 사원 Trimurti Shrine [싼짜오 트리무어티]

주소 999/9 Rama I Rd, Khet Pathum Wan **위치** (BTS 수쿰윗 선) 칫롬(Chit Lom)역 1, 2번 출구에서 도보 7분

힌두교의 3대 신인 브라흐마, 비슈누, 시바의 삼신일체 사상인 트리무르티Trimurti와 지혜와 복을 상징하는 코끼리 형태를 한 가네샤Ganesa를 모시는 사원이다. 정확하게 말하면 규모가 있는 사원이 아닌 센트럴월드centralworld 앞 광장에 두 개의 신상을 세워 놓은 공간으로, 매주 목요일 저녁 9시 30분에 네 개의 팔과 두 개의 머리를 가진 인체상 트리무르티Trimurti에게 빨간 장미를 선물하면 영원한 인연을 만날 수 있다는 전설로 유명해졌다. 그 옆에는 지혜와 복을 상징하는 가네샤 신상이 있는데, 태국에서는 예술과 성공을 의미하는 신으로 노란 화환을 바치고 소원을 빌면 이루어진다고 한다. 나만의 사랑을 찾고 있거나, 예술 계통의 성공을 꿈꾼다면 신의 힘을 빌어 소원을 말해 보는 것은 어떨까?

현지인들이 즐겨 찾는 대형 쇼핑몰
빅 씨 슈퍼센터 BIG C SUPERCENTER

주소 97/11 Rajdamri Rd, Khet Pathum Wan **위치** (BTS 수쿰윗 선) 칫롬(Chit Lom)역 1, 2번 출구에서 도보 5분 **시간** 9:00~23:00 **홈페이지** www.corporate.bigc.co.th **전화** 02-250-4888

유통 전문 기업이 운영하는 대형 쇼핑몰이다. 현지인들이 자주 애용하는 대형 슈퍼마켓을 비롯해 할인 매장, 식당, 카페 등 200개가 넘는 매장이 들어가 있다. 특히 이 지점은 방콕 전역에 있는 매장 중 가장 큰 규모로 기념품, 선물을 구매하러 오는 사람들로 가득하다. 가격이 저렴해 현지인들에게도 인기다. 평일 주말과 상관없이 상시 할인 행사가 열려 인파가 몰리는 오전 11~12시, 오후 5~7시 사이에는 되도록 피하길 추천한다. 매일 오전 전국에서 배송된 신선한 야채와 과일로 만든 샐러드와 각종 반찬류, 동남아에서 판매하는 대부분의 제품을 만날 수 있어 동남아 식재료에 관심이 있다면 필수 방문 코스다.

글로벌 럭셔리 브랜드가 가득한 백화점
게이손 빌리지 GAYSORN VILLAGE [게이손 플랏자]

주소 999 Ploenchit Rd, Khet Pathum Wan **위치** (BTS 수쿰윗 선) 칫롬(Chit Lom)역 1, 2번 출구에서 도보 2분 **시간** 10:00~20:00 **홈페이지** www.gaysornvillage.com **전화** 02-656-1149(내선 6430)

쇼핑 천국으로 불리는 방콕에서 럭셔리 백화점으로 손꼽히는 고급 백화점이다. 약 100개 명품(고급) 브랜드가 모여 있는 곳으로, 태국 내 부유층과 주재 외국인이 주 고객이다. 동남아 최대 규모의 루이비통 매장과 구찌, 프라다 등 우리에게도 잘 알려진 명품 숍이 즐비하다. 방콕 내 다른 백화점과 비교했을 때 조용하고 한적해 여유로운 쇼핑을 즐길 수 있다. 가격대는 우리나라와 별 차이는 없다.

🛒 게이손 빌리지 층별 안내

페이스트 PASTE 3층

태국 전통 요리를 가장 현대적인 플레이팅으로 즐길 수 있는 레스토랑이다. 태국인과 서양인 커플이 주방을 담당하고 있어 퓨전 요리라 생각하기 쉽지만 재료와 레시피의 기본을 철저히 태국 음식에 기반해 조금 남다른 태국 음식을 선보인다. 외국인뿐 아니라 현지인에게도 인기인 이곳은 단품 메뉴보다 에피타이저부터 디저트까지 아우르는 코스 요리를 강력하게 추천한다.

1823 티 라운지 바이 로네펠트 1823 TEA LOUNGE by Ronnefeldt 1층

고급 디저트와 차를 즐길 수 있는 티 라운지다. 세계 3대 명차로 꼽히는 독일 차 중 가장 유명한 로네펠트의 각종 차와 각종 고급 디저트, 브런치를 즐길 수 있다. 인기 메뉴는 12시부터 저녁 6시까지 주문 가능한 시그니처 애프터눈 티 세트다. 1인 세트 기준 3종 디저트와 케이크 2조각, 마카롱 하나, 스콘 하나와 고급 초콜릿 2개로 구성된다. 차의 뜨거운 물은 무한 리필이다.

방콕 시민들의 마음속 안식처이자 염원을 비는 곳
에라완 사원 Erawan Shrine ศาลท้าวมหาพรหม โรงแรมเอราวัณ [산 프라 프롬]

주소 494 Ratchadamri Rd, Khet Pathum Wan **위치** (BTS 수쿰윗 선) 칫롬(Chit Lom)역 2번 출구에서 도보 3분 **시간** 6:00~24:00 **요금** 무료 **전화** 02-252-8754

힌두교 창조의 신, 브라흐마를 모시는 작은 사원이다. 1950년대 후반에 시작된 에라완 호텔Erawan Hotel 건립 당시 현장 사고가 자주 발생해 건설 노동자들의 불안과 불만을 해결하기 위해 점성술사의 도움으로 1965년 완공한 사원이다. 사원 건립 후 호텔은 무사히 완공했다는 소식에 태국 내 많은 브라흐마 사원이 생기는 계기가 됐다. 나쁜 악령을 쫓아내고 소원을 들어준다 하여 오랜 시간 방콕 시민을 비롯해 여행자들에게도 사랑받는 곳으로, 사원 중간에 있는 브라흐마 신상 앞에는 소원을 비는 사람들로 가득하다. 소원을 성취하는 성스러운 곳에도 두 번의 아픈 역사가 있었다. 한 번은 2006년 3월 정신 질환이 있다고 추정되는 27세 태국인에 의해 신상이 파괴됐으며, 다른 한 번은

2015년 8월 17일 사원 근처 의자에서 사제 폭탄 테러로 20여 명의 사상자와 약 130명이 부상을 입는 사건이 발생했다. 참고로 에라완은 코끼리 신이자 힌두의 신인 인드라가 타고 다니는 머리가 세 개 달린 코끼리 아이라바타Airavata의 태국식 이름이다.

주문식 뷔페로 유명한 호텔 레스토랑
에라완 티 룸 ERAWAN TEA ROOM

주소 2F Erawan Bangkok, 494 Ratchadamri Rd, Khet Pathum Wan **위치** (BTS 수쿰윗 선) 칫롬(Chit Lom)역 1, 2번 출구에서 도보 3분 **시간** 10:00~22:00 **가격** 650밧(애프터눈 티 세트), 950밧(디너) **홈페이지** bangkok.grand.hyatt.com/en/hotel/dining **전화** 02-254-6250

그랜드 하얏트과 연결된 에라완 쇼핑몰 2층에 있는 카페 & 레스토랑이다. 태국의 무더운 날씨를 피해 태국식 애프터눈 티를 즐길 수 있는 곳이다. 스콘, 마카롱 등 전통 디저트와 애프터눈 티 외에도 다양한 태국 음식을 맛볼 수 있다. 그랜드 하얏트 호텔이 직접 운영해 호텔 카페와 레스토랑보다 약간 저렴한 금액으로 럭셔리한 분위기는 물론 고급 서비스를 받을 수 있어 인기다. 오후 2시 30분부터 6시까지 이어지는 애프터눈 티 타임이 이어지고 6시 이후에는 레스토랑으로 운영된다. 매일 저녁 열리는 주문식 뷔페 '올 유 캔 이트ALL YOU CAN EAT'는 1인당 950밧으로 에피타이저는 물론 샐러드, 수프, 커리, 메인 요리까지 무제한으로 즐길 수 있어 태국의 여러 종류의 음식을 맛보고 싶은 여행자들에게 인기다.

전통 뉴욕 스타일의 베이글을 맛볼 수 있는 곳
방콕 베이글 베이커리 BKK BAGEL BAKERY

주소 GF Maneeya Center, 518/3 Ploenchit Rd, Khet Pathum Wan **위치** (BTS 수쿰윗 선) 칫롬(Chit Lom)역 2번 출구에서 도보 2분 **시간** 7:30~17:30(월~금), 8:30~17:30(토~일) **가격** 45밧~(베이글), 185밧~(버거류) **홈페이지** www.bkkbagelbakery.com **전화** 02-254-8157

각종 베이글과 티를 즐길 수 있는 브런치 카페다. 전통 뉴욕 스타일 베이글 10여 종과 태국 커피 중 인기인 도이창Doi Chaang 커피를 즐길 수 있다. 크지 않은 규모에 매일 브런치를 즐기는 외국인 여행객들로 인기인 이곳에는 굳이 찾아갈 정도의 맛집은 아니지만 인근 숙소를 둔 여행객들이 늦은 아침을 즐기는 명소로 꽤 알려져 있다. 맛있는 베이글에 신선한 야채와 베이컨이 들어간 버거류가 인기며, 베이글 외에 샌드위치도 인기다.

방콕의 가로수길로 불리는 핫 플레이스
랑수안 로드 Langsuan Road [탄원 랑수원]

주소 Soi Langsuan, Ploenchit Rd, Khet Pathum Wan **위치** (BTS 수쿰윗 선) 칫롬(Chit Lom)역 4번 출구에서 도보 2분 **시간** 상점마다 다름 **전화** 상점마다 다름

방콕의 가로수길이라는 별명을 가진 랑수안 로드. 그 별명답게 고급 레지던스와 호텔 주변으로 레스토랑과 카페가 밀집해 있다. 주변에 각국 대사관들이 많이 있어 외국인 비중이 유난히 높아 치안이 잘 되어 있는 곳으로 알려져 있다. 하지만 우리나라의 가로수길을 생각하면 실망할 정도로 규모나 운영되는 상점 수가 적은 편이다. 룸피니 공원 가는 길이거나 센트럴 지역에서 사톤 지역으로 산책 겸 쉬엄쉬엄 갈 여행자라면 한 번쯤 들러볼 만한 곳이니 참고하자.

랑수안 로드 상세 지도

- 랏차담리역 Ratchadamri
- Ratchadamri Road
- Rama 1 Road
- 탕롱 Thanglong
- 가간 Gaggan
- 방콕 베이글 베이커리 BKK Bagel Bakery
- 마사지 No.5 Massage No.5
- 메디치 키친 앤 바 Medici Kitchen & Bar
- 비거너리 Veganerie
- 칫롬역 Chit Lom
- 루프 409 바 앤 비스트로 Roof 409 Bar & Bistro
- Langsuan Road
- 랑수안 로드 Langsuan Road
- 더 스피크이지 The Speakeasy
- 스타벅스 Starbucks
- 머큐리 빌 Mercury Ville
- 호텔 뮤즈 방콕 랑수안 엠 갤러리 컬렉션 Hotel Muse Bangkok by M Gallery Collection
- No. 43 이탈리안 비스트로 No. 43 Italian Bistro
- 세븐일레븐 Seven Eleven
- 창 풋 마사지 앤 스파 Chang Foot Massage & Spa
- Witthayu Road

랑수안 로드 레스토랑

No. 43 이탈리안 비스트로 No. 43 ITALIAN BISTRO

주소 43 Soi Langsuan, Ploenchit Rd, Pathumwan **시간** 6:00~24:00 **가격** 390밧(런치 뷔페: 11:00~14:00), 150밧~(단품) **홈페이지** www.capehouse.com **전화** 02-658-7444

단돈 390밧으로 이탈리아 음식을 비롯해 태국 음식까지 무제한으로 즐길 수 있는 런치 뷔페로 유명한 곳이다. 피자, 스테이크 등 매일 달라지는 각종 요리와 오픈 키친에서 주문과 동시에 조리되는 파스타와 고퀄리티를 자랑하는 디저트까지 준비돼 있다.

메디치 키친 앤 바 MEDICI KITCHEN & BAR

주소 GF Hotel Muse Bangkok, 55/555 Soi Langsuan, Ploenchit Rd, Pathumwan **시간** 12:00~14:30(런치), 18:00~22:30(디너) **가격** 700밧~(1인) **홈페이지** www.medici-italian-restaurant-bangkok.com **전화** 02-630-4000

방콕 내 부티크 호텔로 유명한 호텔 뮤즈 Hotel Muse 지하에 위치한 이탈리안 레스토랑 & 바. 18세기 중엽 영국에서 시작된 산업 혁명을 콘셉트로 한 곳으로, 남부 가정식 요리와 와인, 칵테일 등을 선보인다. 태국의 태틀러 TATLER 매거진이 선정하는 방콕 최고의 이탈리안 레스토랑에 3년 연속 우승한 곳이며, 매일 밤 8시 30분부터 10시까지 팝 오페라 밴드의 라이브 공연도 열린다.

스타벅스 Starbucks

주소 39 Soi Langsuan, Ploenchit Rd, Pathumwan **시간** 7:00~22:00(평일), 7:00~22:00(주말) **전화** 02-684-1525

랑수안 로드 초입에 자리 잡은 스타벅스 리저브 매장. 다른 백화점과 달리 독자적인 건물을 가지고 있고 푸른 정원과 쾌적한 내부를 자랑하는 이곳은 많은 한국 사람이 찾는 스폿이다. 실제로 주변에 큰 볼거리가 없기 때문에 조금 아쉽다. 한국보다 저렴한 스타벅스 아이템들이 있으니 이 기회를 틈타 득템하자.

랑수안 로드 스파

창 풋 마사지 앤 스파 Chang Foot Massage & Spa

주소 31 Soi Langsuan, Ploenchit Rd, Pathumwan **시간** 9:00~24:00 **가격** 300밧(발 마사지: 1시간), 300밧(타이 마사지: 1시간) **전화** 02-253-3977

방콕 수완나품 공항 및 주요 거리에 체인점이 있는 마사지 전문점이다. 태국 내 로컬 마사지 숍 중 깔끔한 시설로 유명하다. 가격 대비 분위기가 좋고, 괜찮은 서비스를 받을 수 있다. 시암역 주변을 둘러보고 랑수안 로드로 넘어오는 도보 여행자들에게 인기인 곳이다. 1층에는 발 마사지, 2층에는 타이 마사지, 오일 마사지 등을 받을 수 있다.

마사지 No.5 Massage No.5

주소 76/10 Soi Langsuan, Ploenchit Rd, Pathumwan **시간** 10:00~24:00 **가격** 250밧(발 마사지: 1시간), 250밧(타이 마사지: 1시간) **휴무** 매주 월요일 **전화** 02-684-1203

다른 마사지 전문 숍에 비하면 규모는 작지만 대부분의 코스가 준비돼 있는 로컬 마사지 숍이다. 일본 여행자들 사이에서 꽤 알려진 곳으로, 서비스만큼은 랑수안 로드에서 꽤 인정받고 있다. 일본에서 운영하는 여행 포털 사이트 www.jiyuland.com 에서 페이지를 인쇄해 가면 10% 할인도 받을 수 있으니 참고하자.

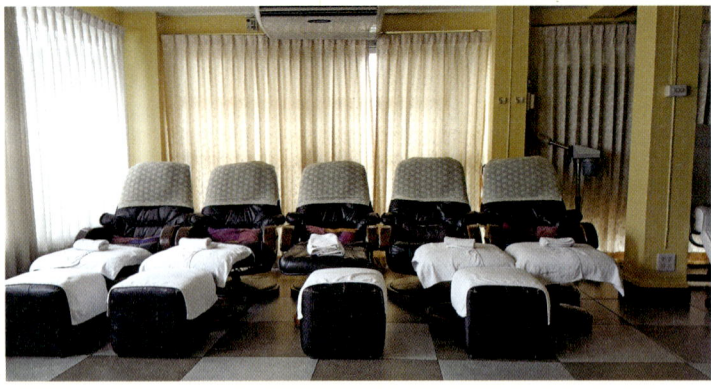

랑수안 로드 나이트 라이프

비거너리 VEGANERIE

주소 4F Mercury Ville VEGANERIE, 540 Ploenchit Rd, Pathumwan **시간** 10:30~21:30 **가격** 85밧(1인) **전화** 081-390-2396

랑수안 로드 초입에 위치한 종합 복합 몰, 머큐리 빌Mercury Ville 4층에 위치한 디저트 앤 카페다. 엄격한 채식주의자를 뜻하는 비건Vegan을 위한 가게로 유제품을 비롯해 달걀을 전혀 사용하지 않는 곳이다. 그릇 가득 과일을 넣고 생과즙으로 만든 드레싱을 뿌려 먹는 샐러드, 설탕 사용을 최소화한 당근 케이크와 초콜릿 칩 쿠키, 각종 견과류가 들어간 건강 음료까지 맛도 좋지만 건강까지 좋은 다양한 메뉴가 준비돼 있다.

루프 409 바 앤 비스트로 Roof 409 Bar & Bistro

주소 4F Mercury Ville, 540 Ploenchit Rd, Pathumwan **시간** 11:00~24:00 **가격** 100밧~(주류), 380밧(시그니처 치즈 버거), 400밧~(1인 식사 예산) **전화** 02-658-5655

머큐리 빌Mercury Ville 루프톱(4층)에 위치한 바 앤 비스트로다. 유럽풍 스타일의 레스토랑 비스트로Bistro에 집중한 곳으로 캐주얼한 분위기에 편안한 식사와 각종 주류를 즐길 수 있다. 파리 출신의 주인장이 운영하고 있어 주 메뉴는 프랑스 앤 이탈리아 요리다. 매일 달라지는 일일 스페셜 요리가 유독 인기다. 매주 목요일에는 주류 할인, 주말에는 라이브 공연 등이 열리니 참고하자.

방콕에서 가장 유명한 레스토랑
가간 Gaggan

주소 68/1 Soi Langsuan, Ploenchit Rd, Pathumwan **위치** (BTS 수쿰윗 선) 칫롬(Chit Lom)역 4번 출구에서 도보 8분 **시간** 18:00~23:00 **가격** 6,500밧(1인) **홈페이지** www.eatatgaggan.com **전화** 02-652-1700

아시아 최고 권위의 레스토랑 어워드 '아시아 베스트 레스토랑 50'에서 1위, 월드 베스트 레스토랑에서 23위로 선정된 방콕 내에서 가장 유명한 파인 다이닝 레스토랑이다. 인도 콜카타Kolkata 출신인 요리 연구가이자 셰프인 가간 아난드Gaggan Anand가 운영하는 인도 분자 요리 레스토랑으로, 재료를 분자 단위로 분석하고, 연구해 맛을 변형하거나 새로운 맛을 창조하는 분자 요리답게 세상 어디에서도 맛볼 수 없는 22종의 음식을 경험할 수 있다. 1인 6,500밧이라는 비싼 가격임에도 방문 일자를 조정해야 할 정도로 유명하다. 어떤 재료가 사용됐는지 알 수 없는 상태에서 맛을 보고 셰프와 대화를 통해 음식에 들어간 재료에 대해 알아가는 재미도 있다. 분자 요리의 본고장이라 할 수 있는 스페인과 인도 특유의 맛이 더해져 맛에 대한 평가는 호불호가 갈리니 참고하자. 예약은 홈페이지 및 전화로 가능하다.

고전적이면서 빈티지한 루프톱 바
더 스피크이지 THE SPEAKEASY

주소 24-25F Hotel Muse Bangkok, 55/55 Soi Langsuan, Ploenchit Rd, Pathumwan **위치** (BTS 수쿰윗 선) 칫롬(Chit Lom)역 4번 출구에서 도보 6분 **시간** 17:30~24:00 **가격** 130밧~(칵테일) **홈페이지** www.hotelmusebangkok.com/the-best-bangkok-rooftop-bar **전화** 02-630-4000

호텔 뮤즈Hotel Muse 루프톱에 위치한 바. 랑수안 로드에서 가장 유명한 루프톱 바로, 1920년대 미국 마피아 조직의 은신처를 테마로 한 고전적이면서도 빈티지한 분위기가 매우 인상적인 곳이다. 도심 속 야경을 즐기며 안락한 시간을 보낼 수 있는 이곳은 시그니처 및 클래식 칵테일로도 유명한데, 1862년, 전 세계에 소개된 위스키 바이블에 늘 상위권을 차지하는 사제라크Sazerac와 칵테일의 여왕이라 불리는 맨해튼Manhattan을 비롯해 이곳에서만 맛볼 수 있는 시그니처 칵테일이 여럿 준비돼 있다. 매주 금요일 저녁에 DJ 공연도 열리고, 24층~25층 두 개의 층으로 운영되고 있으니 참고하자.

유명 명품 매장이 가득한 럭셔리 고급 몰
센트럴 엠버시 CENTRAL EMBASSY [센탄 엠밧씨]

주소 1031 Ploenchit Rd, Pathumwan **위치** (BTS 수쿰윗 선) 칫롬(Chit Lom)역 3번 출구에서 도보 3분 **시간** 10:00~22:00 **홈페이지** www.centralembassy.com **전화** 02-119-7777

2014년 9월에 문을 연 방콕 최대 규모의 럭셔리 백화점이다. 과거 영국 대사관이 있었던 부지에 지어져 엠버시Embassy라는 이름이 붙게 된 럭셔리 백화점인 이곳에는 5성급 호텔과 전 세계 유명 명품 브랜드가 입점해 있다. 건물 내부는 화이트 계열로 심플하고 고급스럽게 인테리어 돼 있는데, 방콕에 있는 대형 건물 중 가장 넓고 쾌적한 공간에서 쇼핑을 즐길 수 있다. 이곳의 또 한 가지 특징은 독특한 외관에 있는데, 근처 루프톱이나 높은 건물에서 바라보면 여성 부츠 모양의 형태를 갖추고 있다. 명품 브랜드가 대부분이라 찾는 사람들이 많지 않지만 쾌적한 공간에서 한가로이 쇼핑을 즐길 수 있음은 물론 LG층에는 태국 전통 음식을 맛볼 수 있는 공간과 유명 식당도 여럿 있으니 다소 정신없는 방콕에서 벗어나 조용한 공간에서 시간을 보내고 싶은 여행자라면 한 번쯤 방문해 보자.

센트럴 엠버시 층별 안내

이타이 Eathai LG층

태국 전국에서 올라오는 지역 특산품을 판매하는 전문 매장과 각종 식료품을 판매하는 마켓이다. 전통 음식과 향토 음식, 각종 디저트를 맛볼 수 있는 푸드 코트까지 준비돼 있는 공간이다. 그중 '끄루아 시 빡Krua 4 Pak'은 태국 음식 중 가장 사랑하는 4개 지역의 향토 음식을 즐길 수 있어 인기다.

솜분 시푸드 SOMBOON SEAFOOD 5층

방콕 현지인뿐 아니라 여행자도 많이 찾는 방콕 뿌팟퐁 커리 3대 맛집의 분점이다. 워낙 유명한 가게로 설명이 필요 없을 정도로 방콕에서 꼭 가봐야 할 인기 식당이다. 해산물을 이용한 태국 음식을 맛볼 수 있다. 한 가지 주의할 것은 해산물인 만큼 배탈이 날 수 있으니 주의하자.

오드리 카페 글래머 Audrey Café Glamour 5층

똠얌꿍 피자 등 퓨전 음식으로 현지인들과 여행자들의 입맛을 사로잡은 퓨전 레스토랑. 방콕의 모든 지점을 이용하려면 예약이 필수인 곳으로, 근사한 식사와 티타임을 즐길 수 있다. 인기 메뉴는 똠얌꿍 소스가 들어간 똠얌꿍 피자와 게살을 넣고 구운 크랩 수플레다. 이 외에도 달달한 디저트가 50종 넘게 준비돼 있다.

전통 멕시칸 요리를 만나고 싶다면
라 모니타 타케리아 LA MONITA TAQUERIA

주소 888/25~26 Ploenchit Rd, Pathumwan **위치** (BTS 수쿰윗 선) 플른칫(Phloen Chit)역 3번 출구에서 도보 1분 **시간** 11:00~22:00 **가격** 350밧~(1인) **홈페이지** www.lamonita.com **전화** 02-651-5605

마하툰 플라자 MAHATUN PLAZA 메인 건물 옆 다이닝 건물 1층에 위치한 멕시칸 요리 전문점이다. 시암 파라곤과 엠카르티에 EMQUARTIER에도 입점돼 있을 정도로 멕시칸 음식점 중에서는 꽤 유명한 레스토랑이다. 2009년 작은 규모로 시작한 이곳은 저렴한 가격에 본토의 맛을 즐길 수 있는데, 다른 멕시칸 레스토랑과는 달리 요리에 들어가는 재료와 소스까지도 개인의 취향에 맞게 주문할 수 있어 인기다. 미국식 입맛으로 변형된 멕시칸 요리를 생각한다면 금물. 익숙하지 않는 멕시칸 전통의 맛으로 호불호가 갈리니 참고하자. 인기 메뉴는 입맛에 맞게

주문해 먹을 수 있는 타코와 고기를 넣고 매운 소스를 넣은 엔칠라다 Enchiladas, 이 외에도 쉽게 접할 수 있는 케사디야 Quesadillas, 캘리포니아 스타일의 녹인 치즈, 육류가 들어간 베이크류 Award-Winning Burritos 등도 준비돼 있다.

걸쭉하게 농축된 육수가 특징인 국수 전문점
깡반페 KANG Ban Phe [깡 반 페]

주소 20/20-21 Ruamrudee Village, Ploenchit Rd, Pathumwan **위치** (BTS 수쿰윗 선) 플른칫(Phloen Chit)역 4번 출구에서 도보 3분 **시간** 9:00~17:30 **가격** 220밧~(1인) **홈페이지** www.kangbanphe.com **전화** 02-019-0588

해산물을 이용한 다양한 태국 음식을 판매하는 누들 앤 시푸드 전문점이다. 흔히 먹을 수 있는 태국 음식을 퓨전화한 레스토랑으로, 깔끔하고 진한 맛을 특징으로 꼽을 수 있다. 특히 이곳의 국수 요리는 매우 특이한데, 국물이 많은 다른 국수와는 달리 농축한듯 소량이지만 육수의 풍부함을 느낄 수 있는 이색적인 맛이다. 가장 인기 메뉴는 갯가재 Mantis Shrimp를 이용한 국수와 각종 요리와 똠얌꿍 소스를 넣고 푹 조린 듯한 특유의 맛이 강렬한 똠얌꿍 국수다. 이 외에도 괜찮은 가격대의 태국 퓨전 음식이 여럿 준비돼 있다.

인디고 호텔 루프톱에 위치한 아담한 바
차 루프톱 바 char Rooftop Bar

주소 26F Hotel Indigo, 81 Wireless Rd, Pathumwan **위치** (BTS 수쿰윗 선) 플른칫(Phloen Chit)역에서 도보 3분 **시간** 6:00~24:00 **가격** 320밧~(시그니처 칵테일), 160밧~(와인), 150밧~(맥주), 120밧~(안주류) **홈페이지** www.charbangkok.com **전화** 02-207-4999

IHG 인디고 호텔 26층에 위치한 루프톱 바. 25층에 위치한 차 char 레스토랑과 함께 운영하는 루프톱 바로, 큰 규모는 아니지만 붐비지 않는 조용한 분위기에서 유명 루프톱 바 못지않은 도심 야경을 즐길 수 있다. 호텔에 위치한 만큼 외국인 이용자가 대부분이며 호텔 루프톱 바임에도 가격대가 좋아 제법 괜찮다.

괜찮은 서비스로 입소문이 자자한 로컬 마사지 숍
더 터치 | THE TOUCH

주소 11/2 Soi Ruamrudee, Ploenchit Rd, Pathumwan **위치** (BTS 수쿰윗 선) 플른칫(Phloen Chit)역 4번 출구에서 도보 3분 **시간** 10:00~23:30 **가격** 300밧(발 마사지; 1시간), 300밧(타이 마사지; 1시간) **홈페이지** www.thetouch1.com **전화** 02-651-5722

마사지와 스킨 케어 서비스를 제공하는 로컬 마사지 숍이다. 5성급 호텔과 고급 콘도가 밀집한 소이 루암르디Soi Ruam Ruedi 지역에 위치해 깨끗한 시설과 전문 치료사를 통한 좋은 서비스를 제공한다. 주택을 개조한 듯한 3층 건물에 1층은 발 마사지를 위한 오픈 좌석, 2층은 마사지 등 스킨 케어를 제공하는 칸막이로 된 개인실로 운영되는데, 방콕에서 흔히 볼 수 있는 로컬 숍과 비교했을 때 큰 차이는 없지만 마사지 평가에서는 이 지역에서 꽤 괜찮다고 알려져 있다. 플른칫

Phloen Chit역 주변 숙소에 머무는 여행자라면 저렴하게 피로를 풀기에 안성맞춤이다.

가까운 곳에 있는 알짜 야시장 골목
네온 야시장 Talad neon [딸랏 니온]

주소 23~29 Phetchaburi soi, Ploenchit Rd, Pathumwan **위치** (BTS 수쿰윗 선) 칫롬(Chit Lom)역에서 도보 10분 **시간** 17:00~24:00(수~일) **전화** 02-121-8000

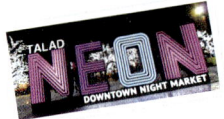

플래티넘 쇼핑몰에서 펫차부리 로드를 따라서 10분쯤 걸어가다 보면 나오는 네온 야시장. 2016년 12월에 공식 오픈해 현지인들 사이에서 큰 인기를 끌고 있다. 아시아티크와 롯 파이 마켓 랏차다를 비롯한 대형 야시장의 성공에 이어 생긴 이곳은 운반용 컨테이너와 천막을 이용해 아시아티크보다는 롯 파이 마켓 랏차다와 비슷하게 조성된 센트럴 지역 최대 야시장으로 등극했다. 오후 6시부터 시작하는 라이브 공연은 여기 야시장의 놓칠 수 없는 재미다. 각종 음식뿐 아니라 의류 및 빈티지 아이템도 많이 취급하고 점점 점포가 늘어나고 있는 중이니 꼭 방문해 보는 것을 추천한다.

> **TIP** 네온 야시장에서 플래티넘 쇼핑몰로 걸어가다 보면 팔라디움 몰 앞에서 열리는 팔라디움 나이트 마켓과 플래티넘 쇼핑몰 앞 간이 야시장도 꼭 둘러봐야 할 시장 중 하나다. 총 거리가 도보 15분가량밖에 되지 않으니 선선한 밤바람을 마시며 쇼핑과 음식을 즐기는 것을 강력하게 추천한다.

방콕 최대 규모의 주말 시장
짜뚜짝 시장 Chatuchak Market [딸랏 짝뚜짝]

주소 587/10 Kamphaeng Phet 2 Rd, Khwaeng Chatuchak, Khet Chatuchak **위치** ❶ (BTS 수쿰윗선) 모칫(Mochit)역 3번 출구에서 도보 5분 ❷ 지하철 짜뚜짝 파크(Chatuchak Park)역에서 도보 3분

주말에 방콕을 방문하는 여행자라면 꼭 추천하는 방콕 최대의 주말 시장이다. 8,000개가 넘는 점포와 주말 동안 방문하는 방문객만 20만 명이 넘을 정도다. 가격도 저렴한 편이어서 방문객의 절반 이상은 현지인이고 이 외에도 도매·소매업자들이나 해외 바이어들도 찾는 곳이다. 이러한 방대한 규모 덕에 거대한 섹션별로 구분돼 있으니 처음부터 지도를 참고해서 가고자 하는 곳을 찾는 센스가 필요하다. 짜뚜짝 시장 내에서는 음식점들이 모여 있는 섹션(2, 3, 4, 23, 24, 26, 27)들이 즐비하니 식사를 하지 않고 아침 일찍 와서 너무 덥지 않을 때 쇼핑을 즐기는 것을 추천한다.

> **TIP** 특정 아이템에 가격표가 붙어 있지 않은 경우 흥정 가능하다고 보면 된다. 귀국 편 수화물로 옮기기에 큰 물건이라면 근처에 국제 우편 서비스를 이용할 수 있다.

사톤 & 실롬

SATHON & SILOM
สาทร & สีลม

낭만적인 짜오프라야강을 만날 수 있는 곳

유유히 흐르는 짜오프라야강과 고층 건물들 사이에 관광객과 비즈니스맨이 뒤섞여 비교적 차분한 분위기를 연출하는 사톤과 실롬 지역. 세계적인 특급 호텔들이 너도나도 이 지역에 뛰어들어 5성급 호텔이 가장 많은 곳이기도 하다. 최근에는 태국의 초고층 빌딩 마하나콘이 들어서면서 방콕 최고의 비즈니스 구역으로 자리매김하고 있는 중이다. 다른 지역에 비해 높은 월급을 받는 태국의 인텔리들이 일하는 지역이기 때문에 수준 높은 식당과 멋진 분위기의 바가 많으니 가족이나 커플 혹은 조용한 여행을 선호하는 여행자들에게는 이곳만 한 곳이 없다.

지상철(BTS 실롬 선)과 지하철 일부 라인으로 접근할 수 있는 사톤과 실롬 지역은 다른 지역에 비해 교통 체증이 덜하다. 방콕 최대 비즈니스 구역인 만큼 출퇴근 시간은 다른 곳과 비슷한 혼잡도를 보이지만 조금만 여유를 부린다면 한산하게 교통을 이용할 수 있다는 장점이 있다. 카오산 로드나 왕궁 근처에 있는 선착장에서 수상 버스를 타고 저렴하면서 간편하게 이 지역을 오갈 수 있는 만큼 올드 시티 쪽의 관광을 계획하는 여행자들이 이런 장점을 활용하기 위해 머물고 있다. 이 책에서 소개하는 대부분의 지역은 BTS 실롬 선을 따라 도보 이동이 가능한 곳이니 값싸고 편안한 지상철을 이용하는 것을 추천한다.

❶ 공항

국제선 청사에서 나와 지하 1층 공항 철도 탑승 후 파야타이Phaya Thai역에서 BTS 수쿰윗 선으로 환승 뒤 시암Siam역에서 BTS 실롬 선 방와Bang Wa 방면 열차 탑승 후 살라댕Sala Daeng역에서 사판 딱신Saphan Taksin역 중 목적지에 맞게 하차. 위와 같은 BTS 선으로 이동하면 두 번의 환승이 있기 때문에 방콕이 처음인 여행자에게는 난이도가 있다. 자신이 없다면 공항 1층 7번 출구에서 택시를 추천한다(교통난이 있지 않는 한 500밧 이내다).

❷ 수상 버스

사톤과 실롬 지역에서 수상 버스를 타는 지역 중 가장 접근성이 좋은 곳은 사판 딱신역의 사톤 선착장Sathorn Pier이다. 지역 내 이동이 가능한 수상 버스뿐만 아니라 유람선, 아시아티크로 가는 셔틀 보트 등 다양한 배들을 탈 수 있다.

❸ 택시

호텔이 많은 사톤 지역의 특성상 여행자들을 위한 택시는 어디서든 쉽게 잡을 수 있다. 랏차담리 로드를 따라 시암 및 센트럴 지역에 접근하거나 라마 4세 도로를 따라 수쿰윗에 접근할 수 있는데 낮 시간이나 늦은 밤 시간이 아니라면 교통 체증은 감수해야 한다.

❹ 주요 지상철

BTS 살라댕Sala Daeng역 , BTS 총논시Chong Nonsi역, BTS 수라삭Surasak역
BTS 사판 딱신Saphan Taksin역

방콕 최대의 비즈니스 구역인 사톤 지역은 현지 직장인들이 몰리는 곳으로 출퇴근 시간에는 혼잡한 교통을 자랑하지만 그 외 시간은 다른 지역에 비해 다닐 만하다. 호텔 밀집 지역이기 때문에 상대적으로 미터기를 켜는 택시를 잡기가 쉽다.

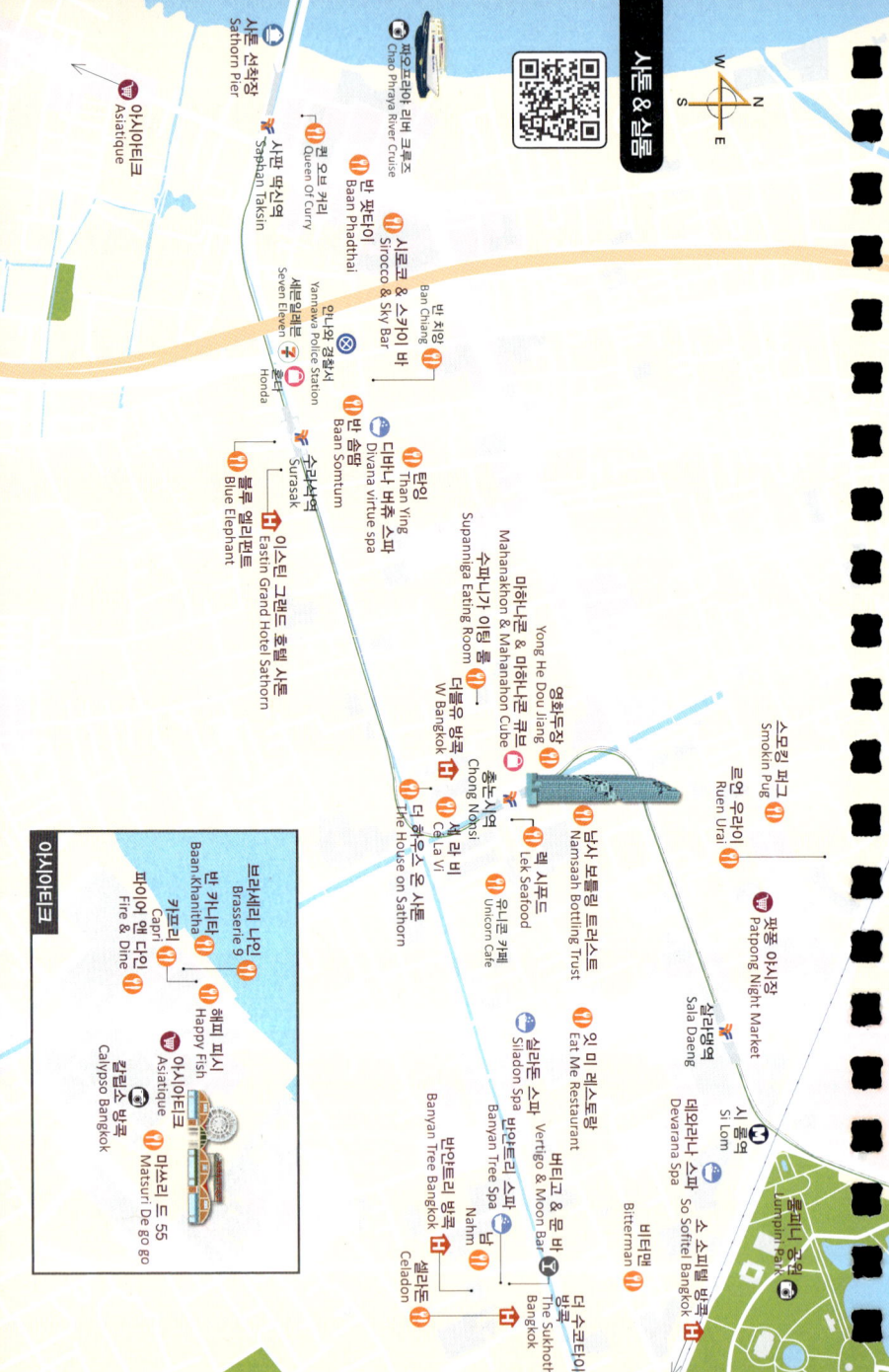

사톤 & 실롬 BEST COURSE

대중적인 코스

숙소 — 비터맨 — (도보 5분) — 룸피니 공원 — (자동차 10분) — 블루 엘리펀트 — (자동차 10분) — 실라돈 스파 — (자동차 10분) — 사톤 선착장 — (보트 10분) — 아시아티크 — (도보 5분) — 칼립소 방콕 — (자동차 20분) — 팟퐁 야시장

방콕 시내 중심에서 만나는 오아시스 공원
룸피니 공원 Lumpini Park สวนลุมพินี

주소 139/4 Thanon Witthayu, Lumphini, Pathum Wan **위치** ❶ (BTS 실롬 선) 살라댕(Sala Daeng)역 4번 출구에서 도보 3분 ❷ 지하철 시 롬(Si Lom)역 출구에서 도보 1분 **시간** 4:30~22:00 **가격** 무료 **홈페이지** www.office.bangkok.go.th **전화** 090-248-9874

방콕 도심 속에 위치한 거대한 면적을 자랑하는 공원이다. 1925년 라마 6세가 기증한 땅에 조성된 공원으로, 광활한 규모의 녹지와 넓은 인공 호수가 준비돼 있다. 우리와는 달리 산이 없는 방콕에서 답답함을 피해 자연을 느낄 수 있는 공간으로, 자연이 주는 편안하고 안락함을 만끽할 수 있다. 규모와 명성에 비해 방문하는 사람이 많지 않아 때론 썰렁함마저 느껴지지만 일상에서 벗어나 휴식을 찾는 사람들에게는 오아시스 같은 공간이다. 공원 내를 한가로이 거닐다 보면 불쑥불쑥 나타나는 파충류도 귀엽고 반갑게 느껴질 것이다. 규모가 제법 되기에 편안한 복장은 필수다. 주말이나 휴일에는 가족 또는 연인과 여유롭게 시간을 보내는 방콕 시민들을

만날 수 있으니 관광 목적이 아닌 음악을 들으며 책을 보고 싶거나, 현지인들의 삶을 보고 싶은 여행자라면 한 번쯤 들러 보도록 하자. 한 가지 주의할 것은 해가 진 이후에는 공원 일부 지역은 다소 위험할 수 있으니 피하도록 하자.

퓨전 이탈리안 레스토랑
잇 미 레스토랑 EAT ME RESTAURANT

주소 20 Pipat Soi 2, Convent Rd, Silom, Bang Rak **위치** (BTS 실롬 선) 살라댕(Sala Daeng)역 2번 출구에서 도보 6분 **시간** 15:00~25:00 **가격** 800밧~(1인) **홈페이지** www.eatmerestaurant.com **전화** 02-238-0931

2016 아시아 베스트 레스토랑 50 2016 Asia's 50 Best Restaurants에 오른 이탈리안 레스토랑이다. 뉴욕 출신 셰프 팀 버틀러가 이끌고 있는 식당으로, 신선한 재료로 고전적이면서 독창적인 퓨전 이탈리아 음식을 선보인다. 호주산 와규, 알래스카 가리비 등 좋은 재료 선별부터 맛과 플레이팅까지 훌륭해 단골이 많다. 다른 이탈리아 음식과는 달리 독창적이고 진보적인 메뉴와 미니 칵테일 바 그리고 유럽의 한 레스토랑에 온 듯한 꽤 괜찮은 분위기가 있으니 사랑하는 연인과 방콕 여행을 왔다면 추천한다.

4시간 커플 스파 코스로 유명한 로컬 스파 숍
실라돈 스파 Siladon Spa [신라돈 쓰빠]

주소 44/8 Convent Rd, Silom, Bang Rak **위치** (BTS 실롬 선) 살라댕(Sala Daeng)역 2번 출구에서 도보 9분 **시간** 10:00~22:00 **가격** 2,000밧(실라돈 마사지[발+오일]: 2시간), 4,400밧(실라돈 로얄[발+스크럽+오일+페이셜]: 4시간) **홈페이지** www.siladonspabangkok.com **전화** 02-234-0999

주거 지역에 위치한 로컬 스파 숍이다. 특별한 인테리어나 럭셔리 분위기는 아니지만 서비스만큼은 기대 이상이라는 평을 받고 있다. 평범한 로컬 숍임에도 이곳이 주목받은 이유는 실력과 코스 상품에 있다. 가장 인기 상품인 커플 스파 패키지의 경우 발 마사지와 오일 마사지를 포함해 보디 스크럽, 스파 페이셜까지 장작 4시간 동안 1+1 기준 4,400밧으로 즐길 수 있다. 분위기보다는 좋은 서비스와 합리적인 가격이 중요하다 생각하는 여행자라면 추천한다. 방문 최소 이틀 전 예약은 필수라는 사실 꼭 기억하자.

태국인들도 한 번쯤 가 보고 싶어 하는 스파 숍
데와라나 스파 Devarana Spa

주소 946 Rama IV Road, Silom, Bang Rak **위치** ❶ (BTS 실롬 선) 살라댕(Sala Daeng)역 4번 출구에서 도보 5분 ❷ 지하철 시 롬(Si Lom)역에서 도보 2분 **시간** 9:00~22:00 **가격** 2,100밧(스웨덴식 마사지: 1시간), 2,900밧(시그니처 마사지: 90분) **홈페이지** www.devaranaspa.com **전화** 02-636-3596

두짓타니 방콕Dusit Thani Bangkok 호텔 내부에 위치한 럭셔리 스파 숍이다. 2000년 방콕에서 시작해 글로벌 호텔 그룹Dusit International Group에 실력과 서비스를 인정받아 괌, 몰디브 등 두짓 계열이 운영하는 5성급 호텔 6개 지점에서도 만날 수 있는 제법 유명한 스파다. 태국 산스크리트어로 하늘의 정원이라는 뜻을 가진 단어 'Devarana'를 상호로 하는 만큼 자연 친화적인 소품과 평온한 화이트 톤 인테리어와 편안한 분위기와 고급 서비스가 매우 인상적이다. 브랜드 인지도도 좋아 태국인들도 꼭 한 번은 가 보고 싶어 하는 방콕 대표 스파로 방문 전 예약은 필수라는 사실을 기억하자.

사진 찍기 좋은 브런치 카페
비터맨 BITTERMAN

주소 120/1 Saladaeng Soi 1, Silom **위치** (BTS 실롬 선) 살라댕(Sala Daeng)역 4번 출구에서 도보 10분 **시간** 11:00~23:00 **가격** 185밧~(브런치), 240밧~(파스타), 120밧~(맥주) **홈페이지** www.bittermanbkk.com **전화** 02-636-3256

도심 속 넓은 열대 정원을 가진 카페 & 레스토랑이다. 주변 레스토랑과 비교했을 때 비교적 저렴한 가격에 파스타를 비롯한 이탈리아 요리와 태국 요리를 판매한다. 넓은 정원이 있어 사진 찍기 좋은 카페로도 유명한 곳이다. 가정에서 먹는 듯 심플하고 무겁지 않은 맛으로 인기인 이곳의 가장 인기 메뉴는 브런치 세트다. 185밧부터 시작되는 10종 브런치 세트로 가격 대비 괜찮은 분위기에서 브런치를 즐길 수 있다. 커피와 시그니처 칵테일, 로컬 맥주 등 카페 이상으로 음료와 디저트도 여럿 있고 매주 목요일, 금요일 저녁에는 라이브 공연도 열리니 참고하자.

간단한 기념품 쇼핑을 위한 야시장
팟퐁 야시장 Patpong Night Market [딸랏 낫 끌랑큰 팟퐁]

주소 Phat Pong 2 Alley, Khwaeng Suriya Wong, Khet Bang Rak **위치** (BTS 실롬 선) 살라댕(Sala Daeng)역 1번 출구에서 도보 2분 **시간** 17:00~25:00

해가 지기 시작할 무렵부터 하나둘 문을 열기 시작하는 방콕 최대 규모의 야시장이다. 과거 베트남 전쟁에 참전한 미국 병력이 주둔했던 지역으로, 지금은 우리의 동대문처럼 옷, 시계, 액세서리 등 의류 및 잡화와 다양한 먹거리를 판매한다. 과거에는 방콕 최대의 환락가이기도 했던 팟퐁 야시장은 평일, 주말 상관없이 해가 진 이후 매일 밤이면 북새통을 이룬다. 매우 혼잡한 곳이라 소지품 도난 및 분실에 주의해야 하며 대부분의 제품은 이미테이션이니 브랜드보다는 제품의 퀄리티를 살펴보고 구매하길 추천한다. 한 가지 주의할 것은 시장과 유흥업소 밀집 지역이 연결돼 있어 취객을 조심하고 물건 구매 시 흥정은 필수다.

> **TIP** A GoGo Bar
> 야시장 양옆 건물에서 운영되는 바Bar로 중앙 무대에서 짧은 바지나 비키니를 입고 춤을 추거나 19세 이상 관람이 가능한 성인 공연이 열리는 곳이다. 태국의 유흥 문화인 만큼 한 번쯤 경험해 보는 것도 좋지만 바가지, 강탈, 협박 등 사건 사고가 많은 곳이니 조심 또 조심해야 한다. 일부 바에서는 섹스 쇼 등 우리에게는 다소 문화적 충격을 주는 공연이 열리는 곳도 있으니 주의하자. 성인 공연 외에도 무에타이 시합 등 볼거리를 제공하는 가게도 여럿 있으니 참고하자.

🍴 팟퐁 야시장 인근 식당

스모킹 퍼그 SMKIN' PUG

주소 88 Khwaeng Suriya Wong, Bang Rak **시간** 17:00~23:00(화~토; 바는 밤 12시까지), 17:00~22:00(일요일; 바는 23시까지) **가격** 800밧~(1인) **휴무** 매주 월요일 **홈페이지** www.smokinpugbbq.com **전화** 083-029-7598

미국식 바비큐 & 블루스 바. 미국식 통구이 요리와 훈제 고기를 넣은 햄버거, 샌드위치 등 다양한 미국식 음식을 비롯해 각종 주류를 판매한다. 미국에서만 맛볼 수 있는 특유의 스모크 향이 밴 바비큐로 인기몰이를 하고 있다. 가장 인기 메뉴는 특제 소스가 발라진 립과 시원한 로컬 맥주다. 이 외에도 태국 음식에 질린 여행자의 배를 채워 줄 우리에게 익숙한 메뉴가 여럿 있으니 참고하자.

르언 우라이 RUEN URAI

주소 118 Surawongse Road, Bang Rak **시간** 17:00~23:00 **가격** 800밧~(1인) **홈페이지** www.ruen-urai.com **전화** 02-266-8268

태국 왕실 고급 요리에서부터 가정식까지 다양한 태국 음식을 맛볼 수 있는 레스토랑이다. 약 100년이 된 전통 가옥을 2006년에 복원 및 리모델링해 운영하고 있으며 허브와 향신료를 이용한 태국 전통의 맛을 고집해 평소와는 다른 독특한 맛을 경험할 수 있다. 아름다운 정원과 소박하면서도 고풍이 느껴지는 분위기에 음식 맛은 물론 직원들의 서비스도 꽤 좋다고 평이 나 있다.

수코타이 호텔에서 운영하는 전통 태국 레스토랑
셀라돈 Celadon

주소 1F Sukhothai Bangkok,13/3 S Sathorn Rd, Sathon **위치** ❶ (BTS 실롬 선) 살라댕(Sala Daeng)역 4번 출구에서 도보 13분 ❷ 지하철 룸피니(Lumphini)역에서 도보 8분 **시간** 12:00~15:00(런치), 17:00~23:00(디너) **가격** 800밧~(1인) **홈페이지** www.sukhothai.com **전화** 02-344-8652

태국 현지 매거진, 신문 등 여러 매체에 자주 소개되는 방콕 인기 레스토랑이다. 5성급 호텔인 수코타이 호텔에 위치한 고급 레스토랑으로 전통 태국 요리가 주를 이룬다. 호수 위 태국 전통 가옥에 실내는 현대식으로 꾸며진 공간에 우리로 치면 조미료를 최소화해 먹고 나서 부담이 없는 음식처럼 'Celadon(청자)' 이름 그대로 순수하면서 정교한 음식을 만날 수 있다. 2014부터 미슐랭 레스토랑으로 선정될 정도로 맛은 인정받은 곳이니 참고하자. 매

일 저녁 5시 30분에 열리는 전통 공연이 꽤 괜찮은 볼거리로 실내 가장자리 매우 작은 무대에서 열리니 저녁 시간에 방문하는 여행자라면 무대와 가까운 곳으로 자리를 잡자.

방콕 내 최고층에 위치한 럭셔리 스파
반얀트리 스파 BANYAN TREE SPA

주소 21F Banyan Tree Bangkok, 21/100 S Sathorn Rd, Sathon **위치** ❶ (BTS 실롬 선) 살라댕(Sala Daeng)역 4번 출구에서 도보 13분 ❷ 지하철 룸피니(Lumphini)역에서 도보 8분 **시간** 10:00~22:00 **가격** 3,800밧(타이 마사지; 1시간), 6,000밧~(시그니처 코스) **홈페이지** www.banyantreespa.com/spa/1/63 **전화** 02-679-1052/4

반얀트리 호텔에 위치한 럭셔리 스파다. 방콕 시내에서 가장 고층에 위치한 스파로 설명이 필요없는 명성답게 최고급 시설과 최고급 서비스를 제공한다. 세계 각국에 위치한 반얀트리 스파와 마찬가지로 허브와 꽃 등 천연 재료와 고급 오일 사용은 물론 태국 왕국에서 유래한 트리트먼트와 시그니처 트로피컬 레인 미스트(워터풀 마사지) 등 이곳만의 특별한 서비스와 코스도 준비돼 있다. 혹 고급 스파로 가격대가 비싸 부담이 된다면 최근 로컬 여행사 및 국내 여행사에서 30~50% 할인된 가격에 패키지 상품을 판매하고 있으니 미

리 예약하는 것도 방법이다. 스파를 이용하면 21층에 있는 야외 수영장을 무료로 이용할 수 있고, 바로 옆 반얀트리 갤러리에서 사용 가능한 할인 쿠폰을 제공하니 오일 등 용품을 구매할 여행자라면 참고하자.

연구 전문가의 퓨전 음식을 맛볼 수 있는 레스토랑
남 nahm

주소 1F Metropolitan hotel, 13/3 S Sathorn Rd, Sathon **위치** ① (BTS 실롬 선) 살라댕(Sala Daeng)역 4번 출구에서 도보 12분 ② 지하철 룸피니(Lumphini)역에서 도보 10분 **시간** 12:00~14:00(런치: 주말 제외), 19:00~22:30(디너: 매일) **가격** 800밧~(1인), 400밧~(단품 요리), 2,500밧(코스) **홈페이지** www.comohotels.com **전화** 02-625-3388

방콕 메트로폴리탄 호텔 1층에 위치한 고급 레스토랑이다. '아시아의 베스트 레스토랑 50'에 매년 상위에 랭크되는 방콕 베스트 레스토랑 중 하나로, 미슐랭도 인정한 레스토랑이다. 호주에서도 인지도가 높은 유명 셰프 데이비드 톰슨David Thompson이 이끌고 있는 이곳은, 그가 오랜 시간을 공들여 태국 전국을 돌며 연구한 전통 음식을 맛볼 수 있다. 야외 수영장 바로 옆에 자리 잡은 고품격 인테리어와 고급 서비스가 인상적이며, 특히 독창적이고 주방장 추천 메뉴를 맛볼 수 있는 남 세트 메뉴, 디너 코스와 커리 메뉴가 인기다. 런치 타임에는 누들(600밧~)을 비롯해 커리(560밧~), 오믈렛(400밧) 등 고급 레스토랑 치고는 괜찮은 가격대의 단품과 1인 1,600밧 코스도 준비돼 있으니 참고하자.

럭셔리하고 전망 좋기로 유명한 루프톱 바 & 레스토랑
버티고 & 문 바 VERTIGO & MOON BAR

주소 60~61F Banyan Tree Bangkok, 21/100 S Sathorn Rd, Sathon **위치** ① (BTS 실롬 선) 살라댕(Sala Daeng)역 4번 출구에서 도보 13분 ② 지하철 룸피니(Lumphini)역에서 도보 8분 **시간** 18:00~20:30(버티고), 17:00~다음 날 1:00(문 바) **가격** 290밧(음료), 580밧~(칵테일), 330밧~(무알콜 칵테일) **홈페이지** www.banyantree.com/en/ap-thailand-bangkok/vertigo-and-moon-bar **전화** 02-679-1200

반얀트리 호텔 60~61층에 위치한 레스토랑 버티고 앤 칵테일 바 문. 방콕에 위치한 수많은 스카이 바 중 가장 럭셔리하고 전망 좋기로 유명하다. 하루 평균 1,000잔 이상의 칵테일이 나갈 정도로 인기다. 60층에 위치한 아시아 최초 그릴 앤 바Grill and Bar를 선보인 레스토랑 버티고에서는 다양한 해산물 요리와 프리미엄 스테이크 등 양식, 태국 음식을 맛볼 수 있고, 지붕은커녕 기둥조차 없는 61층 루프톱 바 문에서는 시그니처 칵테일을 포함해 각종 주류와 음료를 즐길 수 있다. 좋은 좌석을 원한다면 예약은 필수다. 높은 곳에 위치한 문 바는 비가 내리거나 바람이 심하게 부는 날에는 문을 열지 않으니 참고하자.

최고층 빌딩이자 태국 & 방콕의 새로운 랜드마크
마하나콘 & 마하나콘 큐브 MAHANAKHON & MAHANAHON CUBE

주소 114 Narathiwas Ratchanakharin Rd, Silom, Bang Rak **위치** (BTS 실롬 선) 총논시(Chong Nonsi) 역 4번 출구에서 도보 1분 **시간** 상점마다다름 **홈페이지** www.maha-nakhon.com **전화** 02-234-1414

2016년 8월에 문을 연 태국에서 가장 높은 빌딩이다. 오픈과 동시에 전 세계가 주목한 태국의 새로운 랜드마크로 3,143m 77층 높이의 거대한 건물이다. 유독 이 빌딩에 전 세계의 이목이 집중한 이유는 독특한 외관에 있는데, 마치 외부 충격에 의해 부서진 듯한 건물 측면 모습이 매우 독특하다. 독일 건축가에 의해 약 5년이라는 공사 기간을 걸쳐 완성된 마하나콘 내부에는 호텔과 리츠 칼튼이 슈퍼 럭셔리 콘셉트로 만든 더 리츠 칼튼 레지던스 The Ritz-Carlton Residences와 오픈 예정인 77층 루프톱 바와 레스토랑, 라이브 제품 매장이 있는 마하나콘 큐브로 구성돼 있다. 태국어로 '위대한 도시'라는 뜻을 가진 마하나콘. 수쿰윗의 등장으로 잠시 주춤했으나 다시 방콕의 중심으로서 또 다른 변화를 불러일으키고 있다. 방콕 방문 시 인증 샷을 담아야 할 대표 핫 플레이스임이 확실하다.

🛒 마하나콘 & 마하나콘 큐브 층별 안내

딘 앤 델루카 DEAN & DELUCA 마하나콘 큐브 1층

식재료와 주방용품 등을 판매하는 플래그십 스토어 딘앤델루카. 미국에 본사를 둔 우리에게도 잘 알려진 브랜드로 마하나콘 오픈과 동시에 마하나콘 큐브 1층에 오픈했다. 아시아에서 가장 큰 규모로 1층 전체 공간에 식재료를 비롯해 베이커리, 레스토랑도 함께 운영되고 있으니 참고하자.

보그 라운지 VOUGE Lounge 마하나콘 큐브 6층

전 세계 유행을 선도하는 패션지 보그VOUGE에서 처음으로 선보인 루프톱 레스토랑 & 바, 보그 라운지. 다른 곳에 비해 낮은 층에 있어 멋진 전망은 아니지만 고층 건물들이 가득 들어선 실롬 도심 속에서 한가로이 시간을 보낼 수 있다. 5성급 호텔에 있는 듯 고급스럽고 심플하면서도 고품격의 인테리어가 인상적이며, 홍콩에서 미슐랭 3스타까지 끌어 올린 뱅상 티에리Vincent Thierry 셰프가 최고의 음식을 선보인다.

라틀리에 드 조엘 로브숑 L'ATELIER de Joël Robuchon 마하나콘 큐브 5층

홍콩 미슐랭 레스토랑으로 더 유명한 프랑스 스타 셰프 조엘 로부숑이 오픈한 프렌치 레스토랑이다. 프랑스어로 '예술가들의 작업실'이란 뜻을 지닌 이름처럼 예술성이 돋보이는 심플한 인테리어와 예술 작품을 보는 듯한 플레이팅에 인증샷을 연발하게 하는 곳이다. 바Bar 형태로 주문과 동시에 조리 과정을 지켜보고 셰프와 요리에 대해 소개 및 대화를 나누며 식사를 할 수 있어 더 인기다. 미식가라면 한번쯤은 가 봐야 할 정도로 맛은 검증된 곳이다.

태국 부호의 저택을 테마로 한 레스토랑 & 바
남사 보틀링 트러스트 NAMSAAH BOTTLING TRUST

주소 401 Silom Soi 7, Bang Rak **위치** (BTS 실롬 선) 총논시(Chong Nonsi)역 1번 출구에서 도보 2분 **시간** 17:00~다음 날 2:00 **가격** 240밧~(에피타이저), 450밧~(메인 요리) **홈페이지** www.namsaah.com **전화** 02-636-6622

실롬 소이 7에 위치한 바 & 레스토랑이다. 오래된 빌라를 개조해 눈에 띄는 화려한 분홍색 저택으로 꾸며 운영하는 곳이다. 예술을 좋아하는 태국 부호의 저택에 초대된 듯 앤티크풍의 고급스러운 실내외 인테리어로 많은 여성 여행자의 사랑을 받고 있다. 1층 바와 2층 다이닝 레스토랑으로 운영되는 이곳에서는 시그니처 칵테일을 포함한 약 30종의 칵테일과 태국 음식을 포함해 이탈리아, 프랑스 퓨전 음식이 준비돼 있다. 추천 메뉴이자 인기 메뉴는 연어, 문어 등 해산물을 넣은 타코스 종류와 커리다.

태국 현지인들이 즐겨 찾는 해산물 전문점
렉 시푸드 Lek SEAFOOD

주소 156 phiphat Soi, Narathiwat Ratchanakarin Rd, Silom, Bang Rak **위치** (BTS 실롬 선) 총논시(Chong Nonsi)역 2번 출구에서 도보 2분 **시간** 17:00~24:00(월~토) **가격** 350밧~(새우 등 메인 요리), 60밧~(굴 등 서브 메뉴) **휴무** 매주 일요일 **전화** 02-636-6460

현지인들이 즐겨 찾는 해산물 전문 로컬 식당이다. 저렴한 가격에 각종 신선한 해산물을 즐길 수 있는 곳이다. 각종 해산물을 이용한 튀김은 물론 찜, 볶음 등 중국 음식 스타일이 더해진 요리부터 방콕 여행 시 한 번쯤은 맛봐야 할 대표 음식 뿌팟퐁 커리까지 꽤 많은 메뉴가 준비돼 있다. 가격 대비 맛과 신선도가 좋아 피크 시간인 18시부터 21시까지는 대기가 제법 길어지니 참고하자.

로컬 식당이라 위생 상태가 간혹 좋지 않지만 저렴한 가격으로 부담 없이 해산물 요리를 즐기고 싶은 여행자에게 강력 추천한다.

샤오롱바오(소룡포)가 유명한 대만 식당
영화두장 Yong He Dou Jiang

주소 68 Narathiwas Ratchanakharin Rd, Silom, Bang Rak **위치** (BTS 실롬 선) 총논시(Chong Nonsi) 역 4번 출구에서 도보 2분 **시간** 11:00~22:00 **가격** 170밧(샤오롱바오: 8개), 105밧(대만 가정식 세트) **홈페이지** www.sukanyayonghe.com **전화** 02-635-0003

저렴한 가격대로 각종 대만 음식을 즐길 수 있는 대만 음식점이다. 다진 고기를 넣고 찜통에 찐 유명 딤섬인 샤오롱바오를 비롯해 대만식 국수, 볶음 요리

등 대만 인기 요리와 가정식 요리가 가득하다. TV, 매거진 등 각종 매체에 단골로 소개될 정도로 방콕 내에서는 꽤 유명한 식당으로 대만 음식 외에도 우리에게 익숙한 중국 본토 음식도 꽤 많이 준비돼 있다. 인기 메뉴는 샤오롱바오와 대만식 국수다. 돼지고기와 양고기를 넣은 두 가지 국수가 있는데, 두 국수 모두 한국 국수나 라면과는 많이 달라 호불호가 갈리니, 대만 음식이나 중국식 면 요리가 처음이라면 춘권, 가정식 도시락 등 무난한 메뉴를 추천한다.

사톤 스퀘어 빌딩 39층에 위치한 고급 클럽
세 라 비 CÉ LA VI

주소 39F Sathorn Square Building, 98 North Sathorn Rd, Silom, Bang Rak **위치** (BTS 실롬 선) 총논시(Chong Nonsi)역 4번 출구에서 도보 4분 **시간** 21:00~다음 날 3:00(화~토) **휴무** 매주 일, 월요일 **가격** 210밧~(주류) **홈페이지** www.bkk.celavi.com **전화** 02-108-2000

싱가포르, 홍콩 등 동남아 여러 도시에 클럽과 라운지를 운영하는 세라비 그룹에서 운영하는 고급 클럽이다. 원래는 쿠데타라는 이름으로 명성을 떨친 곳으로, 사톤 스퀘어 빌딩 39층에 위치한다. 고급 분위기의 글로벌 클럽 라운지를 자랑하며 태국인보다는 외국인 여행객들이 주를 이루는 고급 클럽이다.

이 클럽의 매력은 매일 변하는 특별 이벤트에 있는데, 매주 수요일에 열리는 레이디스 나이트에는 주말보다 더 많은 인파가 몰린다. 창이 없는 실내에서는 야경을 볼 수 없지만 휴식을 취할 수 있는 야외 테이블에는 근사한 방콕 야경을 만날 수 있다.

더블유 호텔에서 운영하는 파인 다이닝 레스토랑
더 하우스 온 사톤 THE HOUSE ON SATHORN

주소 106 North Sathorn Rd, Silom, Bang Rak **위치** (BTS 실롬 선) 총논시(Chong Nonsi)역 4번 출구에서 도보 4분 **시간** 12:00~14:30(런치), 14:00~17:30(애프터눈 티), 18:00~22:30(디너 & 바) **가격** 1,150밧(애프터눈 티 세트), 370밧~(칵테일), 160밧~(맥주) **홈페이지** www.thehouseonsathorn.com **전화** 02-344-4000

현대식 고층 건물 사이에 위치한 과거 러시아 대사관이었던 3층짜리 유럽풍 건물을 리뉴얼해 사용하는 파인 다이닝 레스토랑이다. 더블유 호텔에서 운영하는 곳으로, 점심에는 브런치, 오후 및 저녁 시간에는 레스토랑과 바로 운영된다. 태국이 아닌 유럽의 한 국가의 저택에 있는 느낌을 받는 이곳은 총 4개의 룸과 칵테일 바, 실내, 건물 중간 정원에 만들어진 야외 테라스로 구성돼 있다. 홍콩, 도쿄 등에서 미슐랭 스타 셰프로 유명한 파티흐 투탁Fatih Tutak이 이끄는 이곳은 태국 음식을 포함해 독창적인 플레이팅과 태국 향신료와의 조합을 이룬 세계 각국의 퓨전 요리를 만날 수 있다. 일반 서양식과는 다른 독

특한 맛에 호불호가 갈릴 수 있다. 방콕 레스토랑에서 늘 상위권에 있는 유명 레스토랑인 만큼 여행자들 사이에서 소문난 인기 메뉴는 과일이 가득 들어간 홍콩 스타일 와플(350밧)과 코스 요리다.

태국 가정식에 서양식을 더한 퓨전 음식점
수파니가 이팅 룸 SUPANNIGA EATING ROOM [형아한 수파니까]

주소 28 Sathorn Soi 10, Silom, Bang Rak **위치** (BTS 실롬 선) 총논시(Chong Nonsi)역 4번 출구에서 도보 6분 **시간** 12:00~14:30(런치), 17:30~23:00(디너) **가격** 200밧~(1인) **홈페이지** www.supannigaeatingroom.com **전화** 02-635-0349

사톤 스퀘어 직장인들이 강력하게 추천한 사톤 지역 맛집이다. 태국 가정식을 베이스로 현대인의 입맛에 맞게 변화를 준 음식이 특징이다. 점심시간에는 근처 회사에서 점심을 해결하기 위한 직장인들로 북적거리니 점심시간 이전이나 이후 방문을 추천한다. 카레 페이스트로 양념한 게살을 바나나 잎으로 감싸 찐 호 목 크랩 미트Hor Mok Crab Meat(350밧), 까 룸 톳 남 쁠라Ka Lum Tod Nam Pla(120밧)가 이 집의 대표 메뉴이다. 디

저트로는 타이 티 판나 코타Thai Tea Panna Cotta(85밧)를 강력하게 추천한다.

국내 방송으로도 소개된 유명 쿠킹 스쿨 & 레스토랑
블루 엘리펀트 BLUE ELEPHANT

주소 233 South Sathorn Rd, Khwaeng Yannawa, Khet Sathon **위치** (BTS 실롬 선) 수라삭(Surasak) 역 4번 출구에서 도보 2분 **시간** 11:30~14:30(레스토랑 런치), 18:00~22:30(디너), 8:45~13:00(쿠킹 클래스 오전 타임), 13:30~16:30(오후 타임) **가격** 600밧~(레스토랑 1인), 3,296밧(쿠킹 클래스 오전 타임), 2,943밧(오후 타임) **홈페이지** www.blueelephant.com **전화** 02-673-9353

런닝맨 등 한국 방송에도 여러 번 나왔던 쿠킹 스쿨 & 레스토랑으로 전통 태국 왕실 요리를 배우고 맛볼 수 있는 곳이다. 방콕 외에도 푸껫, 벨기에, 파리, 영국 등 전 세계 13개 지점을 운영하고 있는 이곳은, 태국 왕실에서 인정한 30년이 넘은 전통을 가진 레스토랑이다. 특히 좋은 식재료를 이용해 태국 정통의 맛을 기초로 한 스타일리시하고 고급스러운 요리를 경험할 수 있다. 또 하나 이곳의 매력은 바로 쿠킹 스쿨Cooking School이다. 전 세계적으로 꽤 알려진 요리 학교로, 태국 왕실 요리 전문가 과정과 오전, 오후에 진행하는 4개의 요리를 배울 수 있는 데일리 클래스Daily Classes 등 여행객을 위한 과정이 준비돼 있다. 수업을 들으면 수료증을 주는 과정으로, 셰프와 함께 태국 왕실 음식에 대해 배우고, 직접 만들어 보고, 만든 요리는 포장해서 가져가거나 아래층 식당에서 맛볼 수 있어 더욱 인기다. 가격이 약간 비싼 오전 타임에는 신선한 재료 구입을 위한 셰프와 함께하는 시장 투어도 함께 진행된다. 예약은 홈페이지 문의하기에서 가능하고 요일마다 진행되는 과정 상세 정보는 홈페이지에 있으니 살펴보길 추천한다.

주문과 동시에 만드는 솜땀 전문점
반 솜땀 Baan Somtum [반쏨땀]

주소 9/1 Soi Srivieng, Surasak Rd, Silom, Bang Rak **위치** (BTS 실롬 선) 수라삭(Surasak)역 1번 출구에서 도보 5분 **시간** 11:00~22:00 **가격** 200밧~(1인) **전화** 02-630-3486

20여 종의 태국 대표 음식 솜땀을 맛볼 수 있는 태국 음식점이다. 매콤 새콤하고 묘한 매력을 가진 파파야 샐러드 솜땀 외에도 합리적인 가격에 각종 태국 음식을 즐길 수 있는 곳으로, 현지인은 물론 여행자들에게 유명한 식당이다. 태국 가정식 요리가 주를 이루는 이곳의 인기 메뉴는 솜땀과 찰밥을 함께 먹는 각종 튀김 요리다. 솜땀을 포함해 샐러드 요리는 주문과 동시에 오픈 키친에서 바로 조리돼 신선한 재료 본연의 맛을 느낄 수 있다. 로컬 가격이지만 깔끔한 요리와 분위기로 사랑받는 곳이다. 유아를 동반한 가족 단위 여행자나 커플도 조금은 깔끔한 곳에서 태국의 다양한 음식을 경험해 보고 싶다면 추천한다.

태국 왕족이 운영하는 왕실 요리 전문점
탄잉 Thanying [탄잉]

주소 10 Pramuan Rd, Silom, Bang Rak **위치** (BTS 실롬 선) 수라삭(Surasak)역 1번 출구에서 도보 8분 **시간** 11:30~22:00 **가격** 160밧~(에피타이저), 200밧~(메인 요리) **전화** 02-236-4361

태국 왕족과 유명 배우가 함께 만든 왕실 요리 전문점이다. 옛 태국의 왕조인 수코타이 Sukhothai의 궁전 요리를 계승하고 선보이기 위해 문을 연 레스토랑으로, 옛 왕실 요리법 그대로를 이용한 왕실 전통 음식을 제공한다. 우리에게 익숙한 자극적인 맛이 강한 태국 음식과는 달리 자극이 덜하고 간이 세지 않지만 재료 본연의 맛을 살린 풍미가 가득한 맛으로, 외국인 여행자들 사이에서는 맛에 대해 호불호가 갈리지만 이곳을 즐겨 찾는 태국 상류층 사이에서는 꽤 인정받고 있다. 약 20년의 오랜 세월 동안 운영돼 건물은

초라해 보이지만 넓은 정원과 고급풍으로 꾸며진 실내 공간은 고급 레스토랑 특유의 편안함과 안락함이 배어 있다.

럭셔리 스파 브랜드 디바나에서 운영하는 스파
디바나 버츄 스파 divana virtue spa

주소 10 Srivieng Soi, Surasak Rd, Silom, Bang Rak **위치** (BTS 실롬 선) 수라삭(Surasak)역 1번 출구에서 도보 6분 **시간** 11:00~23:00(화~금), 10:00~23:00(토~월) **가격** 1,250밧(Siamese Sense: 70분), 1,850밧(아로마마사지: 90분) **홈페이지** www.divanaspa.com/VirtueSpa **전화** 02-236-6788

대형 스파를 여럿 운영하고 있는 디바나 체인으로, 오픈부터 지금까지 방콕을 대표하는 스파로 유명한 곳이다. 방콕에만 제법 큰 규모의 숍을 5개나 운영할 정도로 인기 브랜드다. 이곳 디바나 버츄는 과거 자연을 이용한 치유, 관리 기법 연구를 통해 자연 친화적인 치유를 제공하는 것을 콘셉트로 한다. 푸른 식물로 가득한 넓은 정원에 하얀 외관의 목조 건물, 내부는 화이트 인테리어로 편안한 분위기를 자아낸다. 각기 다른 9개의 스위트 룸과 5개의 트리트먼트 룸이 준비돼 있다. 다른 지점과 비교하면 규모는 작지만 자연 치유의 힘을 연구하고 고급 서비스를 제공해 많은 사람에게 사랑받는 스파로 이용되고 있다. 공식 홈페이지를 통해 상시 프로모션이 열리며, 온라인 예약 시 할인도 제공하고 있으니 참고하자.

영화 <행오버 2> 촬영 장소로 유명한 루프톱 바
시로코 앤 스카이 바 SIROCCO & SKY BAR

주소 63F State Tower, 1055 Silom Rd, Bang Rak **위치** (BTS 실롬 선) 사판 딱신(Saphan Taksin)역 3번 출구에서 도보 13분 **시간** 18:00~다음 날 1:00(주문마감 23:30) **가격** 2,000밧~(식사), 380밧~(칵테일) **홈페이지** www.lebua.com/sirocco **전화** 02-624-9555

스테이트 타워 63층에 이어지는 루프톱에 위치한 르부아lebua 호텔이 운영하는 바 앤 레스토랑이다. 오픈과 동시에 방콕 최고의 루프톱으로 선정될 만큼 방콕에서 유명한 곳이다. 영화 <행오버 2>의 배경으로 유명세를 더한 곳이기도 하다. 짜오프라야강을 한눈에 볼 수 있는 뷰 포인트가 유명하다. 근사한 지중해 요리와 각종 주류, 매일 저녁에는 라이브 밴드 공연도 열리는 곳으로 후덥지근한 방콕의 날씨로 몸과 마음이 지친 여행자에게 사막의 오아시스처럼 시원한 뷰와 멋진 야경을 선물한다. 스카이 바는 스탠딩 바로 언제든지 방문을 해도 되지만 레스토랑 시로코는 아주 비싼 가격임에도 예약을 하지 않으면 이용할 수 없을 정도로 핫한 곳이다. 식사가 목적인 여행자라면 방문전 예약은 필수다.

거주 지역에 위치한 심플한 식당
반 팟타이 BAAN PHADTHAI

주소 21-23 Thanon Charoen Krung Soi 44, Charoen Krung Rd, Sathorn **위치** (BTS 실롬 선) 사판 딱신(Saphan Taksin)역 3번 출구에서 도보 8분 **시간** 10:00~22:00 **가격** 200밧~(1인) **홈페이지** www.baanphadthai.com **전화** 02-060-5553

2층집 가옥을 개조해 해산물을 비롯해 각종 태국 요리를 판매하는 로컬 식당이다. 프랑스인이 주인인 이곳은 파스텔블루 계열의 컬러 페인트로 건물 전체를 칠해 놓은 독특한 외관에 실내는 빈티지와 앤티크풍으로 꾸며 놓은 넓지 않은 규모의 식당이다. 골목을 누비고 다니는 20~30대 미식가들을 겨냥한 듯 깔끔한 음식 맛과 꾸미지 않은 심플한 플레이팅에 괜찮은 가격대로 여러 종류의 요리를 즐길 수 있다. 추천 메뉴는 돼지고기 꼬치구이인 무 삥Moo Ping(180밧), 게살이 들어간 시그니처 메뉴인 팟타이 포Phad Thai Phoo(280밧)와 수제로 만든 코코넛 아이스크림, 이띰 까 티Itim Ka Thi(120밧)다.

쇼핑 천국의 중심이자 시암의 랜드마크
사톤 선착장 Sathorn Pier

주소 Sathorn Pier, Yan Nawa, Sathon **위치** (BTS 실롬 선) 사판 딱신(Saphan Taksin)역 2번 출구에서 도보 1분 **시간** 6:00~22:00(월~금; 보트마다 다름) **요금** 이용하는 구간, 보트마다 다름

짜오프라야강을 질주하는 방콕의 대표 교통수단인 수상 버스와 투어 보트, 아시아티크 무료 보트, 호텔 셔틀 보트를 이용할 수 있는 선착장이다. 사톤 피어 또는 센트럴 피어라 불리는 이곳은 이름 그대로 짜오프라야강을 운행하는 거의 모든 보트가 정차하거나 출발하는 중앙역이다. BTS 지상철이 운행하지 않는 올드 시티(왕궁, 카오산 로드) 지역에서 수상 버스를 타고 이곳에 내리면 방콕 중심을 연결하는 (BTS 실롬 선) 사판 딱신(Saphan Taksin)역이 있어 대중교통을 이용하는 자유 여행객이라면 한 번쯤 들르게 되는 메인 선착장이기도 하다. 선착장 주변으로 방콕 서민들의 생활상을

볼 수 있는 방락 시장Bang Rak Market 및 상권이 조성돼 있다.

방콕 최대 규모의 현대식 야시장
아시아티크 Asiatique [에치아틱]

주소 2194 Charoen Krung Rd, Wat Phraya Krai, Bang Kho Laem **위치** ❶ (BTS 실롬 선) 사판 딱신(Saphan Taksin)역에서 택시로 15분 ❷ 수상 버스 정류장 사톤 선착장(Sathorn Pier)에서 셔틀 보트로 10분
시간 16:00~24:00 **전화** 02-108-4488

짜오프라야강 옆 옛 강변 항구의 창고 터를 개조해 만든 방콕 최대 규모의 야시장이다. 1,500개가 넘는 상점과 유명 브랜드 앤 레스토랑이 밀집해 있다. 태국의 다른 야시장과 비교해서 서민적인 느낌은 없지만 잘 정리, 정돈된 거대한 복합 공간에서 늦은 시간까지 쇼핑, 음식, 마사지를 즐길 수 있다. 방콕 시내 야시장과 비교하면 가격은 약간 비싼 편이다. 하지만 짝퉁 천국이라 불리는 다른 야시장에 비해 대부분 믿고 구매할 수 있는 퀄리티를 자랑한다. 규모가 워낙 커 상점 문이 열리기 시작하는 오후 4시부터 식사와 쇼핑, 간단한 맥주 타임까지 반나절 이상의 일정을 계획해야 한다. 야시장 내 유료 관람차(성인 300밧, 120cm 이상 청소년 200밧, 120cm 이하 200밧)와 전설의 무에타이 라이브 쇼를 하는 공연장도 있다. 좋지 않은 위치에 있어 가장 가까운 (BTS 실롬 선) 사판 딱신역과 가까운 수상 버스 정류장인 사톤 선착장까지 무료 셔틀 보트가 운행 중이니 참고하자.

아시아티크 상세 지도

아시아티크 레스토랑

반 카니타 Baan Khanitha

주소 Zone No.08, 2194 Charoen Krung Rd, Wat Phraya Krai, Bang Kho Laem **시간** 17:00~24:00 **가격** 500밧~(1인) **홈페이지** www.baan-khanitha.com **전화** 02-108-4910-11

태국 가정집 요리가 콘셉트인 퓨전 레스토랑이다. 수쿰윗 지역에서 꽤 알려진 고급 레스토랑 분점으로 깔끔한 음식 맛을 자랑한다. 외관은 물론 내부까지 화이트 톤으로 꾸며 고급스러우면서 편안한 분위기를 자랑하는 아시아티크 대표 인기 레스토랑이다. 한 가지 아쉬운 점은 짜오프라야강과 가장 가까운 곳에 인접해 있지만 식당 바로 옆에 보행로와 작은 휴식 공간 때문에 강을 보며 식사할 수 없다.

파이어 앤 다인 FIRE & DINE

주소 Zone No.10, 2194 Charoen Krung Rd, Wat Phraya Krai, Bang Kho Laem **시간** 17:00~25:00 **가격** 300밧~(1인) **홈페이지** www.facebook.com/fireanddine **전화** 02-108-4388

바비큐와 버거, 프랑스 및 이탈리아 음식과 일식, 피자까지 판매하는 바 & 레스토랑이다. 시원한 맥주와 간단한 음식을 즐기기에 괜찮은 곳으로, 기대 이상의 안주가 여럿 있다. 가장 인기 메뉴는 바비큐 꼬치. 맥주 안주로 최상의 안주인 꼬치가 130밧(돼지고기)으로 가격 대비 크고 맛도 훌륭하다.

마쓰리 드 고 고 Matsuri De go go

주소 Zone S, 2194 Charoen Krung Rd, Wat Phraya Krai, Bang Kho Laem **시간** 17:00~24:00 **가격** 300밧~(1인) **전화** 02-108-4243

일본 마쓰리(축제)를 콘셉트로 한 일본 음식점이다. 입구에서부터 일본 축제에 온 듯한 화려한 장식과 마쓰리 의상을 입은 직원들 모습이 인상적이다. 일본에서 흔히 볼 수 있는 이자카야에 가까운 스타일의 가게로 어묵을 비롯해 각종 일본 음식과 사케 등 일본 주류를 판매한다.

브라세리 나인 Brasserie 9

주소 Zone No.9, 2194 Charoen Krung Rd, Wat Phraya Krai, Bang Kho Laem **시간** 16:00 ~24:00 **가격** 600밧~(1인) **홈페이지** www.brasserie9.com **전화** 02-108-4288

현대적이면서 고전적인 프랑스 요리를 판매하는 레스토랑이다. 무료 셔틀 보트가 도착하는 선착장에서 가장 먼저 눈에 띄는 레스토랑으로 넓은 야외 테라스를 보유하고 있다. 고급 와인에서부터 스테이크(1,350밧~), 해산물 요리(590밧~) 등 전통 프랑스 요리가 인기지만 가격대가 조금 높은 편이다. 식사 외에도 라즈베리 향과 색이 가미된 호가든 로제 Hoegaarden Rosee, 창 생맥주 Chang Draft Beer 등 200밧 가격대의 맥주와 칵테일(320밧~)도 준비돼 있다.

카프리 Capri

주소 Zone No.9, 2194 Charoen Krung Rd, Wat Phraya Krai, Bang Kho Laem **시간** 17:00~24:00 **가격** 350밧~(1인) **전화** 02-108-4001

여행자들 사이에서 가장 유명한 시푸드 이탈리안 레스토랑이다. 인근 고급 레스토랑과 비교해 결코 뒤지지 않으며 가격대 또한 저렴해 인기다. 이곳 인기 메뉴는 생맥주(창 100밧~, 호가든 180밧~)와 피자(320밧~)와 파스타(340밧~), 이 외에도 전통 이탈리아 음식을 합리적인 가격에 즐길 수 있다. 물론 태국 물가와 비교하면 비싼 편이다.

해피 피시 HAPPY FISH

주소 Zone No.9, 2194 Charoen Krung Rd, Wat Phraya Krai, Bang Kho Laem **시간** 17:00~다음 날 2:00 **가격** 250밧~(1인) **전화** 92-284-5611

해산물을 이용한 퓨전 요리와 태국 음식을 판매하는 레스토랑 & 바. 매일 저녁 라이브 공연이 열리는 곳으로, 게 다리를 올린 파스타, 생연어를 올린 연어 피자 등 해산물을 이용한 퓨전 음식과 맥주 안주로 괜찮은 태국 로컬 음식이 주를 이룬다. 가격대는 생맥주가 195밧~, 병맥주가 180밧~, 음식이 200밧~이다.

방콕에서 가장 유명한 트랜스젠더 쇼
칼립소 방콕 Calypso BANGKOK

주소 2194 Charoen Krung Rd, Wat Phraya Krai, Bang Kho Laem **위치** ❶ (BTS 실롬 선) 사판 딱신(Saphan Taksin)역에서 택시로 15분 ❷ 수상 버스 정류장 사톤 선착장(Sathorn Pier)에서 셔틀 보트로 10분 **시간** 20:15, 21:45(예약 시 공연 전 티켓 교환 필수. 공연 시간 1시간 15분) **요금** 1,200밧(현장 구매: 성인), 600밧(현장 구매: 아동), 900밧(공식 홈페이지 구매: 성인), 600밧(공식 홈페이지 구매: 아동) * 좌석 요청 가능, 250~400밧(여행사 판매: 성인 기준) **홈페이지** www.calypsocabaret.com **전화** 02-688-1415

30년이 다 되어 가는 전통 카바레 쇼 칼립소. 방콕에서 가장 핫한 트랜스젠더 쇼로 여성보다 더 예쁜 트랜스젠더의 화려한 공연이 펼쳐진다. 다양한 주제의 춤과 노래를 선보이며 무대에서 벗어나 관객들 앞에서 춤을 추는 등 공연 시간 내내 즐거움을 선사하는 방콕의 대표 공연이다. 정말 트랜스젠더가 맞는지 의심스러울 정도로 미모가 상상 그 이상이다. 250석 규모의 크지 않은 소규모 공연장에 원형 테이블 좌석으로 돼 있고, 무엇보다 하루에 공연을 2번만 하니 예약을 하지 않으면 볼 수 없는 방콕 인기 공연이다. 오프닝 공연을 시작으로 유명 가수의 립싱크 패러디 공연과 일본 게이샤, 한국의 아리랑 등 세계 각국 전통 공연도 선보인다. 티켓에는 맥주, 위스키를 포함한 음료 1개가 포함돼 있으니 입장 전 원하는 음료를 선택하자. 공연이 끝나고 출연진들과 함께하는 포토 타임에서 약간의 팁은 기본 매너다. 국내 여행사 또는 현지 여행사를 통하면 할인된 가격으로 공연 티켓을 살 수 있으니 미리 준비하자. 참고로 태국은 성전환 수술을 원하는 사람들이 가장 많이 찾는 국가로 성전환 수술 기술력이 대단하다고 한다.

태국 역사의 심장부에서 만나는 다채로운 태국의 이면

한때 배낭여행의 시작이자 끝으로 전 세계 여행자들의 로망을 불사른 카오산 로드의 명성이 자자했던 시기를 지나, 이제 태국의 화려한 문화유산으로 잘 알려진 방콕 관광의 필수 코스 올드 시티. 왕궁, 왓 포, 왓 아룬처럼 예술적, 문화적 가치가 높은 역사 유적이 이곳에 몰려 있고, 이 외에도 다양한 옛 흔적들이 곳곳에 위치해 있어 아무리 짧은 일정이어도 한 번씩은 꼭 둘러보길 추천한다. 특히 석양이 질 때의 올드 시티는 짜오프라야강을 기준으로 멋진 풍경을 선사하니 낭만 넘치는 여행자라면 놓치지 말자. 밤이 깊으면 카오산 로드와 람부뜨리 로드를 기점으로 여행자와 현지인이 어우러져 광란의 밤을 연출하는 이곳은 방콕에서 가장 늦게까지 영업하는 술집들도 즐비하니 밤 문화를 즐기는 여행자라면 꼭 들러야 할 필수 코스로 일정을 남겨 놓자.

방콕 내에서 가장 오랜 역사를 자랑하는 지역인 만큼 개발의 손길이 덜 미친 올드 시티는 방콕 여행자들이 애용하는 BTS 지상철과 지하철이 들어서지 않아 기본적으로 택시와 수상 버스(짜오프라야 익스프레스)가 교통수단이다. 낮에는 한가한 편이지만 오후가 되고 밤이 깊어 갈수록 교통 체증이 심해지는 구간으로 첫날 이곳에 숙소를 잡는다면 고생할 각오를 해야 할 만큼 정체 구간을 자주 마주칠 수 있다. 가장 빠른 육로 이동 수단은 오토바이 택시다. 골목이 많은 이곳의 특성을 잘 이용해서 상습 정체 구간을 피해 움직이면 생각보다 빠르게 이동할 수 있다. 수상 버스(짜오프라야 익스프레스)는 프라 수멘 요새에서 멀지 않고 카오산 로드와도 도보 10분 거리라 많은 여행자가 애용하는 장소다. 운하 버스를 이용하면 빤파 Phanfa 선착장에서 내려 올드 시티(10밧)에 도착할 수 있으니 주변에 운하 버스 선착장이 있다면 이용해 보자.

❶ 공항

올드 시티는 BTS 지상철과 지하철이 다니지 않기 때문에 공항에서 이동하기 위해서는 다른 지역과는 조금 다른 루트를 추천한다. 오전 5시부터 자정까지 운영하는 공항 셔틀버스는 국제선 청사에서 나와 1층 8번 출구 근처 노란색 표지판의 'Airport Express'에서 AE2번 버스(150밧) 탑승 후 이동한다. 두 명 이상이 이동하거나 자정 이후에 도착하는 스케줄이라면 공항 1층 7번 출구에서 택시를 타는 것을 추천한다(극심한 교통난이 있지 않는 이상 택시비는 500밧 이내로 나온다). 이 외에도 여행사 픽업 서비스를 이용하거나 무료 셔틀버스로 공항 터미널 이동 후 시내버스(516번)를 타도 되지만 초행길이라면 공항 셔틀버스나 택시를 추천한다.

❷ 수상 버스

짜오프라야강을 다니는 짜오프라야 익스프레스 선착장이 멀지 않다면 근처 선착장에서 프라 안팃 Phra Arthit 선착장을 들르는 버스를 탑승한 후 이동한다. 왓 아룬의 경우 왓 포에서 가까운 띠엔 선착장 Tha Tien에서 왕복 보트(4밧)를 타면 된다.

❸ 택시

올드 시티의 택시 기사들은 초보 여행자들이 따라갈 수 없는 배짱과 뻔뻔함을 갖췄으니 함부로 흥정하다가는 호구 고객이 되기 십상이다. 특히 카오산 로드 양 옆에 진을 치고 있는 택시 기사들은 어딜 가든 300~500밧을 부르기 때문에 조금 귀찮더라도 도로 쪽으로 나가서 잡는 것을 추천한다. 급하게 이동할 일이 있다면 택시보다는 오토바이 택시를 웃돈 주고서라도 타는 것을 추천할 정도로 한 번 막히기 시작하면 아까운 방콕의 여행 시간을 허비할 수도 있다.

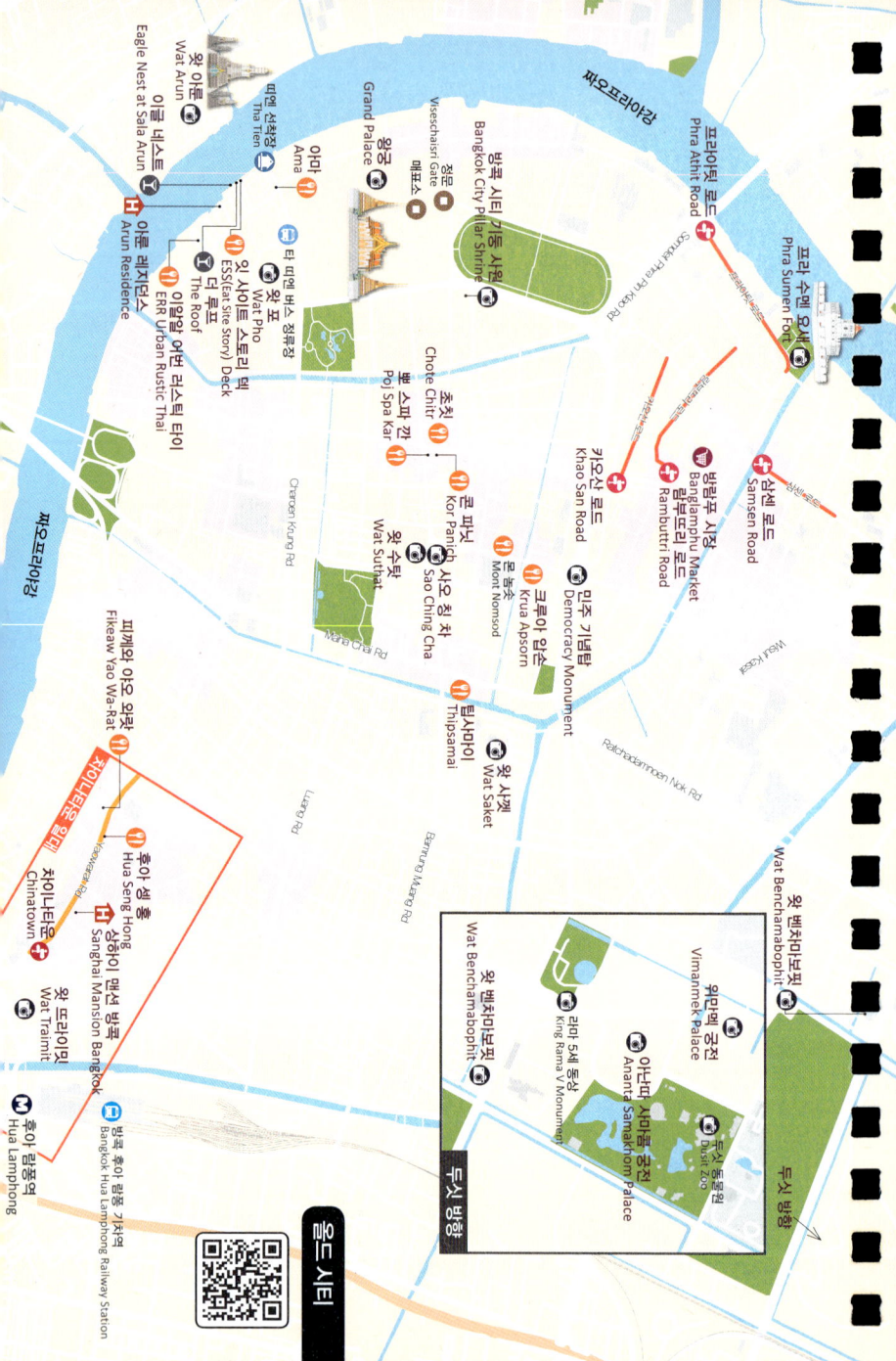

올드 시티 BEST COURSE

대중적인 코스

숙소 → 초칫 → 도보 16분 → 왕궁 → 도보 5분 → 왓 포 → 도보 & 보트 5분 → 왓 아룬 → 도보 & 보트 5분 → 잇사이트 스토리 덱 → 자동차 5분 → 차이나타운 → 자동차 15분 → 카오산 로드 → 도보 10분 → 나이 소이 → 도보 8분 → 어드히어 더 13th 블루스바 → 도보 4분 → 짬 쭌바 앤 비스트로

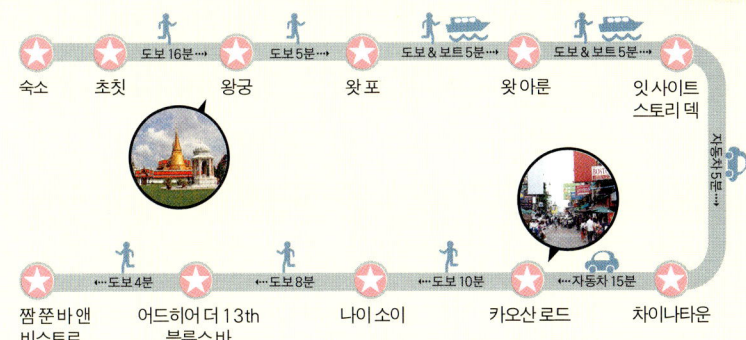

태국의 현 왕조 짜끄리 왕조의 출발점

왕궁 Grand Palace [프라라차왕]

주소 Na Phra Lan Rd, Phra Nakhon **위치** ❶ 44번, 47번, 82번, 123번, 201번, 503번 버스 탑승 후 사남 루앙(Sanam Luang) 정류장 하차 후 도보 1분 ❷ 수상 버스 창 선착장(Tha Chang)에서 도보 3분 ❸ (BTS 실롬 선) 내셔널 스타디움(National Stadium)역 근처 마분콩 센터에서 47번 버스로 27분 **시간** 8:30~16:30(15:30 입장권 판매마감) **휴무** 1월 1일, 송끄란 축제 기간, 8월 12일, 12월 5일 **요금** 500밧 **홈페이지** www.royalgrandpalace.th/th/home **전화** 02-623-5500

지금의 태국을 만든 현 왕조인 짜끄리 왕조를 연 라마 1세가 1782년에 지은 왕궁이다. 짜끄리 왕조가 세워진 시기에는 많은 전쟁이 있었는데, 그중 가장 위협적이었던 버마(지금의 미얀마)의 침입과 공격을 막고 왕조의 번영을 위해 섬 라따나꼬신으로 왕궁을 지어 수도를 옮기면서 찬란한 역사가 시작됐다. 태국을 대표하는 명소로 화려하게 치장된 황금빛 외관과 거대한 황금 동상, 건축물로 가득한 이곳은 새로운 라마(국왕)가 등극할 때마다 재건축하거나 보수, 확장해 더 화려하고 거대한 왕궁의 모습에 이르고 있다. 정문을 지나 내부로 들어가면 황금 탑과 에메랄드 불상, 화려한 벽화 등으로 눈길을 사로잡는 국왕의 제사를 치르는 왕실 수호 사원인 왓 프라깨오와 라마 8세까지 머물렀던 왕궁, 왓 프라깨오 박물관까지 짜끄리 왕조의 과거와 현재의 모습을 만날 수 있다. 신성시되는 곳인 만큼 복장에 주의해야 한다. 반바지, 민소매, 찢어진 청바지는 물론 복숭아뼈가 보이는 하의(치마 등)나 신발(슬리퍼 등) 등 노출이 심한 옷은 절대 금지다. 정문을 지나 바로 나오는 복장 검사대에서 여권과 200밧의 보증금을 내면 옷 대여가 가능하니 부득이하게 복장을 갖추지 못했다면 옷을 대여해 입장하도록 하자. 매일 10시, 10시 30분, 13시 30분, 14시에 무료 영어 가이드 안내도 운영하고 있으며, 입장권을 구매하면 왕궁 입장권은 물론 바로 옆에 있는 왕실 의장 & 동전 박물관 입장권과 근처에 있는 위만멕 궁전과 아난따 사마콤 궁정 입장권을 함께 주니 시간 여유가 된다면 네 곳 모두 방문해 보도록 하자. 주의할 것은 구매한 입장권은 7일 이내에 사용해야 한다.

> **TIP 에메랄드 불상의 비화**
>
> 1434년 태국 북쪽 치앙라이에 있는 작은 사원에서 발견된 에메랄드 불상은 태국 북부 치앙마이에서 보관했었다. 그 후 치앙마이가 수도인 란타나이 왕국에 라오스 루앙프라방 지역을 다스리던 차이체타 왕이 추대되고 선왕의 서거 소식에 1551년에 돌아가면서 228년간을 라오스 왕궁 사원에 보관됐다. 1564년 비엔티안으로 옮겨진 불상은 1,777년 톤부리 왕조의 마지막 왕인 딱신 왕이 짜끄리 장군(라마 1세)을 시켜 라오스 비엔티안을 점령하고 전리품으로 불상을 반출해 태국으로 돌아오게 됐다. 에메랄드 불상은 1779년 톤부리 왕조의 왕궁 사원인 왓 아룬Wat Arun에서 모시다 버마에 의해 멸망하면서 짜끄리 장군에 의해 시작된 짜끄리 왕국이 1784년에 세운 왓 프라깨오Wat Phra Kaew에 안착하게 됐다. 태국 국보 1호로 지정된 에메랄드 불상은 국왕과 왕세자를 제외하고는 누구도 만질 수 없는 귀한 보물이다. 참고로 이름만 들으면 에메랄드로 만든 불상이라 생각하겠지만 사실 푸른빛을 띠는 옥으로 만들어진 불상이다.

📷 **스페셜 가이드 왕궁 관람 코스**

정문 ➔ 왕실 의장 & 동전 박물관 ➔ 왓 프라깨오 ➔ 프라 마하 몬티안 ➔ 짜끄리 궁전 ➔ 두싯 궁전 ➔ 왓 프라깨오 박물관 ➔ 정문

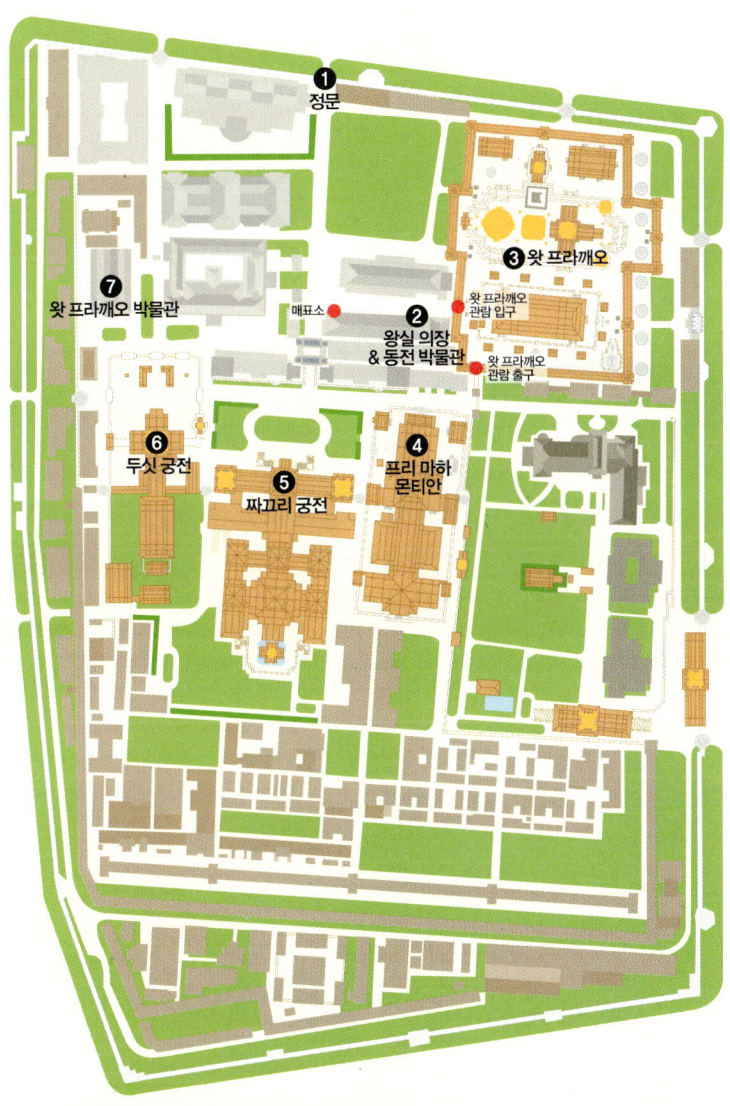

❶ 정문
❷ 왕실 의장 & 동전 박물관
❸ 왓 프라깨오
❹ 프리 마하 몬티안
❺ 짜끄리 궁전
❻ 두싯 궁전
❼ 왓 프라깨오 박물관

매표소
왓 프라깨오 관람 입구
왓 프라깨오 관람 출구

📷 왕궁 관람 규정

사진 촬영 금지 / 비디오 촬영 금지 / 소음 금지 / 애완동물 동반 금지 / CCTV 촬영중 / 복장 규정

긴팔·반팔 소매 허용 / 배꼽티, 민 소매 출입 금지 / 긴 바지, 긴 치마 허용 / 7부 바지, 반바지 출입 금지 / 스카프 금지 / 레깅스, 짧은 치마 출입 금지

정문
Viseschaisri Gate

왕궁에는 여러 개의 문이 있다. 관광객 입장은 광장인 사남루앙Sanam Luang이 있는 나프라란 거리Na Phra Lan Road에 있는 정문을 이용해야 한다. 정문으로 들어가면 매표소 전 복장 검사대에서 옷 대여가 가능하다.

왕실 의장 & 동전 박물관
Royal Thai Decorations and Coin Pavilion

매표소 바로 옆에 있는 박물관으로, 태국 왕조의 휘장, 의복을 비롯해 동전 등 짜끄리 왕조의 다양한 물품이 전시돼 있다. 실내는 사진촬영이 금지니 주의하자.

왓 프라깨오 Wat Phra Kaew

에메랄드 사원Emerald Temple이라고도 불리는 곳으로, 라마 1세에 만들어진 왕실 수호를 목적으로 한 불교 사원이다. 휘황찬란한 황금빛으로 가득해 눈이 휘둥그레지는 이곳은 국왕의 제사와 왕국의 평온을 기원하러 많은 현지 순례자와 관광객이 찾고 있다. 왓 프라깨오 입구에서부터 왼쪽에 있는 황금 탑인 프라 시 라따나 체디Phra Si Ratana Chedi를 시작으로 에메랄드 불상Phra Kaew, 벽화The

Murals 등 시계 방향으로 돌아보면 어렵지 않게 왓 프라깨오 전체를 둘러볼 수 있다.

프라 마하 몬티안
Phra Maha Monthian

라마 1세에 의해 1785년 공사를 시작해 완성된 공간으로, 과거 국왕이 주거했던 프라 티낭 차끄라팟 피만Phra Thinang Chakraphat Phiman을 중심으로 내빈실, 행사홀 등 국왕의 집무와 대외 활동을 할 수 있는 공간으로 구성돼 있다. 지금은 국왕의 대관식 등 왕국의 중요 행사를 진행하는 장소로 이용된다.

짜끄리 궁전
Phra Thinang Chakri Maha Prasat

태국 전통 양식과 영국 건축가의 19세기 유럽풍 디자인이 가미돼 지어진 궁전이다. 총 9개의 대형 홀과 여러 개의 작은 홀로 구성됐다. 라마 5대 국왕인 쭐랄롱꼰이 1868년에 시작해 짜끄리 왕조 100주년이 된 1882년에 완성했다. 라마 5세부터 8세까지 국왕이 공식적으로 주거했던 곳으로 지금은 왕실의 중요 행사나 국빈 & 대사 접견, 국제적인 행사 때만 이용하고 있다.

두싯 궁전
Phra Thinang Dusit Maha Prasat

왕궁에서 가장 오래된 건물에 포함된 공간으로, 왕궁 내 3개의 궁전 중 유일하게 옛 건축 양식 중심으로 지어졌다. 1789년 라마 1세가 세운 궁전으로, 의식과 주거로 나뉘는 홀을 중심으로 사리 탑과 회의실, 접견실과 역대 왕들의 대관식과 국왕이 죽으면 화장을 하기 전 조문을 받고 장례를 치루는 장소 등으로 구성돼 있다. 다른 두 궁전에 비해 사용은 적으나 왕국의 중요 행사에 사용하고 있다.

왓 프라깨오 박물관
Museum of the Emerald Buddha Temple

짜끄리 왕조 200주년을 기념해 박물관으로 사용하고 있는 곳이다. 왕궁과 에메랄드 사원의 주요 물품을 보관하고 공개하는 곳으로, 불상을 비롯해 왕족의 귀한 물건이 전시돼 있다.

스페셜 가이드 왓 프라깨오

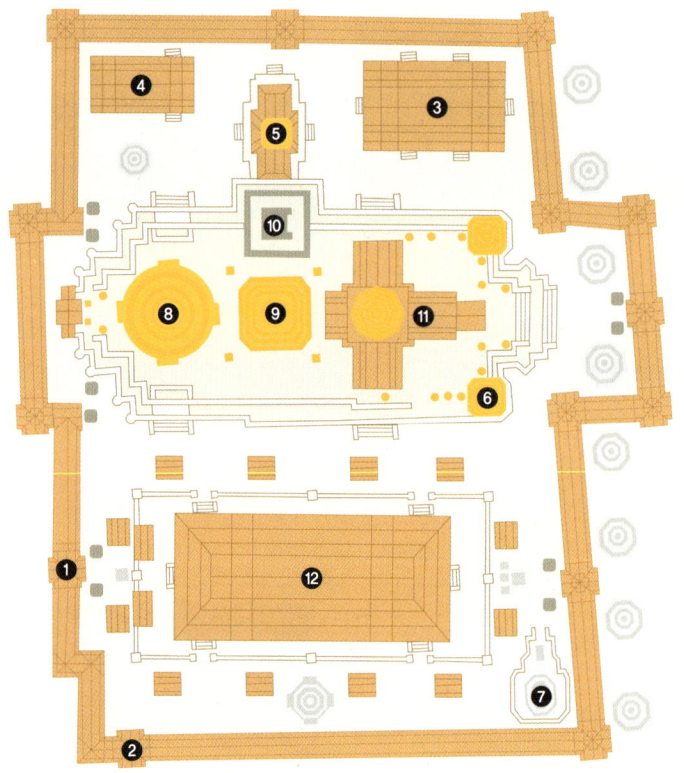

❶ 매표소에서 왓 프라깨오로 연결되는 입구
❷ 왓 프라깨오에서 다음 장소인 몬티안으로 이어지는 출구
❸ 호 프라 몬티안 탐Ho Phra Monthian Tham (불교 경전을 보관 - 미공개)
❹ 호 프라 낙Ho Phra Nak 왕족 영묘(유골 보관소 - 미공개)
❺ 프라 사웻 꾸다칸 위 욧Phra Sawet Kudakhan Wihan Yot (13세기 수코타이 왕조의 제3대 왕 람캄행 석상과 아유타야 왕조 신상을 가져와 만든 불상을 모신 곳 - 미공개)
❻ 두 개의 황금 체디Two Golden Chedis (라마 1세가 부모를 위해 세운 범종 형태의 황금 탑)
❼ 호 프라 칸타라랏Ho Phra Khanthararat (1783년에 만들어진 간다라 불상을 모신 곳. 농사 풍작을 기원)

❽, ❾, ❿, ⓫, ⓬ 오른쪽 표 참고

⑧ 프라 시 라따나 체디 (Phra Si Ratana Chedi)

범종 형태의 황금빛 사리 탑. 1855년 라마 4세에 의해 세워진 탑으로, 내부에는 부처님 사리와 불탑을 모셔 놓았다.

⑨ 프라 몬돕 (Phra Mondop)

라마 1세 때 지어진 왕실 도서관으로, 불경 등 중요 문서를 보관했던 곳이다.

⑩ 미니 앙코르와트 (Model Angkor Wat)

지금의 캄보디아에 있는 앙코르와트를 자신의 왕궁으로 옮겨 오려 했던 라마 4세에 의해 만들어진 모형으로, 갑작스럽게 사망한 라마 4세에 이어 라마 5세인 쭐라롱꼰이 완성했다.

⑪ 프라삿 프라 텝 비돈 (Prasat phra Thep Bidon)

라마 1대부터 역대 국왕의 동상을 모시는 곳으로, 매년 4월 6일인 왕조 기념일만 내부를 공개한다.

⑫ 대경전 & 에메랄드 불상 (Phra Ubosot & the Emerald Buddha)

태국에서 가장 신성시하는 프라깨오 불상(Phra Kaew, 에메랄드 불상)을 모시는 곳이다. 대경전은 라마 1세가 만들었는데 가장 크고 화려하다. 또한 매우 경건하고 신성한 장소이다 보니 사진 촬영이 금지다. 국왕의 수호신으로 여겨지는 에메랄드 불상은 국왕과 왕세자를 제외한 누구도 만질 수 없으며, 1년에 여름, 우기, 겨울 3번만 국왕이 직접 동상의 옷을 바꾸어 입히는 성스러운 의식을 치른다.

안정과 평온 & 행운과 명성을 기도하는 사원
방콕 시티 기둥 사원 Bangkok City Pillar Shrine ศาลหลักเมืองกรุงเทพมหานคร

주소 2 Lak Muang Rd, Phra Nakhon **위치** ❶ 44번, 47번, 82번, 123번, 201번, 503번 버스 탑승 후 사남 루앙(Sanam Luang) 정류장 하차 후 도보 2분 ❷ 수상 버스 창 선착장(Tha Chang)에서 도보 7분 ❸ (BTS 실롬선) 내셔널 스타디움(National Stadium)역 근처 마분콩 센터에서 47번 버스로 27분 **시간** 7:00~18:00 **요금** 무료 **전화** 02-280-3445

짜끄리 왕조를 세운 라마 1세가 왕궁을 지어 수도를 옮기면서 이를 기념하기 위해 세운 기둥 사원이다. 높이 3m의 기둥이 우뚝 서 있는 사원이며, 왕궁 바로 맞은편에 위치해 올드 시티 내 신성하고 장엄한 사원 중 하나다. 내부에는 두 개의 기둥이 서 있는데, 아카시아 나무에 금박을 입힌 두 기둥 중 작은 건 천도를 기념하기 위해 심어진 기둥이고, 남은 하나는 라마 4세가 사원을 보수하면서 안정과 평화를 기원하기 위해 심어진 기둥이다. 1982년 짜끄리 왕조 200주년 행사 기념으로 방콕의 수호신인 크라 락 무앙을 포함한 5개 수호신을 모시기 위해 아치를 추가

했다. 이곳에서 기도하면 번영과 성취를 이루고 불행을 피하며 행운과 명성을 얻을 수 있다 믿어 사원을 찾아 소원을 비는 사람들을 자주 볼 수 있다.

새벽 사원으로 유명한 옛 왕궁 사원
왓 아룬 Wat Arun

주소 158 Wang Derm Street, Wat Arun, Bangkok Yai **위치** ❶ 수상 버스 띠엔 선착장(Tha Tien)에서 크로스 리버 페리(Cross River Ferry)로 왓 아룬행 수상 버스 탑승 후 바로 연결 **시간** 8:30~17:30 **요금** 50밧 **홈페이지** www.watarun.org **전화** 02-891-2185

왕궁 건너편 짜오프라야 강변Chao Phraya River에 위치한 사원이다. 지금 태국의 왕조인 짜끄리 왕조 바로 이전이었던 톤부리 왕조의 마지막 왕인 딱신 왕이 아유타야 시대에 건립한 사원을 재건해 왕궁 사원으로 사용했던 곳이다. 10밧 동전에 새겨질 정도로 태국을 상징하는 사원 중 하나다. 현 왕궁 내에 위치한 왓 프라깨오Wat Phra Kaew 대성전에 있는 에메랄드 불상Phra Kaew을 모셔놓았던 곳이다. 새벽 일출 빛이 사원의 벽면에 붙은 도자기 조각들에 반사돼 아름다운 풍경을 만날 수 있다 하여 새벽 사원이라는

이름이 붙게 됐다. 내부 상층에는 세 개의 머리를 가진 힌두의 코끼리 신 에라완과 안드라상이 안치돼 있다.

저렴한 가격대를 자랑하는 로컬 식당
아마 Ama

주소 270-272 Maha Rat, Phra Nakhon **위치** 수상 버스 띠엔 선착장(Tha Tien)에서 도보 1분 **시간** 10:00~17:30 **가격** 130밧~(1인)

수상 버스 띠엔 선착장Tha Tien 초입에 위치한 로컬 식당이다. 태국 가정식 요리 전문점으로, 저렴한 가격으로 깔끔하고 맛 좋은 한 끼 식사를 해결할 수 있다. 규모가 크지 않아 점심시간대에는 약간 기다려야 하는 로컬 식당으로, 왕궁을 둘러보고 걸어와 왓 포 방문을 계획한다면 이곳에서 간단히 배를 채우고 입장하길 추천한다.

짜오프라야강 야경을 보며 식사를 즐길 수 있는 곳
잇 사이트 스토리 덱 ESS(Eat Site Story) Deck

주소 270-272 MahaRat Rd, Phra Nakhon **위치** 수상 버스 띠엔 선착장(Tha Tien)에서 도보 5분 **시간** 11:00~22:00(월~목), 11:00~23:00(금~일) **가격** 120밧~(맥주), 200밧~(태국 음식), 270밧~(피자) **전화** 02-622-2163

짜오프라야 강변 바로 옆에 위치한 퓨전 요리 전문점이다. 강 맞은편 왓 아룬Wat Arun(새벽 사원)과 짜오프라야강의 로맨틱한 일몰과 야경을 보며 식사할 수 있는 곳이다. 세계 각국의 골동품을 이용한 빈티지한 분위기에 태국 전통 음식과 퓨전 음식을 비롯해 피자, 파스타 등 다양한 메뉴가 준비돼 있다.

일몰 장소로 유명한 루프톱 바
더 루프 THE ROOF

주소 39 MahaRat Rd, Phra Nakhon **위치** 수상 버스 띠엔 선착장(Tha Tien)에서 도보 5분 **시간** 17:30~23:00 **가격** 140밧(생맥주), 290밧~(칵테일), 120밧(주스), 199밧(간단한 안주 세트) **홈페이지** www.salaresorts.com/rattanakosin/dine/rooftop **전화** 02-622-2163

부티크 호텔 살라 라따나꼬신 레스토랑 앤 바인 이터리 앤 바EATERY AND BAR에서 연결되는 루프톱 바. 탁 트인 공간에 맥주, 칵테일, 와인과 가벼운 스낵을 즐기며 짜오프라야강의 일몰과 야경을 즐길 수 있다. 호텔에서 운영되지만 가격이 괜찮아 부담 없이 로맨틱한 시간을 보낼 수 있는 곳이다. 강 근처이고 테이블 주변으로 화단이 있어 모기가 많으니 참고하자.

새벽 사원 왓 아룬을 마주 보고 있는 루프톱 바
이글 네스트 Eagle Nest at Sala Arun

주소 47-49 Soi Phen Pi Marn, MahaRat Rd, Phra Nakhon **위치** 수상 버스 띠엔 선착장(Tha Tien)에서 도보 6분 **시간** 17:00~24:00(월~목), 17:00~다음 날 1:00(금~일) **가격** 240밧~(칵테일), 120밧~(간단한 안주) **전화** 02-622-2932

살라 아룬 호텔의 루프톱에 위치한 레스토랑 앤 바. 원형 테이블에 다소 높은 의자가 준비돼 있는 클래식한 분위기에 간단한 음식과 각종 주류, 안주를 판매한다. 조금은 여유롭게 짜오프라야강의 일몰과 야경을 즐길 수 있는 공간으로, 호텔 1층에는 일몰과 야경을 즐기며 식사할 수 있는 인기 다이닝 레스토랑 비터 덱Bitter Deck도 있으니 참고하자. 추가로 살라 아룬 호텔Sala Arun Hotel 건물은

주변 건물과 비교했을 때 왓 아룬Wat Arun(새벽사원)을 가장 정면으로 마주한다.

15m 크기의 불상이 누워 있는 불교 사원
왓 포 Wat Pho วัด โพธิ์

주소 2 Sanamchai Rd, Phra Nakhon **위치** ❶ 1번, 25번, 32번, 44번, 91번, 508번 버스 탑승 후 타 띠엔(Tha Tien) 정류장 하차 후 바로 ❷ 수상 버스 창 선착장(Tha Chang)에서 도보 2분 ❸ (BTS 수쿰윗/실롬 선) 시암(Siam)역 버스 정류장에서 508번 버스로 20분 **시간** 8:00~18:30 **요금** 200밧(입장료), 260밧(마사지; 1시간), 280밧(발 마사지; 30분) **홈페이지** www.watpho.com **전화** 02-226-0335

태국 왕실 사원 중 가장 큰 규모와 가장 높은 등급으로 분류되는 불교 사원. 태국 최초의 대학이 생긴 곳이자 라마 1세의 유골 일부가 안치돼 있는 곳으로, 거대한 크기의 와불상으로 유명하다. 1688~1703년 아유타야 시대에 처음 건립된 이곳은 버마의 침략으로 부서졌는데 이후 라마 1세가 복원해 본당을 세우고 아유타야, 수코타이 시대의 불상들을 모셔와 안치하면서 왕실 사원의 모습을 갖추었다. 이후 1832년부터 1848년까지 약 16년 7개월 동안 라마 3세가 사원을 재보수하고 확장하면서 길이 46cm, 높이 15m의 엄청난 크기의 와불상을 제작했다. 사원 서쪽에 있는 불당에 안치돼 있는 와불상은 오른팔로 기대어 편안하게 누운 석가모니가 열반에 들기 직전의 모습을 표현한 것이라 한다. 폭 5m, 높이 3m에 이르는 거대한 발바닥에는 자개로 정교하게 장식을 해 놓았는데 이는 인간이 겪는 108 번뇌와 삼라만상을 의미한다. 와불상 옆 바닥에는 108개의 청동 그릇이 있는데, 여기에 동전을 넣으면 행운이 온다고 한다. 사원 내부에는 4개의 거대한 불탑 프라 체디 라이Phra Chedi Rai와 91개의 작은 불탑(체디)이 있는데 71개의 불탑 안에는 화장한 왕족의 재와 20개의 불탑에는 부처의 유적이 안치돼 있다. 사원 한쪽 프라 라비앙Phra Rabiang 내부에는 외벽을 따라 394개 황동 불상이 전시돼 있는데, 이 불상들은 아유타야와 수코타이 시대의 불상으로 각기 다른 모습과 특징을 가지고 있다. 사원 한쪽에는 전통 의학 연구를 목적으로 하는 마사지 학교 왓 포 마사지 스쿨이 있는데 태국 전통 의학의 본부이자 교육의 중심지로 태국 마사지 과정을 운영하며 동시에 방문객들을 위한 마사지 센터로 운영하고 있다.

거리 음식을 테마로 한 레스토랑
이알알 어번 러스틱 타이 ERR Urban Rustic Thai

주소 394/35 MahaRat Rd, Phra Nakhon **위치** 수상 버스 띠엔 선착장(Tha Tien)에서 도보 8분 **시간** 11:00~16:00(런치), 17:00~21:00(디너) **휴무** 매주 월요일 **가격** 350밧~(1인) **홈페이지** www.errbkk.com **전화** 02-622-2291

평범하지만 가장 기억에 남는 거리 음식을 선보이는 식당이다. 시원한 맥주 한잔과 어울릴 것 같은 거리 음식에서부터 소박한 가정식 요리까지 다양한 메뉴를 선보인다. 통로 지역에서 핫한 파인 다이닝 레스토랑 '보란Bo.lan'이 야심차게 시작한 식당으로, 지역 농장에서 직접 공수 받은 좋은 재료와 화학 조미료를 최소화해 건강한 자연식을 추구한다. 대부분의 음식은 나무 그릇에 담겨 소박하게 나오는 것도 특징이라면 특징이다. 캐주얼하고 편안한 분위기에 착한 음식을 즐길 수 있다.

망고 찹쌀밥 베스트로 선정된 인기 상점
콘 파닛 Kor Panich ก. พาณิชย์ [꼬 파닛]

주소 431-433 Thanon Tanao, Sao Chingcha, Phra Nakhon **위치** ❶ 수상 버스 창 선착장(Tha Chang)에서 도보 15분 ❷ 왓 수탓에서 도보 6분 **시간** 7:00~18:00(월~토) **휴무** 매주 일요일 **가격** 220밧(망고 찹쌀밥), 35밧~(태국식 디저트) **전화** 02-221-3554

방콕 여행 시 한 번은 맛봐야 할 망고 찹쌀밥 카오니여우마무앙 맛집이다. 방콕 매거진에서 추천하는 방콕 시내 망고 찹쌀밥 베스트 7에 뽑힌 로컬 가게로, 그냥 먹어도 맛있는 쫀득한 찹쌀밥에 잘 익은 망고를 통으로 잘라 올려 포장해 준다. 아주 작은 규모의 가게로 앉아서 먹을 수 있는 테이블도 없지만 반나절 정도 들고 다니다 먹어도 맛있는 찹쌀밥인 만큼 포장해 가거나 공원 등에서 간단히 식사를 해결하는 현지인과 여행자들에게 인기다.

1925년에 문을 연 왕실 요리 전문점
뽀 스파 깐 Poj Spa Kar โภชน์สภาคาร [란 폭 쓰판깐]

주소 443 Thanon Tanao, Sao Chingcha, Phra Nakhon **위치** ❶ 수상 버스 창 선착장(Tha Chang)에서 도보 15분 ❷ 왓 수탓에서 도보 6분 **시간** 10:00~18:30 **가격** 200밧~(1인) **전화** 095-654-9592

방콕에서 현존하는 가장 오래된 곳으로 추정되고 있는 레스토랑이다. 방콕 내 다른 왕실 요리와는 조금 다른 비주얼과 맛으로 유명하다. 인기 메뉴는 레몬그라스 오믈렛 Lemongrass Omelet. 계란에 레몬과 라임을 넣고 기름에 튀겨 칠리 등 소스가 함께 나오는데 바삭하면서도 담백한 맛이 일품이다. 그 외에도 다양한 왕실 요리를 비롯해 똠얌꿍, 카오팟꿍 등 태국 메뉴도 있으니 참고하자. 영어 소통이 잘 안 되는 것이 단점이라면 단점이다.

《뉴욕타임스》 기자가 극찬한 가정식 식당
초칫 ChoteChitr

주소 443 Thanon Tanao, Sao Chingcha, Phra Nakhon **위치** ❶ 수상 버스 창 선착장(Tha Chang)에서 도보 16분 ❷ 왓 수탓에서 도보 7분 **시간** 11:00~22:00 **가격** 250밧~(1인) **전화** 02-221-4082

2대째 가업을 이어 오고 있는 가정식 음식점이다. 테이블이 5개 남짓한 좁은 공간에 가족이 함께 운영하고 있다. 흔히 볼 수 있는 로컬 식당임에도 유명해진 이유는 입소문에 있는데, 태국 현지인과 함께 이곳을 방문한 《뉴욕타임스》 기자가 여행 섹션 기사에 식당 리뷰를 올리면서 세계적으로 유명세를 얻게 되었다. 평범한 태국 요리에 땅콩, 코코넛 등을 가미해 깊고 독특한 맛과 바나나 꽃, 면 튀김 등 독특한 재료를 사용한 것도 이 식당만이 가진 맛과 매력 포인트다. 유명세가 더해지면서 다른 로컬 가격에 비해 약간 비싸졌지만 근처를 지나는 여행자라면 한 번쯤 가 보길 추천한다. 참고로 《뉴욕타임스》 기자가 괜

찮다고 평가한 음식은 바나나 꽃을 넣고 코코넛 밀크가 부어진 바나나 꽃 샐러드 Banana Flower Salad와 튀긴 국수 면 위에 닭고기, 해산물 등을 올리고 소스를 부어 먹는 스위트 앤 스파이시 프라이드 누들 Sweet and Spicy Fried Noodles이다.

수코타이 시대 불상을 모셔 놓은 왕실 사원과 대형 그네

왓 수탓 앤 사오 칭 차 Wat Suthat & Sao Ching Cha [왓수탓 래 싸오칭차]

주소 144 Bamrung Muang Rd, Khwaeng Wat Ratchabophit, Phra Nakhon **위치** 수상 버스 창 선착장 (Tha Chang)에서 508번 버스로 6분 **시간** 9:00~17:00 **요금** 20밧

방콕 내 10대 왕실 사원 중 하나로 태국 내 약 4만 개 사원 중 1등급 First Class 사원 중 하나다. 수코타이 시대에 만든 석가모니 불상을 모시기 위해 지은 사원으로 라마 1세가 공사를 시작해 27년 뒤 라마 3세가 완공했다. 내부에는 타이 족 최초로 통일 국가를 이룬 수코타이 시대인 14세기에 만든 청동 불상인 높이 8m, 폭 6.25m 크기의 불상 프라 시 사카무니 Phra Si Sakyamuni와 전국에서 모셔 온 약 150개가 넘는 황금 부처상으로 가득하고 불상 아래에는 라마 8세의 유골이 안치돼 있다. 또한 부처의 전생을 묘사한 벽화와 외부에는 중국에서 가져온 동상까지 많은 볼거리가 준비돼 있다. 1959년 화재로 일부가 훼손돼 복원 과정을 거쳤지만 200년이 넘는 시간 동안 잘 보존된 역사적인 장소로 방콕을 방문하는 여행자는 물론 현지인들도 자주 찾는 방콕 명소이자 사원으로 자리 잡았다. 왓 수탓 입구에는 우뚝 서 있는 높이 30m의 붉은색 기둥을 볼 수 있는데, 라마 1세의 명에 의해 세워진 '대형 그네'라는 뜻을 가진 '사오 칭 차 Sao Ching Cha'다. 불교에 앞서 고대 인도에서 경전인 베다 신앙을 중심으로 발달된 브라만교의 창조와 파괴의 신인 시바 Shiva를 맞이하기 위한 연례행사를 위해 사용됐다. 안전상의 이유로 폐지되기 전까지 실제 행사에 사용된 건축물로 몇 차례 재건축을 통해 2006년 12월 그네 틀만 남아 있는 지금의 형태로 재건을 완성했다. 참고로 최초로 지어진 건축물의 목재는 방콕 국립 박물관에 보존돼 있다. 사오 칭 차 인근 거리에는 불교 용품을 판매하는 상점들이 밀집해 있으니 참고하자.

부처님의 유품을 모셔 놓은 황금빛 체디가 있는 곳
왓 사껫 Wat Saket [왓 싸껫]

주소 344 Avenue Rd, Emperor Pong Ban Bat, BangRak **위치** 8번, 15번, 37번, 47번, 49번 버스 탑승 후 푸카오텅(ภูเขาทอง) 정류장 하차 **시간** 8:00~19:00 **요금** 20밧 **전화** 02-621-0576

황금산The Golden Mount이라 불리는 인공 언덕인 푸 카오 통 내부에 위치한 불교 사원이다. 석가모니의 유품을 봉납하기 위해 체디Chedi 건립을 결정한 라마 3세에 의해 지어진 사원으로, 당시에는 방콕의 토양이 무거운 체디의 무게를 지탱하지 못해 무너져 완성을 하지 못했다. 무너진 모양이 언덕 모양으로 자리를 잡아 푸 카오(Phu Khao, 산)라 불리는 이곳에 라마 4세와 작은 체디를 건설했고, 다음 왕인 라마 5세에 와서 지금의 모습으로 완성해 황금빛 체디 푸 카오 통Chedi Phu Khao Thong에 스리랑카에서 가져온 부처의 유품을 모셔 놓았다. 높은 인공 언덕 위에 우뚝 솟아 오른 황금빛 체디가 인상적인 곳으로 높은 곳에서 방콕 시내를 담을 수 있는 사진 포인트이자 야경 포인트로 유명하다. 매년 11월 첫째 주에는 촛불과 연등을 들고 행렬하는 불교 행사가 열리니 참고하자.

포장마차 분위기의 팟타이 전문점
팁사마이 THIPSAMAI [팁싸마이]

주소 313-315 Mahachai Rd, Samran Rat, Pharnakhon **위치** 수상 버스 창 선착장(Tha Chang) 하차 후 왕궁 앞 버스 정류장에서 508번 버스 탑승 뒤 더 자이언트 스윙(The Giant Swing) 정류장 하차 후 도보 4분 ❷ 수상버스 창 선착장(Tha Chang) 하차 후 왕궁 앞 버스 정류장에서 47번, 82번, 503번 버스 탑승 후 민주 기념탑 정류장에서 하차 뒤 도보 8분 **시간** 17:00~다음 날 2:00 **가격** 60밧~(1인) **홈페이지** www.thipsamai.com/public **전화** 02-226-6666

1996년 문을 열어 지금까지도 명성을 얻고 있는 팟타이 전문점. 우리로 치면 야외 테이블을 놓고 운영되는 포장마차 같은 곳이다. 넓은 야외 테이블에서 주문과 동시에 다양한 재료를 넣고 볶은 팟타이를 즐길 수 있다. 여행자들 사이에서 가장 현지의 맛과 분위기를 느낄 수 있는 식당으로 알려졌으며 해산물을 비롯해 기호에 맞는 재료가 들어간 다양한 팟타이를 저렴한 가격에 즐길 수 있어 인기가 많다.

현지인들이 추천하는 로컬 식당
크루아 압손 Krua Apsorn [크루아압쏜]

주소 169 Dinso Road, Wat Bowon Niwet, Phra Nakhon **위치 ①** 수상 버스 창 선착장(Tha Chang) 하차 후 왕궁 앞 버스 정류장에서 47번, 82번, 503번 버스 탑승 뒤 민주 기념탑 정류장에서 하차 후 도보 1분 **②** 카오산 로드에서 도보 7분 **시간** 10:30~20:00 **가격** 150밧~(1인) **홈페이지** www.kruaapsorn.com **전화** 080-550-0310

《뉴욕타임스》를 비롯해 각종 언론 매체에 소개된 로컬 맛집이다. 현지인들이 추천하는 인기 맛집으로 더 유명하다. 수십 종에 달하는 태국 음식을 값싼 가격으로 즐길 수 있다. 가격도 좋지만 이 집의 포인트는 깊고 담백한 맛이다. 많은 매체에서 소개할 정도로 맛은 인정받은 곳이니 참고하자.

태국 방콕 올드 시티의 랜드마크
민주 기념탑 Democracy Monument [아누싸우리 쁘라차팁빠따이]

주소 Ratchadamnoen Klang Rd, Banglumphu **위치** (BTS 수쿰윗 선) 랏차테위(Ratchathewi)역에서 2번, 59번, 60번, 79번, 511번, 556번 버스 탑승 후 민주 기념탑(Democracy Monument) 정류장 하차 뒤 바로 **시간** 24시간 개방 **요금** 무료

방콕 올드 시티의 중심 거리 타논 랏차담는 끄랑Thanon Ratchadamnoen Klang 중간에 위치한 탑이다. 높이 24m의 4개 탑이 둘러싸고 있는 이곳은, 1932년 6월 24일 절대 왕정이 붕괴되고 헌법을 제정하면서 설립된 민주 혁명을 기념하기 위해 세운 기념탑이다. 탑 중간에는 민주 혁명을 위해 희생된 이들을 기리는 위령탑이 위치해 있고, 주변으로 기념일인 6월 24일을 상징하는 4개의 탑이 세워져 있는데, 탑 아래에는 민주 혁명을 이끌었던 인민당의 행적이 묘사돼 있다. 방콕을 대표하는 랜드마크로 국가의 주요 행사

가 열리면 행사의 중심이 되는 심장부 역할을 하고 있다. 참고로 태국어로는 '아누싸우리 쁘라차팁빠따이'로 불린다.

배낭여행자들의 성지이자 베이스캠프
카오산 로드 Khao San Road

주소 Khaosan Rd, Talat Yot, Phra Nakhon **위치** 15번, 30번, 33번, 47번, 51번, 65번, 82번 버스 탑승 후 방룸뿌(Banglumpu) 정류장 하차 뒤 도보 2분

배낭여행자의 성지이자 태국 여행의 메카로 불리는 카오산 로드. 설명이 필요 없을 정도로 유명한 방콕 대표 거리로 게스트 하우스, 여행사, 로컬 식당, 마사지 숍을 비롯해 왕궁, 국립 박물관, 민주 기념관 등 올드 시티의 주요 명소와 가까이 있다. 배낭족들의 베이스캠프답게 저렴한 물가와 편안한 분위기가 이곳만의 매력이다. '카오산 로드에 가 보지 않았다면 방콕 여행을 한 것이 아니다'라는 말이 있을 정도로 숙소가 이곳이 아니더라도 한 번쯤은 가 보게 되는 곳이기도 하다. 카오산 로드만 소개해도 책 한 권이 될 정도로 많은 인기 스폿이 밀집해 있으니 살펴보고 방문해 보길 추천한다.

> **TIP** 카오산 로드에는 상당히 많은 환전소가 있다. 달러를 포함한 유로, 주변 국가 화폐의 환전은 쉽지만 우리의 원화는 받아 주는 곳이 거의 없다. 현지에서 환전을 할 여행자는 달러를 챙겨 가고, 환전소마다 소폭의 환율 차이가 있으니 2~3곳 정도는 비교해 보고 이용하도록 하자.

카오산 로드 상세 지도

Phra Sumen Rd

동해
Donghae

Chakrabongse Rd

찌라 옌따포
Jira Yentafo

Thanon Tani

매직 타이푸드 바이 맥스
Magic Thaifood by Max

방람푸 마켓
Banglamphu Market

슬립 위드 인 방콕
Sleep With Inn Bangkok

그린 하우스
Green House

람부뜨리 로드
Ram Butri Rd

경찰서
Police Station

똠얌꿍
Tom Yum Kung

람부뜨리 로드 Ram Butri Rd

빠이 스파
Pai Spa

슈퍼플로우 비치 클럽 방콕
Superflow Beach Club Bangkok

테이스트 오브 인디아
Taste of India

히피 드 바
Hippie De Bar

더 클럽
The Club

수지 웡즈 비어즈 앤 번즈
Susie Wong's Beers and Buns

라니스
Ranee's

카오산 센터
Khao San Center

카오산 로드 Khao San Rd

브릭 바
Brick Bar

Thanon Tanao

시암 마사지
Siam Massage

Soi Dam Noen Klang Nuea

루암
Ruamm

카오산 로드
Khao San Rd

Ratchadamnoen Klang Rd

카오산 로드 레스토랑

수지 웡즈 비어즈 앤 번즈
Susie Wong's Beers and Buns

주소 136 Soi Ram Butri, Talat Yot, Phra Nakhon **시간** 10:00~다음 날 3:00 **가격** 110밧~ **전화** 087-801-9999

카오산 로드 맥도날드 근처 나나 플라자 인Nana Plaza Inn 맞은편 수지 워킹 스트리트Susie Walking Street 골목에 위치한 샌드위치 전문점이다. 갓 구운 빵에 다양한 재료와 소스를 넣어 마무리한 샌드위치를 메인 메뉴로 판매하는 곳이다. 동남아 특유의 식재료가 더해져 어색하면서도 꽤 괜찮은 맛을 자랑한다. 거의 모든 메뉴에 고수가 들어가니 참고하자.

테이스트 오브 인디아
Taste of India

주소 2F 115-117 Khaosan Rd, Talat Yot, Phra Nakhon **시간** 12:00~24:00 **가격** 120밧~(에피타이저), 150밧(치킨 커리), 70밧~(라씨) **전화** 02-282-8703

우리의 입맛에도 잘 맞는 인도 음식 전문점이다. 한국에서도 쉽게 볼 수 있는 현지인이 운영하는 인도 식당으로, 탄두리 치킨을 비롯해 다양한 인도 음식을 즐길 수 있다. 위치는 카오산 로드 중간에 있는 더 클럽The Club 바로 옆 건물 2층이다. 탄두리 치킨 등 요리류를 제외하고는 간단하게 요기할 수 있는 메뉴들의 가격대가 괜찮다.

똠얌꿍 Tom Yum Kung

주소 9 Khaosan Rd, Talat Yot, Phra Nakhon **시간** 11:00~24:00 **가격** 200밧~(1인) **전화** 02-629-1818

오래된 가옥 마당에 유럽풍 인테리어로 장식해 놓은 캐주얼 레스토랑이다. 여행자에게도 유명하지만 현지 20~30대에게도 유명한 태국 음식 전문점이다. 기대 이상의 편안한 분위기에서 다양한 음식을 맛볼 수 있다. 인기 메뉴는 가게 이름과 동일한 똠얌꿍. 그 외의 메뉴는 특별히 맛있다 추천할 정도의 메뉴는 없지만 무난하다. 아쉬운 점은 로컬 숍에 비해 가격이 비싼 편. 야외 테이블로 선풍기에 의존해야 하니 더운 날씨에는 피하자.

라니스 RANEE'S

주소 9 Chakrabongse Rd, Khwaeng Talat Yot, Phra Nakhon **시간** 11:30~24:00 **가격** 100밧~(1인)
전화 085-065-6388

게스트 하우스로 운영되고 있는 건물 정원에 마련된 레스토랑이다. 태국 음식과 채식주의자를 위한 메뉴, 유럽식 브런치 메뉴가 주를 이룬다. 꽤 괜찮은 장소에 저렴한 가격대, 양도 푸짐해 배낭족에게는 한 번쯤 들르게 되는 식당이다. 태국 음식은 약간 퓨전에 가까우니 참고하자.

매직 타이푸드 바이 맥스 Magic THAIFOOD by MAX

주소 225 Ram Buttri, Talat Yot, Phra Nakhon **시간** 11:00~23:00 **가격** 120밧~(1인) **전화** 081-234-2922

매일 마술 공연을 펼치는 로컬 식당이다. 저렴한 가격대의 가정식과 간단하게 즐길 수 있는 안주류까지 마련돼 있으며, 가볍게 맥주 한잔 하며 끼니를 때우려는 여행자들이 주를 이룬다. 이 가게의 특징은 마술을 좋아하는 주인장 맥스Max가 자리에 앉으면 한 번쯤 테이블에 와서 마술을 선보인다고 한다.

그린 하우스
Green House

주소 84 Ram Buttri, Talat Yot, Phra Nakhon **시간** 7:00~다음 날 1:00 **가격** 140밧~(1인) **전화** 02-281-4293

호스텔 그린 하우스에서 운영하는 식당이다. 제법 규모가 큰 레스토랑이며, 세계 각국의 음식을 판매한다. 특별하다 이야기할 정도의 특징은 없지만 깔끔하고 가격과 맛이 무난하며 분위기가 좋아 간단한 식사나 맥주 한잔 하기엔 꽤 괜찮은 곳이다.

찌라 옌따포 Jira Yentafo จิระเย็นตาโฟ

주소 118 Chakrabongse Rd, Talat Yot, Phra Nakhon **시간** 8:00~15:00 **휴무** 매주 수요일 **가격** 60밧(국수 스몰), 70밧(국수 라지), 70밧(수제 어묵)

각종 어묵이 고명으로 올라가는 국수 전문점이다. 주문과 동시에 만들어지는 이곳 국수는 면부터 육수까지 입맛에 맞게 선택할 수 있다. 진한 육수인 오리지널과 구운 콩을 넣어 만든 붉은 육수 엔타이와 추가 메뉴로 시킬 수 있는 수제 어묵인 피쉬 케이크가 가장 인기다.

동해 Donghae

주소 163-165 Chakrabongse Rd, Talat Yot, Phra Nakhon **시간** 9:30~21:00 **휴무** 매주 수요일 **가격** 140밧~(1인) **전화** 094-962-9320

한국 음식이 그리운 여행자들이 모이는 한식당이다. 가장 인기 메뉴인 무한 리필 삼겹살(299밧) 외에도 황태 해장국, 닭볶음탕에 냉면과 소주까지 준비돼 있다. 게스트 하우스와 여행사를 함께 운영하고 있어 여행 정보나 할인 티켓 구매도 가능하다.

카오산 로드 스파

빠이 스파 PAI SPA

주소 156 Rambuttri Rd, Talat Yot, Phra Nakhon **시간** 10:00~23:00 **가격** 650밧(허브 볼), 380밧 (타이 마사지; 1시간) **홈페이지** www.pai-spa.com **전화** 02-629-5154

140년 이상 된 전통 가옥을 개조해 사용하는 스파 숍이다. 전통 타이 마사지를 고수하며, 독자적으로 힐링 프로그램인 빠이 웰니스 다이어그램Pai Wellness Diagram을 개발해 마사지와 스파를 통한 치유를 목표로 다양한 서비스를 제공한다. 근처 로컬 숍에 비하면 가격대는 비싸지만, 카오산 로드에서 분위기만큼은 가장 좋다.

루암 ruamm

주소 216 Khaosan Rd, Talat Yot, Phra Nakhon **시간** 10:00~24:00 **가격** 250밧(발 마사지; 1시간), 300밧(타이 마사지; 1시간) **홈페이지** www.ruamm.com **전화** 02-280-2292

카오산 로드에 위치한 저렴한 가격을 자랑하는 소규모 로컬 숍 중 위생이나 시설 상태가 가장 무난한 스파 숍이다. 내부 진열대에는 가게에서 만들어 판매하는 오일, 비누 등의 제품도 판매하고 있으니 참고하자.

카오산 로드 나이트 라이프

슈퍼플로우 비치 클럽 방콕 SUPERFLOW Beach Club Bangkok

주소 9 Khaosan Rd, Talat Yot, Phra Nakhon **시간** 11:00~다음 날 2:00 **가격** 150밧~(1인) **전화** 02-629-3309

음악과 파티를 사랑하는 사람이라면 한 번쯤 꿈꿔 봤던 스페인의 '이비사'를 이곳에서 만나 보자. 카오산 로드 중간 알짜배기 장소에 자리 잡은 이곳은, 보기만 해도 해변에 온 것 같은 방갈로와 라이브 밴드의 음악으로 눈길을 사로잡는다. 실제로 라이브 밴드의 수준도 괜찮고 음식 또한 다른 곳에 비해 고급스럽다. 가격은 살짝 높지만 편하고 즐겁게 즐길 수 있는 공간으로 떠오르고 있다.

브릭 바 Brick Bar

주소 265 Khaosan Rd, Talat Yot, Phra Nakhon **시간** 20:00~다음 날 2:00 **가격** 무료입장, 80밧~(주류) **홈페이지** www.brickbarkhaosan.com **전화** 02-629-4556

매일 저녁 8시, 10시, 12시에 밴드 공연이 열리는 라이브 클럽이다. 정확히 이야기하면 클럽이기보다 라이브 바에 가까운 곳으로 맥주를 포함한 각종 주류를 마시며 신나는 라이브 음악에 맞춰 몸을 흔들 수 있는 곳이다. 초대되는 밴드 대부분이 유명세보다는 특색이 있어 공연에 따라 호불호가 갈리지만 라이브 음악을 좋아하는 여행자들 사이에서는 꼭 가 봐야 할 곳으로 유명세를 떨치고 있다. 맥도날드가 있는 버디 로지 호텔 1층 안쪽에 입구가 위치해 있으니 참고하자.

더 클럽 The Club

주소 123 Khaosan Road Talat Yot, Phra Nakhon **시간** 21:00~다음 날 1:00 **가격** 150밧(입장료: 드링크 1잔 쿠폰) **홈페이지** www.theclubkhaosan.com **전화** 02-629-1100

카오산 로드 중간에 위치한 클럽이다. 카오산 로드의 대표 클럽으로 불릴 정도로 유명세를 떨치고 있다. 화려한 조명과 고급스러운 인테리어, 무엇보다 매일 밤 신나게 터져 나오는 일렉트로닉 음악 덕분에 춤과 음악으로 빠져들게 되는 인기 클럽이다. 카오산 로드의 특성상 백인 여행자 비중이 높은 편이다. 클럽 내부는 술을 마실 공간도 술잔을 놓을 공간도 마땅치 않으므로 밖에서 파는 버켓을 마시고 들어가는 것이 좀 더 저렴하고 편하게 즐길 수 있는 방법이다.

카오산 센터 Khao San CENTER

주소 80-84 Khaosan Rd, Talat Yot, Phra Nakhon **시간** 10:00~다음 날 2:00(월~토) 10:00~24:00(일요일) **가격** 150밧~(1인) **전화** 02-282-4366

밤이 되면 광란의 도가니로 변하는 카오산 센터. 밤 10시 이후 술과 음악을 찾는 여행자들로 북적이는 이곳은, 넓은 야장과 신나는 음악으로 카오산 로드에서는 가장 높은 데시벨을 경험할 수 있는 술집 중 하나다. 술을 좋아한다면 카오산 로드에서 만날 수 있는 3L, 5L짜리 맥주 타워와 함께 밤을 불태울 수 있을 만한 곳으로 추천한다.

히피 드 바 HIPPiE de BAr

주소 46 Khaosan Rd, Talat Yot, Phra Nakhon **시간** 16:00~다음 날 2:00(월~목, 일), 16:00~다음 날 3:00(금~토) **가격** 100밧~(1인) **홈페이지** www.facebook.com/Hippie-De-Bar-432455320114215 **전화** 081-820-2762

1980년대 'Love & Peace'를 부르짖던 히피 문화를 재현한 바. 들어서자마자 에스닉한 인테리어와 가게 전체를 가로지르는 빈티지 아이템으로 처음 방문하는 여행자들을 새로운 세계로 이끈다. 안주 수준은 크게 기대하지 말고 분위기를 즐기는 것을 추천한다.

조금 더 우아하고 럭셔리한 버전의 카오산 로드
람부뜨리 로드 Rambuttri Road

주소 Rambuttri Rd, Khwaeng Talat Yot, Khet Phra Nakhon **위치** ❶15번, 30번, 33번, 47번, 51번, 65번, 82번 버스 탑승 후 방룸뿌(Banglumpu) 정류장 하차 뒤 도보 2분 ❷ 수상 버스 프라 안팃 선착장(Tha Phra Arthit)에서 도보 5분

카오산 로드의 명성과 함께 개발된 카오산 로드의 뒷골목 람부뜨리 로드. 커다란 나무들과 은은한 조명으로 꾸며진 이 길은 카오산 로드의 파티 분위기가 부담스러운 여행자에게는 안락하고 편안한 휴식처로 큰 사랑을 받고 있다. 낮에는 주로 간단한 식사와 맥주 및 음료를 마시는 손님들이지만, 저녁 이후 이곳도 라이브 바로 변신해 분위기 있는 장소를 연출한다. 카오산 로드의 시끄러운 EDM보다는 유명 팝송 라이브가 주를 이루기 때문에 언제든 부담 없이 찾아갈 수 있는 곳으로 추천한다. 가격은 카오산 로드에 비해서 조금 비싼 편이지만 서비스나 시설이 상대적으로 더 좋기 때문에 합리적이라고 생각할 만하다.

방콕 최대 규모 야시장
방람푸 시장 Banglamphu Market [딸랏 방람푸]

주소 Thanon Tani, Talat Yot, Phra Nakhon **위치** ❶15번, 30번, 33번, 47번, 51번, 65번, 82번 버스 탑승 후 방룸뿌(Banglumpu) 정류장 하차 뒤 도보 4분 ❷ 수상 버스 프라 안팃 선착장(Tha Phra Arthit)에서 도보 5분 **시간** 10:00~22:00

카오산 로드 바로 옆에 위치한 재래시장. 서민적 분위기가 물씬 풍기는 전통 시장으로, 외국인들로 가득한 카오산 로드에서 소박하면서도 현지인들의 삶의 모습을 볼 수 있는 곳이다. 외국인을 상대로 하는 가게와는 달리 현지인들을 대상으로 판매를 하는 곳으로 가격대도 저렴하고 시장 주변으로 다양한 먹거리를 즐길 수 있는 노점 식당까지 즐비해 방문한다면 한 번쯤 둘러보기 좋은 장소다.

방콕 여행 마니아들이 추천하는 거리
삼센 로드 Samsen Road [타논 쌈쎈]

주소 Samsen Rd, Phan Thom, Phra Nakhon **위치** 수상 버스 프라 안팃 선착장(Tha Phra Arthit)에서 바로 연결되는 프라아팃 로드(Phra Athit Road) 왼쪽으로 걸어가다 차끄라봉세 로드(Chakrabongse Road)가 만나는 사거리에서 왼쪽으로 도보 2분

카오산 로드에서 걸어서 5분 거리에 있는 거리다. 우리로 치면 번화가인 홍대 바로 옆 상수동처럼 분위기 괜찮은 가게들이 밀집한 거리로 다소 복잡한 카오산 로드의 분위기를 벗어나 조용한 분위기에서 방콕의 자유로움을 만끽하는 여행자들이 주를 이루는 곳이다. 카오산 로드 못지않게 유명한 상점도 많고, 괜찮은 바와 마사지 숍도 여럿 있어 차분한 분위기에서 여행자의 천국, 방콕을 경험할 수 있다.

삼센 로드 상세 지도

 삼센 로드 인근 상점

반 사바이 타이 마사지 BAAN SABAI THAI MASSAGE

주소 46 Samsen Soi 6, Samsen Rd, Ban Phan Thom, Phra Nakhon **시간** 10:00~22:00 **가격** 200밧 (발마사지; 1시간), 390밧(타이마사지; 1시간) **전화** 02-628-5792

가성비를 좋아하는 한국 여행자들에게 유명한 마사지 숍이다. 제법 연식이 되어 보이는 1층짜리 오래된 집을 개조해 운영하는 곳으로, 저렴한 비용으로 전통 마사지를 받을 수 있다. 분위기가 가정집 같아 처음에는 어색하지만 마사지가 시작되면 금세 편안해지는 곳이다.

쁘레야 마사지 PREEYA MASSAGE

주소 8 Samsen Soi 6, Samsen Rd, Ban Phan Thom, Phra Nakhon **시간** 11:00~23:00 **가격** 200밧 (발마사지; 1시간), 200밧(타이마사지; 1시간) **전화** 02-282-5034

친절한 직원들과 괜찮은 서비스로 입소문난 로컬 마사지 숍이다. 총 2층 건물에 1층은 발마사지, 2층은 바닥 매트에서 허브, 코코넛 오일 마사지 및 보디 스크럽 등 전신 마사지를 제공한다. 카오산 로드에 있는 숍들과 비교하면 분위기는 비슷하지만 친절만큼은 더 우수하다.

쪽 뽀차나 Jok Pochana

주소 96-98 Soi Samsen 2, Samsen Rd, Ban Phan Thom, Phra Nakhon **시간** 18:00~24:00 **휴무** 일요일 **가격** 70밧~(맥주), 50밧~(요리) **전화** 088-890-5263

원하는 재료를 선택하면 즉석에서 볶음 요리를 해 주는 로컬 식당이다. 저렴한 가격에 기호에 맞는 재료를 선택할 수 있어 인기지만 현지인 입맛에 맞춘 맛으로 호불호가 갈리는 곳이다. 늦은 시간까지 운영해 클럽이나 바에서 맥주 한잔 후 야식이나 하루의 마무리로 들르기 좋은 곳이다. 지금은 한국 배낭족에게 유명해져 한글 메뉴판까지 준비돼 있다.

분더바 Wunderbar

주소 234 Soi Samsen 2, Samsen Rd, Ban Phan Thom, Phra Nakhon **시간** 8:00~다음 날 1:00 **가격** 195밧~(피자) **전화** 02-629-0606

수쿰윗에도 지점이 있는 레스토랑 & 카페바이다. 야외 테이블에 요리와 맥주 등 주류를 즐길 수 있는 곳으로, 화덕에서 굽는 피자가 주 메뉴다. 깔끔한 실내와 가게 주변으로 야자수를 비롯해 열대 나무가 심어져 분위기도 괜찮다. 골목 안쪽에 있어 조용한 것도 장점이라면 장점이다.

메이 까이데스 May Kaidee's

주소 33 Samsen Rd, Ban Phan Thom, Phra Nakhon **시간** 9:00~22:00 **휴무** 일요일 **가격** 100밧~(1인) **홈페이지** www.maykaidee.com **전화** 02-281-7699

방콕과 치앙마이에 요리 학교를 운영하는 메이 까이데May Kaidee가 운영하는 채식자를 위한 레스토랑이다. 신선한 과일 주스와 샐러드 및 생식을 주로 판매한다. 2005년부터 지금까지 한 자리에서 운영할 정도로 채식주의자들 사이에서는 꽤 유명한 곳이다.

어드히어 더 13th 블루스 바
Adhere the 13th BLUES BAR

주소 13 Samsen Rd, Samsen Rd, Ban Phan Thom, Phra Nakhon **시간** 18:00~24:00 **가격** 150밧~(1인) **전화** 089-769-4613

매일 저녁 라이브 재즈 공연이 열리는 재즈 바. 넓지 않은 공간에 드럼과 어쿠스틱 기타까지 준비돼 있는 곳으로, 빈티지하면서도 편안한 분위기에서 차분한 라이브 음악을 들으며 맥주 한잔하기 좋은 곳이다. 조금 이른 시간보다는 저녁 8시 30분부터 공연이 열리는 8~9시 사이 방문을 추천한다.

수도 방어를 위해 1783년에 지어진 요새
프라 수멘 요새 Phra Sumen Fort [프라쑤타롯]

주소 Phra Athit Rd, Phra Nakhon **위치** 수상 버스 프라 안팃 선착장(Tha Phra Arthit)에서 하차 후 도보 2분

방콕을 수도로 정한 라마 1세가 수도 방어를 위해 지은 요새. 과거 방콕을 침략하는 적대국의 수군에게 맞서기 위해 1783년 지은 성벽의 요새로, 과거 14개의 요새가 있었다 한다. 지금은 2개의 요새가 남아 있으며, 그중 하나인 프라 수멘 요새는 카오산 로드를 연결하는 수상 버스 프라 안팃 선착장Tha Phra Arthit 바로 옆에 있어 한 번쯤 보게 되는 요새다. 굳이 찾아갈 정도의 볼거리는 없지만 요새 주변으로 잠시 쉬어 갈 수 있는 공원과 라마 8세 다리를 조망할 수 있는 넓은 공터가 마련되어 있으니 로맨틱한 시간을 보내고 싶다면 노을이 질 시각이나 저녁에 방문하길 추천한다.

방콕 최대 규모의 야시장
프라아팃 로드 Phra Athit Road [타논 프라아팃]

주소 Phra Athit Rd, Phra Nakhon **위치** 수상 버스 프라 안팃 선착장(Tha Phra Arthit)에서 하차 후 바로 연결 **시간** 상점마다 다름

카오산 로드에서 짜오프라야강을 향해 10분 정도 걷다 보면 만날 수 있는 알짜 골목. 카오산 로드나 람부뜨리 로드에 비해 저렴하고 개성 있는 가게들이 몰려 있어 여행자뿐만 아니라 현지인에게도 인기가 많다. 한국인에게 이미 너무나도 잘 알려진 국수 맛집 나이소이와 여러 아기자기한 카페들이 짜오프라야강을 따라 이어져 있으니 가벼운 마음으로 산책하며 둘러보는 것을 추천한다.

프라아팃 로드 상세 지도

- 프라 수멘 요새 / Phra Sumen Fort
- 코코 짜오프라야 / Coco Chaophraya
- 조이 럭 클럽 / Joy Luck Club
- 짬 쭌 바 앤 비스트로 / Jham Jun Bar & Bistro
- 까림 로띠 마따바 / Karim Roti-Mataba
- 굿 스토리 방콕 / Good Story Bangkok
- 나이 소이 / Nai Soi
- 쿤 당 끄루이 짭 유안 / Khun Dang Kruy Jab Yuan
- 제이워크 / Jaywalk
- 마담 무수르 / Madame Musur
- 재즈 해펀즈 / Jazz Happens
- 핍스 타이 이터리 / Peeps Thai Eatery
- 헴록 / Hemlock

Phra Athit Rd · Phra Sumen Rd · Ram Butri Rd

프라아팃 로드 식당

조이 럭 클럽 JOY LUCK CLUB

주소 18 Phra Sumen Rd, Phra Nakhon **시간** 11:00~24:00 **가격** 150밧~(1인) **전화** 02-629-3112

프라 수멘 요새 Phra Sumen Fort 맞은편에 위치한 로컬 가게다. 입구에서부터 가게 내부까지 가득한 인형과 아기자기한 소품이 가득한 곳이다. 태국, 인도 음식과 채식주의자들을 위한 채식 요리도 준비돼 있다. 1991년부터 지금까지 운영하고 있는 가게로 맛과 음식 모두 무난하고 시원한 에어컨이 풀가동되고 있다.

까림 로띠 마따바 Karim ROTI-MATABA

주소 136 Phra Athit Rd, Phra Nakhon **시간** 9:00~22:30(화~일) **휴무** 매주 월요일 **가격** 25밧~(1인) **홈페이지** www.roti-mataba.net **전화** 02-282-2119

태국인들에게 사랑받는 간식인 구운 빵, 로티와 각종 재료를 넣고 로띠로 감싼 뒤 구운 마따바를 전문으로 파는 가게다. 주문과 동시에 즉석에서 로띠를 만들어 주는 곳으로, 저렴한 가격과 담백한 맛으로 사랑받는 로컬 가게다. 내부가 크지 않아 기다려야 하는 불편함은 있지만, 로띠 맛집으로 꽤 유명한 곳이니 기다림은 감수하자.

나이 소이 Nai Soi นายโส่ย

주소 49/1 Phra Athit Rd, Phra Nakhon **시간** 7:00~18:00 **가격** 120밧(M 사이즈), 150밧(L 사이즈) **전화** 086-982-9042

한글로 된 간판을 사용할 정도로 한국인 여행자들에게 유명한 국수 전문점이다. 면 종류에서부터 토핑(소고기)까지 선택해 기호에 맞게 즐길 수 있는 소고기 국수 전문점이며, 진한 육수와 접시 가득 담겨 나오는 소고기가 인기다. 갈비탕을 먹는 듯한 우리의 입맛에 잘 맞는 고기 육수와 쌀로 만든 면까지 기대 이상으로 괜찮은 맛이니 속이 편안한 음식이 그립거나 체력 보충이 필요한 여행자라면 한 번쯤 들러 보자.

쿤 당 끄루이 짭 유안 Khun Dang Kruy Jab Yuan คุณแดงก๋วยจั๊บญวน

주소 68 Phra Athit Rd, Phra Nakhon **시간** 11:00~21:30 **가격** 45밧(국수; 계란 추가 시 10밧), 45밧(샐러드) **전화** 085-246-0111

여행자보다는 로컬 현지인들에게 더 유명한 국수집. 유명 매체에 여러 번 소개될 정도로 유명한 로컬 가게로, 베트남 스타일의 국수(1종류)와 샐러드 등 서브 메뉴를 판매한다. 이 식당의 유명세는 대표 메뉴인 국수에 있는데, 맑은 육수와 걸쭉한 쌀 면에 각종 고명이 더해져 끈적이는 묘한 매력이 있다. 테이블에 있는 양념장을 넣어 먹으면 우리의 인스턴트 라면과 맛이 제법 비슷하니 참고하자.

핍스 타이 이터리 PEEPS Thai Eatery

주소 60 Phra Athit Rd, Phra Nakhon **시간** 13:00~21:30(월~금), 14:00~21:30(토) **휴무** 매주 일요일 **가격** 200밧~(1인) **전화** 089-926-1569

뉴욕 레스토랑에서 경험을 쌓은 자매가 문을 연 레스토랑이다. 서양식을 비롯해 태국 퓨전 음식이 주를 이루는 곳으로, 쾌적한 실내 공간과 정갈하면서 깔끔한 맛이 인상적이다. 분위기와 음식에 비해 저렴한 가격대도 매력이다. 양이 많지 않으니 넉넉하게 주문하도록 하자.

헴록 HEMLOCK

주소 56 Phra Athit Rd, Phra Nakhon **시간** 16:00~24:00(월~토) **휴무** 매주 일요일 **가격** 200밧~(1인) **전화** 02-282-7507

넉넉하게 넣은 재료와 깔끔한 맛을 자랑하는 스타일리시한 태국 음식점이다. 분위기와 음식 퀄리티로는 고급 음식가가 밀집한 수쿰윗 지역 못지않은 곳이다. 합리적인 가격에 분위기 좋은 곳에서 한 끼를 해결할 수 있다.

프라아팃 로드 나이트 라이프

재즈 해펀즈 jazz happens!

주소 62 Phra Athit Rd, Phra Nakhon **시간** 17:00~24:00 **휴무** 목요일 **가격** 60밧~(맥주) **홈페이지** www.jazzhappens.org **전화** 02-282-9934

태국의 유명 피아니스트이자 신라빠꼰 대학교Silpakorn University의 교수인 누 위드치위차이Nu Vudthivichai가 만든 학생들을 위한 합주 공간이다. 재즈 마니아들이 모여 공연도 즐기고 함께 연주도 할 수 있는 곳으로 간단한 음료와 주류가 준비돼 있다. 단순히 공연을 보러 가기에는 아쉬운 곳이지만 음악이라는 주제로 함께 소통하고 즐기고 싶은 여행자라면 추천한다.

굿 스토리 방콕 Good Story BANGKOK

주소 72-74 Phra Athit Rd, Phra Nakhon **시간** 11:00~다음 날 1:00(월~토), 17:00~다음 날 1:00(일요일) **가격** 200밧~(1인) **전화** 02-629-2924

편안한 리빙 룸 인테리어와 차분한 분위기가 인상적인 레스토랑이다. 분위기가 좋아 현지 연인들이 즐겨 찾는다. 약간 변형된 퓨전 음식과 시원한 맥주를 포함해 각종 주류를 선보인다. 가격대는 메인 요리 기준 100밧으로 착한 편이다. 창가 테이블이 있는 1층 외에도 매일 저녁 9시 라이브 공연이 열리는 2층도 준비돼 있다. 참고로 가게 내부 테이블이 많지 않으니 시간을 잘 맞추어 방문하자.

짬 쭌 바 앤 비스트로 Jham Jun Bar & Bistro

주소 5F Fortville Guesthouse, 9 Phra Sumen Rd, Phra Nakhon **시간** 18:00~다음 날 1:00 **가격** 150밧~(칵테일) **홈페이지** www.fortvilleguesthouse.com/restaurantandbar **전화** 02-282-3932

포트빌FORTVILLE 게스트 하우스 5층에 위치한 루프톱 바. 세계 각국의 배낭족이 모이는 공간으로, 근사한 조명으로 유명한 프라 수멘 요새Phra Sumen Fort와 현대적인 라마 8대교 등 색다른 전망을 자랑한다. 매일 밤 열리는 어쿠스틱 밴드 공연은 이곳만의 매력 포인트다. 복장 규정이 까다로운 다른 루프톱과 비교하면 자유로움 그 자체가 장점인 곳이다.

구름 속의 궁전이라 불리는 왕실 궁전
위만멕 궁전 Vimanmek Palace [프라라차왕 위만멕]

주소 16 Rajvithi Rd, Khwaeng Dusit, Khet Dusit **위치** 카오산 로드에서 툭툭(50밧~80밧 흥정)이나 택시(100밧~200밧 흥정)로 정문이 있는 타논 랏차위티(Thanon Ratchawithi)로 이동 후 바로 연결 **시간** 9:30~16:30 **휴무** 매주 월요일 **요금** 100밧(왕궁 입장 시 받은 입장권이 있으면 무료) **홈페이지** www.vimanmek.com **전화** 02-281-5454

1897년 유럽 순방을 다녀온 라마 5세에 의해 지어진 궁전이다. 구름 속의 궁전이라는 뜻을 가진 곳이며, 1900년 착공을 시작해 1901년에 완공됐다. 유럽 양식으로 지어진 궁전으로 티크 목재를 사용해 쇠못을 사용하지 않고 지어졌다고 한다. 3층 높이에 실내는 81개에 달하는 방이 준비돼 있으며 방마다 라마 5세가 유럽 순방 시 가져온 유럽풍 가구와 물품으로 꾸며져 있다. 1932년 왕실 보관소로 사용됐던 이곳은 1982년 박물관으로 재고돼 일반인들에게 공개됐으며, 내부에는 왕족 보석 등 진귀한 물건부터 실제 5년 동안 이곳을 사용했던 라마 5세의 침실, 집무

실에는 왕족의 보석, 유럽 가구 등 개인의 소장품이 전시돼 있다. 아침 11시와 오후 2시, 하루에 2번 무료 영어 가이드 투어가 진행되고 있다. 현재는 리노베이션 공사 중이다.

대리석 사원으로 더 유명한 왕궁 사원
왓 벤차마보핏 Wat Benchamabophit [왓 벤짜마보핏]

주소 69 Thanon Si Ayutthaya, Khet Dusit **위치** 카오산 로드에서 툭툭(50~80밧 흥정)이나 택시(100~200밧 흥정)로 이동 후 정문에 하차 **시간** 6:00~20:00 **요금** 20밧 **전화** 02-280-2273

서양 문화를 받아들여 유럽풍 궁전을 만든 라마 5세의 명에 의해 만들어진 사원이다. 르네상스 네오클래식 양식으로 지어진 아난따 사마콤 궁전 외관에 사용된 동일한 대리석으로 지어져 대리석 사원이라는 별칭이 붙은 불교 사원으로, 실제 이탈리아 건축가에 의해 설계됐다. 전체적인 양식은 서양식이지만 지붕과 구조 등은 전통 태국 양식으로 동서양의 조화를 이룬 아름다운 사원이다. 내부에는 수코타이 왕조 시대의 사원인 왓 마하탓Wat Mahathat 불상을 모사한 불상이 안

치돼 있으며 불상 좌대에는 라마 5세의 유골이 안치돼 있다. 참고로 이 사원은 태국 5밧 동전에도 새겨져 있다.

화교와 중국인 상점으로 가득한 작은 중국
차이나타운 Chinatown

주소 Yaowarat Rd, Samphanthawong, Bang Rak **위치** ❶ 왕궁 입구에서 1번, 53번 버스 탑승 후 차이나타운에서 하차 ❷ 지하철 후아 람퐁(Hua Lamphong)역 하차 후 왓 뜨라이밋(Wat Traimit) 방향으로 도보 3분 후 로타리에서 야오와랏 거리(Yaowarat Road) 방향으로 도보 3분

태국 인구의 10% 이상을 차지하는 화교를 중심으로 생겨난 거리다. 골목마다 위치한 재래시장과 식당, 백화점까지 작은 중국이라 불릴 정도로 중국 상점가가 즐비하다. 오래전부터 자리해 거리 주변, 건물들은 오래되고 형편없지만 중국 특유의 복잡하면서도 편안하고 사람 사는 냄새가 가득하다. 방콕 여행 중 꼭 가봐야 할 거리는 아니지만 물가도 저렴하고 한국인 입맛에도 잘 맞는 중국 음식점도 여럿 있다.

> **TIP** 많은 인파가 몰리는 곳인 만큼 소지품에 주의해야 한다. 특히 골목 사이에 형성된 시장 골목에는 사람이 많으니 주의 또 주의해야 한다. 중심 거리인 타논 야오와랏 Thanon Yaowarat 외에도 근처 라마 1세 시대에 형성된 옛 거리인 삼뻥 Sampeng과 중국 상점가가 밀집한 소이 이사라누팝 Soi Issaranuphap, 리틀 인디아로 불리는 파후랏 Phahurat 거리까지 형성돼 있으니 참고하자.

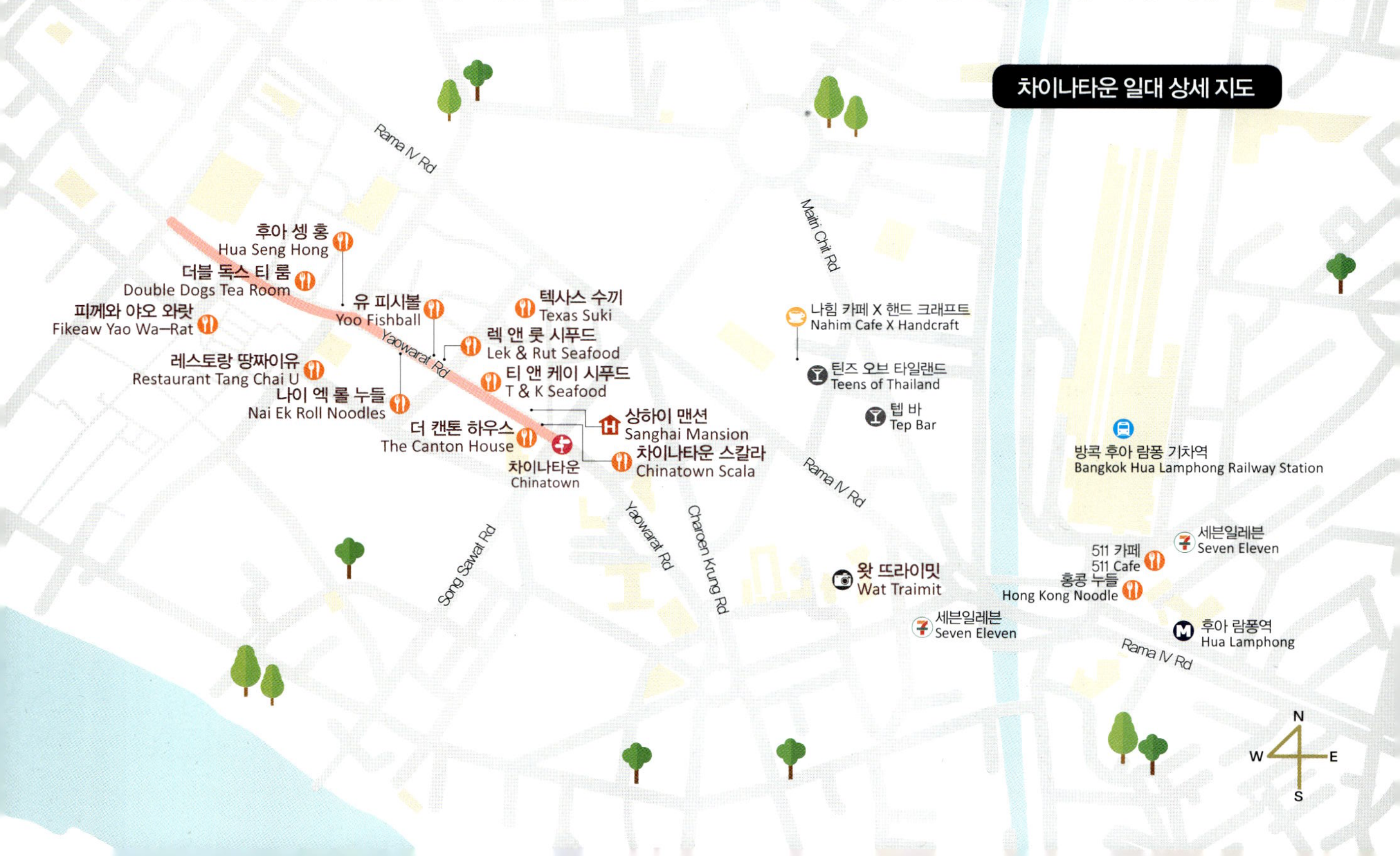

차이나타운 일대 상세 지도
후아 셍 홍
Hua Seng Hong
더블 독스 티 룸
Double Dogs Tea Room
피께와 야오 와랏
Fikeaw Yao Wa-Rat
유 피시볼
Yoo Fishball
텍사스 수끼
Texas Suki
렉 앤 룻 시푸드
Lek & Rut Seafood
레스토랑 땅짜이유
Restaurant Tang Chai U
티 앤 케이 시푸드
T & K Seafood
나이 엑 롤 누들
Nai Ek Roll Noodles
상하이 맨션
Sanghai Mansion
더 캔톤 하우스
The Canton House
차이나타운
Chinatown
차이나타운 스칼라
Chinatown Scala
Rama IV Rd
Yaowarat Rd
Maitri Chit Rd
나힘 카페 X 핸드 크래프트
Nahim Cafe X Handcraft
틴즈 오브 타일랜드
Teens of Thailand
텝 바
Tep Bar
방콕 후아 람퐁 기차역
Bangkok Hua Lamphong Railway Station
Rama IV Rd
Song Sawat Rd
Yaowarat Rd
Charoen Krung Rd
왓 뜨라이밋
Wat Traimit
세븐일레븐
Seven Eleven
511 카페
511 Cafe
홍콩 누들
Hong Kong Noodle
세븐일레븐
Seven Eleven
후아 람퐁역
Hua Lamphong
Rama IV Rd
N
W
E
S

🍴 차이나타운 인근 식당

피께와 야오 와랏
Fikeaw Yao Wa-Rat

주소 199 Itsara nuphap, Chakkrawat, Samphanthawong **시간** 18:00~다음 날 1:00 **휴무** 월요일 **가격** 100밧~(1인) **전화** 097-232-8553

화려한 불 쇼와 함께 각종 요리를 선보이는 노점상이다. 가장 인기 있는 볶음 요리는 1분 이내에 완성될 정도로 높은 화력에서 빠르게 조리된다. 오징어, 새우 등 각종 해산물을 비롯해 채소, 육류 등 다양한 재료를 넣은 20여 종의 메뉴가 준비돼 있다.

나이 엑 롤 누들
Nai Ek Roll Noodles ร้านก๋วยจั๊บนายเอ็ก

주소 442 Soi 9 Yaowarat Rd, Chakkrawat, Samphanthawong **시간** 7:30~다음 날 1:30 **가격** 50밧~(국수) **전화** 02-226-4651

돼지고기와 내장을 넣고 끓인 진한 육수에 고기, 내장 등 여러 종류의 고명을 넣어 먹는 국수 전문점이다. 매일 대기 줄이 생길 정도로 유명한 식당이다. 저렴하면서도 깔끔한 맛이 인기이며, 국수 외에도 수육 등 다양한 요리도 준비돼 있다.

후아 셍 홍 Hua Seng Hong

주소 371-373 Yaowarat Rd, Chakkrawat, Samphanthawong **시간** 24시간 **휴무** 매주 일요일 **가격** 400밧~(샥스핀), 40밧~(딤섬) **전화** 02-222-7053 **홈페이지** www.huasenghong.co.th

1972년부터 운영되고 있는 레스토랑. 좋은 중국 3대 진미로 손꼽히는 샥스핀과 제비집 요리를 맛볼 수 있는 곳으로, 가성비만큼은 인정받고 있다. 가격대가 제법 있는 요리 외에도 딤섬, 튀김, 진한 육수가 들어간 전골부터 태국 음식까지 저렴한 가격대의 단품과 여러 요리를 맛볼 수 있는 세트 메뉴와 코스까지 구성돼 있다. 센트럴월드 등 주요 백화점에도 지점이 있고 식재료도 판매하고 있으니 참고하자.

더블 독스 티 룸 DOUBLE DOGS TEA ROOM

주소 406 Yaowarat Rd, Chakkrawat, Samphanthawong **시간** 13:00~22:00 **휴무** 월요일 **가격** 150밧(차), 200밧(차 2잔+케이크 세트) **홈페이지** www.facebook.com/DoubleDogsTeaRoom **전화** 086-329-3075

아시아의 여러 종류의 차와 다과를 즐길 수 있는 찻집이다. 분위기는 캐주얼하지만 메뉴는 우리의 인사동 찻집과 비슷할 정도로 전통차가 주를 이룬다. 중국에서 명차로 손꼽히는 다훙파오와 매일 달라지는 오늘의 차까지 무더위에 지친 여행자의 갈증을 해소해 주는 것은 물론 명차도 경험할 수 있다.

레스토랑 땅짜이유
Tang Jai Yoo ภัตตาคารตั้งใจอยู่

주소 89 Soi Yaowaphanit, Yaowarat Rd, Chakkrawat, Samphanthawong **시간** 11:00~15:00(런치), 18:00~22:00(디너) **가격** 500밧~(1인), 1,800밧(바베큐) **홈페이지** www.tangjaiyoo.com **전화** 02-224-2167

중국 가정식 요리와 고급 요리를 선보이는 중국 식당이다. 고급 요리인 샥스핀을 비롯해 없는 요리가 없다. 이 가게의 특별한 메뉴는 바로 새끼 돼지 바비큐 요리. 이 가게를 유명하게 만든 메인 요리로 배를 가르고 통째로 구워 기름을 쫙 뺀 겉은 바삭하고 안은 육즙이 가득해 맛이 기가 막힌다.

유 피시볼 Yoo Fishball

주소 433 Yaowarat Rd, Chakkrawat, Samphanthawong **시간** 10:00~23:00 **가격** 60밧~(국수) **전화** 089-782-7777

약 25종의 국수를 판매하는 국수 전문점이다. 깔끔하면서도 체계를 갖춘 체인점으로, 담백한 국물과 국수 위에 올라가는 고명 맛이 꽤 괜찮다. 중국 본토 스타일은 물론 똠얌꿍 소스 등 타이 스타일의 소스가 더해진 국수까지 다양한 종류가 준비돼 있으니 취향에 맞게 골라 먹자. 인기 메뉴는 가게 이름에도 나와 있듯 어묵이 들어간 국수다.

렉 앤 룻 시푸드
Lek & Rut SEAFOOD

주소 Corner Yaowarat and Padungdao, Chakkrawat, Samphanthawong **시간** 17:30 ~26:00 **가격** 300밧~(1인) **전화** 081-637-5039

빠둥다오 거리Padung Dao Road와 야오와랏 거리Yaowarat Road가 만나는 코너에 위치한 식당으로, 야외 테이블에서 각종 해산물을 즐길 수 있다. 방콕 시내에서 흔히 볼 수 있는 해산물 가게지만 이곳은 고객의 취향에 맞게 중화풍 또는 태국 현지식으로 소스와 조리방식을 선택할 수 있다.

티 앤 케이 시푸드 T&K SeaFood

주소 49-51 Soi Phadung Dao, Yaowarat Rd, Chakkrawat, Samphanthawong **시간** 16:30 ~다음 날 2:00 **가격** 250밧~(1인) **전화** 081-507-5555

차이나타운에서 가장 유명한 해산물 전문 노천 식당. 초록색 유니폼을 입은 직원들이 바쁘게 움직이는 곳으로, 해산물의 신선도를 최우선으로 생각하는 시푸드 전문점이다. 방콕에서 꼭 맛봐야 할 게살이 들어간 뿌팟퐁커리를 비롯해 테이블마다 꼭 시키는 모닝글로리볶음, 주문과 동시에 조리되는 각종 해산물까지. 1인당 만 원 정도면 시끌벅적한 방콕 시장에서 꽤 괜찮은 야식을 즐길 수 있다.

차이나타운 스칼라 CHINATOWN SCALA

주소 483-5 Yaowarat Rd, Chakkrawat, Samphanthawong **시간** 10:30~다음 날 2:00 **가격** 1,500밧~(샥스핀), 150밧~(스프링롤) **전화** 02-623-0183

상어 지느러미와 중국성이라 적힌 대형 간판이 눈에 띄는 곳으로, 중국 음식과 고급 해산물을 선보이는 고급 식당이다. 차이나타운 내 식당 중 큰 규모와 깔끔함을 자랑하며, 1인분에 5,000밧에 달하는 고급 음식을 비롯해 저렴한 중국식 요리까지 준비돼 있다. 참고로 바로 옆 건물에 지점이 있는데 건물만 다를 뿐 메뉴와 서비스는 동일하다.

텍사스 수끼 TEXAS SUKI

주소 17 Soi Phadung Dao, Yaowarat Rd, Chakkrawat, Samphanthawong **시간** 11:00 ~23:00 **가격** 200밧~(1인) **전화** 02-233-9807

현지인들이 추천하는 차이나타운 내 식당 중 한 곳이다. 태국식 샤부샤부인 수끼를 전문으로 하는 가게로, 저렴하고 맛 좋은 수끼 외에도 딤섬, 중국식 요리 등 다양한 메뉴가 준비돼 있다. 저렴한 가격도 매력이지만 맛 또한 MK 수끼 못지않다.

더 캔톤 하우스 THE CANTON HOUSE

주소 530 Yaowarat Rd, Chakkrawat, Samphanthawong **시간** 11:00~22:00 **가격** 100밧~(1인) **전화** 081-401-5369

1908년부터 운영된 중국 광동 요리 전문점이다. 중국 식당이라고는 믿기 어려울 정도로 깔끔한 인테리어와 분위기를 자랑하는 곳이다. 40여 종의 딤섬과 각종 해산물 및 중국 요리를 선보인다. 직원들의 서비스가 살짝 아쉽지만 가격이 정말 착해 가성비로 따지면 차이나타운 중 최고의 식당이다.

거대한 황금 불상이 있는 불교 사원
왓 뜨라이밋 Wat Traimit

주소 661 Chaoren Krung Rd, Samphanthawong **위치** 지하철 후아 람퐁(Hua Lamphong)역 2번 출구에서 차이나타운 방향으로 도보 5분 **시간** 9:00~17:00(화~일) **휴관** 매주 월요일 **요금** 40밧(4층 불당), 100밧(박물관) **전화** 02-225-9775

높이 3m, 무게 5.5톤에 육박하는 거대한 황금 불상이 있는 사원이다. 차이나타운 입구 동쪽에 있는 불교 사원으로 수코타이 양식의 거대한 황금 불상을 모셔 놓은 불당과 황금 불상에 관련된 자료들이 전시돼 있는 전시장으로 구성돼 있다. 수코타이 시대인 13~14세기에 만들어진 것으로 추정되는 황금 불상은 발견 당시 석회로 덮여 있었는데, 운반 과정에서 표면에 덮인 석회가 부서지면서 지금의 모습으로 세상에 나올 수 있었다. 거대한 크기의 황금 불상에 사용된 금의 값어치는 수백만 달러에 육박하는데, 이마에서부터 턱까지는 순금 80%, 머리에서 상투까지는 약

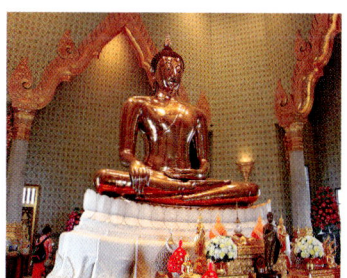

45kg의 순도 99%의 금이 사용됐다. 황금 불상은 대리석으로 치장된 사원 꼭대기인 4층에 위치하며 내부로 들어가기 위해서는 표 구매 후 사원 후문으로 입장해야 한다.

인근 지역

AROUND BANGKOK

태국의 자연, 역사, 문화를 만날 수 있는 인근 지역

방콕만으로는 조금 아쉬운 여행자들이 선택할 수 있는 다양한 인근 지역 여행지는 방콕 여행의 또 다른 즐거움으로 다가온다. 태국의 원시림과 자연을 느낄 수 있는 에라완 국립 공원이라든가 역사의 현장인 아유타야, 태국의 상징인 코끼리 관람 등 다양한 지역들이 여행자들의 방문을 기다린다. 방콕 일정이 3박 4일 이상인 여행자나 두 번째 방문하는 여행자들에게 추천하지만 기호에 따라 더 짧은 일정에도 무리 없이 이용할 수 있으니 자유롭게 선택해 보자.

방콕의 인근 지역 대부분은 개인이 따로 간다면 시간과 이동 수단 섭외 등 조금 불편한 과정이 필요해서 이 지역은 현지 여행사나 한국 여행사의 프로그램을 이용할 것을 추천한다. 현지 여행사는 다른 나라 사람들과 함께 갈 수 있고 가격대가 다양한 반면, 한국 여행사는 언어나 진행 방식이 한국인들에게 맞추어져 있으니 각자의 니즈에 맞게 선택하는 것이 좋다. 영어가 안 된다면 한국 여행사 프로그램을 강력히 추천한다.

외곽 주요 지역은 대중교통으로 돌아보기에는 어려움이 있다. 방콕 내에 위치한 거의 모든 여행사에서 반나절 또는 1일 코스를 운영하고 있으니 여행 일정에 따라 일정을 계획하고 여행사를 방문해 코스를 예약해 돌아보도록 하자.

인근 지역

에라완 국립 공원
Erawan National Park

아유타야
Ayutthaya

콰이강의 다리
The River Kwai Bridge

삼프란 코끼리 그라운드 & 동물원
Samphran Elephant Ground & Zoo

담는 사두악 수상 시장
Damnoen Saduak Floating Market

암파와 수상 시장
Amphawa Floating Market

매끌롱 시장
Mae Klong Market

인근 지역 BEST COURSE

대중적인 코스

 담논 사두악 수상 시장 → 자동차 20분… → 매끌롱 시장 → 자동차 9분… → 암파와 수상 시장 → 반딧불 투어

기대 이상의 코끼리와 악어 쇼를 볼 수 있는 곳
삼프란 코끼리 그라운드 & 동물원 Samphran Elephant Ground & Zoo

주소 Sam Phran District, Nakhon Pathom **시간** 8:30~17:30 **가격** 600밧(어른), 250밧(어린이; 130cm 이하) *현지 투어 상품 이용 시 입장료와 이용권 포함 여부를 꼭 확인 **홈페이지** www.elephantshow.com **전화** 034-321-471

방콕 근처에서 코끼리와 악어 공연을 볼 수 있는 곳이다. 카오산 로드에서 1시간 거리에 있는 제법 넓은 동물원으로, 호랑이와 악어를 비롯해 코끼리 공연, 악어 쇼 등 다양한 공연이 열린다. 오래된 공연 노하우로 기대 이상의 공연을 선보이는데 코끼리 축구 경기, 전쟁 재연 등 재미있는 공연 외에도 악어 입에 머리를 넣거나 코끼리가 배 위를 넘어가는 아찔한 장면까지 연출된다. 공연 외에도 호랑이와 기념 촬영, 코끼리 트레킹 등 재미있는 유료 프로그램도 여럿 있다.

기찻길 양옆으로 매일 열리는 아찔한 재래시장
매끌롱 시장 Mae Klong Market [딸랏 메끄렁]

주소 Mae Klong Market, Kasem Sukhum Rd, Mae Klong, Mueang Samut Songkhram District, Samut Songkhram **가격** 250~350밧(왕복 픽업 1인), 800~1,600밧 정도(현지 투어 1인; 여행사 및 코스에 따라 상이)

카오산 로드에서 서쪽으로 자동차로 약 1시간 거리에 있는 매끌롱 Mae Klong 지역에 위치한 재래시장이다. 이곳이 유명해진 이유는 시장이 열리는 장소에 있는데, 지금도 실제 기차가 다니고 있는 기찻길을 사이에 두고 상점들이 즐비해 있다. 보기만 해도 아찔해 보일 정도로 레일 바로 옆에 집과 상점이 위치하고, 레일 바로 옆까지 상품을 진열해 놓아 보는 사람들로 하여금 걱정이 앞서게 한다. 실제 기차가 오기 전에는 정말 기차가 지나갈 수 있나 의심이 들 정도로 좁은 길이지

만 기차가 지날 때마다 좌판을 치우고 철로를 덮었던 차양도 걷으며 기차가 지나갈 수 있는 공간을 만드는 아슬아슬한 상황은 하루 8번이나 이어진다.

> **TIP** 매끌롱 시장 투어의 대부분은 담나사두악 수상 시장을 함께 돌아보는 반나절 또는 하루 일정으로 진행된다. 이동 거리는 멀지 않지만 오전에 출발해 외곽을 둘러보고 돌아오는 길에 아시아티크나 왕궁 등 시내 일정과 병행되니 오후 일정을 살펴보고 마음에 드는 상품을 선택하도록 하자. 혹 투어 상품이 아닌 매끌롱 시장만 둘러보고 싶은 여행자라면 택시, 툭툭, 우버 택시를 사전에 흥정해 이용하면 된다. 매끌롱 시장까지의 거리는 약 72km이며 승용차로 이동 시 1시간 20분이 소요된다.

150년의 역사를 가진 수상 시장
담논 사두악 수상 시장 Damnoen Saduak Floating Market [딸랏 남느언 싸두억]

주소 Damnoen Saduak Floating Market, Damnoen Saduak, Damnoen Saduak District, Ratchaburi **시간** 7:00~17:00 **가격** 250~350밧(왕복 픽업 1인), 800~1,600밧 정도(현지 투어 1인; 여행사 및 코스에 따라 상이) **홈페이지** www.floating-market-bangkok.com

매끌롱 시장Mae Klong Market에서 자동차로 약 30분, 카오산 로드에서 서쪽으로 1시간 30분 거리(104km)에 위치한 수상 시장이다. 150년이 넘는 오랜 역사를 가진 시장으로, 강가 양쪽에 빼곡하게 늘어선 상점과 배를 타고 과일을 판매하는 이동 상점이 가득하다. 수상 시장인 만큼 이곳을 방문하는 여행객은 배를(유료) 타고 실제 물건을 구매하거나 수상 시장 구석구석을 돌아볼 수 있다. 워낙 유명한 곳이라 높은 물가와 바가지가 늘 문제지만 한 번쯤은 체험해 보는 것도 괜찮은 추억으로 기억될 것이다. 한 가지 주의할 것은 수상 시장인 만큼 위생 상태가 좋지

않고 때론 돈을 지불했음에도 물건을 받지 못하는 상황도 종종 생기니 주의하자. 담는 사두악 시장은 오전 7시에 문을 열고 11시에 문을 닫으며 오전 8~9시경이 가장 활기를 띠니 참고하자.

> **TIP** 방콕 근처에서는 가장 유명하고 오래된 시장이라 현지인보다 관광객이 주를 이룬다. 다만 가격 경쟁력은 관광객을 상대로 하는 장사이기 때문에 많이 떨어지니 기념품을 사는 것은 짜뚜짝 시장이나 대형 시장에서 사는 것을 추천한다. 단, 시간이 부족한 여행자라면 정가제로 모든 물건에 스티커로 가격을 명시해 놓은 상점의 경우 저렴한 것도 발견할 수 있으니 확인하고 살 수 있도록 하자.

주말에만 열리는 수상 시장 & 반딧불이 투어
암파와 수상 시장 Amphawa Floating Market [딸랏 남 암파와]

주소 Amphawa Floating Market, Amphawa, Amphawa District, Samut Songkhram **가격** 250~350밧(왕복 픽업 1인), 800~1,600밧 정도(현지 투어 1인; 여행사 및 코스에 따라 상이)

방콕에서 남서쪽으로 65km가량 떨어진 항만 도시 사뭇송크람 Samut Songkhram 지역에 있는 수상 시장이다. 방콕 남부 터미널에서 1시간 30분 거리에 있는 이곳은 매주 금, 토, 일요일에만 열리는 주말 시장이다. 근처에 있는 유명한 수상 시장인 담는사두악 수상 시장 Damnoen Saduak Floating Market에 비해 관광화가 덜 되어 현지인들이 더 많고 소박한 어촌 모습을 간직하고 있다. 수로를 따라 상점가와 과일을 바로 먹을 수 있는 음식을 실은 나룻배가 가득하고, 구매한 음식을 바로 먹을 수 있는 노천 테이블까지 준비돼 있다. 방문하는 여행자들이 늘어나면서 수로를 따라 풍경을 감상하고 물 위에서 물건을 구매할 수 있는 투어용 보트와 배가 운행 중에 있으며 담는사두악 수상 시장과 비교해 물가는 다소 저렴하다. 암파와 수상 시장을 방문하는 여행자라면 놓칠 수 없는 한 가지. 해 질 무렵 배를 타고 수로를 떠다니며 나무에 가득 매달린 반딧불이를 감상할 수 있다. 1시간 30분가량 수상 시장을 벗어나 이어지는 반딧불이 투어로 가까이에서 볼 수는 없지만 나무에 매달려 나무를 밝히고 있는 꽤 많은 반딧불이를 만날 수 있다.

> **TIP** 담는사두악 수상 시장이 보트를 타고 상인들을 둘러보는 거라면 이곳은 강 양옆으로 길게 늘어서 있는 시장을 따라 걸으며 쇼핑을 한다는 점이 가장 큰 차이다. 취급하는 물건들도 현지인들을 위한 다양한 물건 및 음식이 있어 둘러보는 재미가 더욱 쏠쏠하다. 혼자 버스를 타고 갈 경우에는 (BTS 수쿰윗 선) 빅토리 모뉴먼트(Victory Monument)역 근처 미니버스 터미널에서 암파와행 버스(80밧)를 타고 2시간 정도 이동하면 되고 꼭 돌아가는 티켓은 도착하자마자 보이는 티켓 사무소에서 사는 것을 추천한다. 막차가 오후 8시 30분이기 때문에 늦으면 돌아가지 못하는 경우가 생길 수도 있다.

제2차 세계 대전의 아픈 기억이 머물러 있는 곳
콰이강의 다리 The River Kwai Bridge

주소 The River Kwai Bridge, Ban Tai, Mueang Kanchanaburi District, Kanchanaburi **가격** 500~700밧(왕복 픽업 1인), 1,000밧~1,800밧 정도(현지 투어 1인; 여행사 및 코스에 따라 상이)

제2차 세계 대전이 한창이던 1942년 9월, 일본군은 미얀마를 포함한 서부 아시아를 점령하기 위해 일본군 포로 수용소의 포로를 이용해 태국 방콕과 미얀마 양곤을 잇는 철도 건설을 시작했다. 약 6만 명 이상의 연합군 포로가 이 공사에 투입됐으며 태국과 미얀마를 포함해 약 20만 명의 아시아 노동자가 투입돼 16개월 만에 철도를 완성시켰다. 무리한 공사 일정으로 약 1만 6천 명의 연합군 포로와 약 10만 명의 아시아 노동자를 죽음으로 몰아넣었으며, 그로 인해 죽음의 철도Death Railway라 불리게 됐다. 일본이 항복하는 1945년 8월까지 약 20개월 동안 실제 사용됐던 죽음의 철도는 1945년 폭격으로 무너졌지만 이후 재건돼 남 똑(Nam Tok)역

까지만 철로를 두고 제거했으며 지금도 하루 세 차례 깐짜나부리에서 남 똑역까지 약 2시간 30분이 걸리는 구간을 운행하고 있다. 운행 구간 중 일부인 콰이강의 다리는 현재 관광지로 변신해 과거의 아픈 기억을 떠올리며 추모를 위해 방문하는 여행자들의 발길이 끊이지 않는다.

> **TIP** 현지 투어를 이용하면 오는 길에 유엔군 묘지와 전쟁 기념관을 들르고, 콰이강의 다리에 도착해 열차를 타고 일부 구간을 달리며 죽음의 철도 구간을 둘러보게 된다. 창밖의 자연 풍경도 좋지만 보고 있으면 절로 숙연해지는 철도 길 주변 상황을 자세히 살펴보길 추천한다. 돌산을 깎아 길을 만들고, 아름다운 자연 속에서 목숨을 걸고 공사에 투입됐던 많은 사람의 모습이 그려질 것이다. 혹 이곳을 방문할 여행자라면 콰이강의 다리가 배경으로 된 영화 〈콰이강의 다리(The Bridge On The River Kwai, 1957)〉를 보고 떠나길 추천한다.

열대 우림 속에서 가벼운 트레킹과 물놀이를 즐길 수 있는 곳
에라완 국립 공원 Erawan National Park [웃타얏 행찻 에라완]

주소 Erawan National Park, Tha Kradan Sub-district Si Sawat District, Mueang Kanchanaburi District, Kanchanaburi **가격** 300밧(입장료), 300~700밧(왕복 픽업 1인), 1,200~2,500밧 정도(현지 투어 1인; 여행사 및 코스에 따라 상이) * 현지 투어 상품 이용 시 입장료와 이용권 포함 여부를 꼭 확인

깐짜나부리 지역에 위치한 국립 공원으로, 죽음의 다리라 불리는 콰이강의 다리로 유명한 깐짜나부리에서 북서쪽으로 약 70km에 위치했다. 방콕에서 자동차로 약 3시간이 걸리는 이곳은 1975년 태국의 12번째 국립 공원으로 조성됐으며, 면적 500km²에 이르는 거대한 규모에 신비함이 가득한 네 개의 동굴과 폭포, 열대 우림 등 천혜의 자연환경을 자랑한다. 이곳으로 여행객들이 방문하는 가장 큰 이유는 에라완 폭포 Erawan Waterfall 때문이다. 높이 150m에서 낙하하는 이 폭포는 태국에서 가장 웅장하고 아름다운 폭포로 불린다. 에라완은 힌두교 신화에서 나오는 머리가 세 개 달린 코끼리 신인데 제일 먼저 나오는 폭포의 형상이 세 개의 코를 가진 코끼리 모양이라 하여 에라완이라는 이름이 붙게 됐다. 에라완 폭포는 총 일곱 개의 층으로 구별돼 있으며, 아름다운 에메랄드빛에 수질도 좋아 무더운 날씨를 피해 물놀이를 즐기기에 제격이다. 가벼운 트레킹으로 단계를 돌아보며 마음에 드는 곳에서 물놀이를 즐길 수 있는데, 3단계 폭포가 수영을 즐기기에 가장 좋고, 생각보다 물이 깊으니 현장에서 구명조끼를 대여(20밧)하도록 하자.

> **TIP** 에라완 국립 공원을 가기 위한 방법으로는 택시 대절이나 현지 투어를 이용하는 두 가지 방법이 있다. 택시를 이용할 경우 귀중품이나 짐 보관이 용이하지만 가격이 비싸고, 인증된 업체를 통해 이용하지 않으면 문제가 생길 수 있으니 주의해야 한다. 현지 투어를 이용할 경우 휴대 전화를 비롯해 귀중품 보관이 용이하지 않으니 에라완 폭포를 방문하는 날만큼은 귀중품은 숙소 안전한 곳에 보관하고 가볍게 방문하도록 하자. 폭포에서 물놀이가 가능한 만큼 수영복이나 가벼운 복장 외에도 수건, 갈아입을 옷을 챙겨 가고, 스마트 기기와 비상금을 안전하게 보관하고 싶다면 방수 팩을 챙겨 가길 추천한다.

태국의 고대 수도이자 세계 문화유산
아유타야 Ayutthaya

주소 Phra Nakhon Si Ayutthaya District, Phra Nakhon Si Ayutthaya **가격** 200~400밧(왕복 픽업 1인), 500~1,000밧 정도(현지 투어 1인; 여행사 및 코스에 따라 상이)

방콕에서 북쪽으로 약 70km에 위치한 태국의 고대 수도다. 지금의 태국 왕조인 짜끄리 왕조가 탄생하기 전인 1350년에 우통 Uthong 왕에 의해 건설된 곳으로, 수코타이를 멸망시키고 사실상 태국을 통일한 아유타야 왕조의 수도이자 태국의 고대 수도다. 1351년부터 1767년 지금의 미얀마인 꼰바웅 왕국과의 전쟁에서 멸망하기 전까지 4번의 천도가 있었지만 191년 동안을 수도로 사용된 곳으로 짜오프라야강과 롭부리강으로 둘러싸인 천혜 요새 형태에 수많은 사원과 건축물이 자리 잡고 있다. 지금 태국의 근본이라 할 정도로 역사적 가치와 방대한 기록을 간직하고 있으며, 전체를 돌아보려면 최소 2~3일 정도는 소요된다. 현지 여행사에서는 하루 또는 반나절 일정으로 아유타야 역사를 돌아보는 일정으로 진행되는데 대부분 왓 야이 차이 몽콜 Wat Yai Chai Mongkhol – 스리랑카에서 유학하고 돌아온 승려들의 명상을

위해 세운 사원, 왓 몽콘 보핏 Wat Mongkhon Bophit – 태국에서 가장 큰 청동 불상이 있는 곳으로 연인과 방문하면 헤어진다는 속설이 있는 사원, 왓 파난 체옹 Wat Phanan Cheong – 19m 황금 불상이 있으며 화교들이 많이 방문하는 사원 등 3곳의 사원과 왕실 별장이 있는 방파인 Bang Pain 을 방문한다. 참고로 아유타야에는 약 1,000여 개의 사원이 있으며, 태국의 전통 무예인 무에타이의 기원이 된 도시이기도 하다.

> **TIP** 아유타야를 자세히 둘러보고 싶은 여행자라면 (BTS 수쿰윗 선) 빅토리 모뉴먼트(Victory Monument)역 근처 미니버스 터미널 또는 기차역에서 미니버스나 기차를 타고 아유타야로 이동 후 툭툭이나 가이드가 포함된 차량을 대절해 사원을 둘러보는 일정으로 계획하면 된다. 가이드가 포함된 차량의 경우 아유타야 버스 터미널 근처에서 쉽게 만날 수 있고 툭툭은 방문지 앞에서 쉽게 잡을 수 있다. 두 경우 모두 아유타야에서 가 보고 싶은 곳을 미리 정해서 가길 추천한다. 혹 아유타야에서 1박을 하는 여행자는 자전거를 빌려 둘러보는 것도 추천한다.

Bangkok

추천 숙소 9

방콕

숙박의 종류
숙박 선택의 요령
최저가 예약하기
수쿰윗 지역 호텔
센트럴 지역 호텔
사톤 & 실롬 지역 호텔
올드 시티 지역 호텔

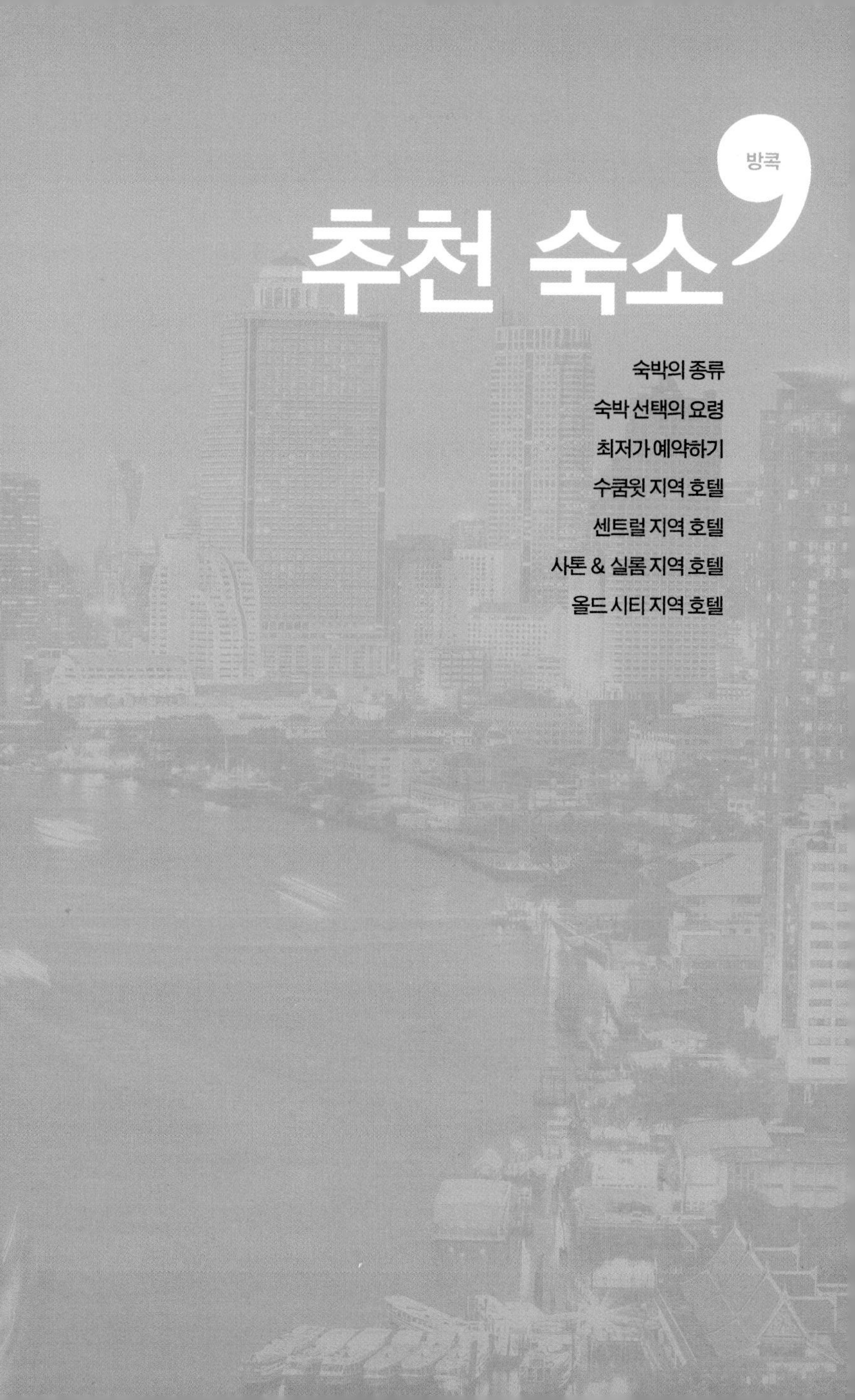

추천 숙소

Bangkok

내 여행에 맞는 숙박만큼 여행의 만족도를 좌우할 만한 요소가 없을 정도로 숙박은 여행에 있어 가장 중요한 요소 중 하나다. 평소보다 활동량도 많고 이동 거리도 많기 때문에 지리적 요건과 숙소의 상태를 고려해야 좀 더 즐거운 여행이 되니 내 여행 스타일에 맞는 숙소를 잘 선택해 보자.

🏠 숙박의 종류

방콕에는 다양한 형태의 숙박 시설이 준비돼 있다. 가격도 시설도 모두 다르니 자신의 여행 스타일에 맞는 숙소를 선택하자.

호스텔 300밧~800밧

배낭여행객, 개별 관광객에게 적합한 숙박 시설로, 공동 샤워실, 취사장 등 다양한 편의 시설이 준비돼 있으며 가격도 저렴하다. 세계 각국의 여행자가 공동으로 시설을 이용하는 만큼 불편함도 있고 위치가 좋지 않은 단점이 있지만 여행 중 많은 사람과 교류하기를 원하는 여행자에게는 최고의 숙박 시설로 손꼽힌다.

게스트 하우스 / 한인 민박 / B&B 300밧~1,500밧

영어에 자신이 없는 여행자나 해외여행이 처음인 여행자들은 바로 호스텔에 들어가기보다는 한인 민박이나 B&B에서 적응 시간을 가지는 것을 추천한다. 대부분 도미토리 형태와 개인실 형태의 방을 모두 갖추고 있어 인원에 따라 머무를 수 있고, 한인 게스트 하우스의 경우 다른 한국 여행자들과 언어 장벽 없이 대화하며 정보를 수집할 수 있다는 장점이 있다.

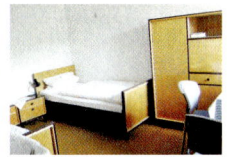

비즈니스호텔 800밧~2,000밧

직장인과 여행자를 위한 비교적 저렴한 가격의 호텔 시설로, 관광지, 비즈니스 타운과 인접한 지리적 이점과 PC 사용, 식사 제공 등 다양한 편의 시설이 있어 많은 여행자가 이용한다. 잘 때 예민하거나 단체 생활을 좋아하지 않는 여행자들이 선택할 수 있는 가장 저렴한 숙박 시설 중 하나다. 방콕에는 비즈니스호텔뿐 아니라 저렴하고 다양한 숙박 시설에 옵션도 있으니 검색이 필수다.

호텔 2,000밧~

글로벌 특급 호텔 체인들이 즐비한 방콕은 오직 호텔만 이용하기 위해 방문하는 여행자도 많다. 이에 각 호텔마다 손님을 끌기 위한 경쟁으로 같은 등급의 호텔 가격을 타 지역보다 많게는 두 배 이상 저렴하게 한다. 실속 있는 옵션의 4성급부터 모든 것이 호화로운 5성급 호텔까지 다양한 옵션의 호텔을 만날 수 있어 좋다. 가격과 위치, 편의 시설, 디자인 등 다양한 요소를 고려해 내 마음에 쏙 드는 숙소를 찾아보자.

서비스 아파트먼트 2,000밧~

주로 장기로 머물 경우에 사용되는 곳이지만 요즘에는 단기 여행자들에게도 편안한 숙박 시설로 인기를 얻고 있다. 호텔보다 방 자체는 조금 넓은 편이고, 싱크대와 전자레인지 등 주방이 있어 간단한 요리를 해 먹을 수도 있다. 다만 본격적인 음식 조리는 아무래도 힘드니, 냄새가 심하거나 다양한 조리 도구가 필요한 음식은 피하는 것을 추천한다.

🏠 숙박 선택 요령

방콕 여행 숙박을 선택하는 데 있어서 여행 일정, 여행 스타일, 동반자, 여행 예산 등을 반드시 고려해 선택해야 한다. 시설 선택에 있어 아래 표를 참고하자.

여행 유형에 따른 선택 TIP

구분	추천 시설(추천 순)
배낭여행	호스텔 ➡ 게스트 하우스 ➡ 비즈니스호텔
가족여행	게스트 하우스 가족룸 ➡ B&B 독채 ➡ 호텔
커플여행	비즈니스호텔 ➡ B&B ➡ 호텔

💲 최저가 예약하기

같은 날짜, 같은 시간의 방을 이용해도 가격은 다를 수 있다. 이유는 바로 호텔 예약 방법이다. 온라인 호텔 예약 대행 사이트 중 할인율이 높은 곳을 이용하면 적지 않은 금액을 절약할 수 있다.

아고다 Agoda

동남아 쪽에 특히 강세를 보이고 있는 '아고다'는 다른 숙소 큐레이션 서비스보다 많은 숙소 데이터베이스를 가지고 있어 동남아 여행에 꼭 확인해 봐야 할 서비스다. 방콕의 경우 아주 저렴한 민박집부터 가장 비싼 호텔까지 다양한 옵션들을 볼 수 있으니 숙소 선택에 참고하자.

호텔스닷컴 Hotels.com

호텔 쪽으로는 전 세계의 호텔을 커버하는 방대한 데이터베이스를 가지고 있는 사이트다. 10박을 하면 1박을 공짜로 주는 프로모션과 다양한 할인 혜택이 있어, 호텔을 검색하는 여행자에게는 꼭 들러야 하는 서비스 중 하나다.

호텔스컴바인 Hotels Combined

어느 정도 숙소를 정했다면 이곳에서 마지막으로 최종 가격을 확인해서 알뜰한 여행을 계획하자. 다양한 숙소 추천 서비스들의 가격을 비교해서 가장 저렴한 가격을 찾아 주기 때문에 숙소를 정한 상태에서 쓴다면 가격적으로 도움이 많이 된다. 다만, 이곳도 수수료를 포함한 가격을 보여주니 무조건적으로 확실한 건 아니라는 것을 명심하자.

트립어드바이저 tripadvisor

전 세계 호텔 예약 대행 서비스는 물론 실제 해당 호텔을 이용해 본 소비자의 리뷰와 음식점, 관광 명소 등 각종 여행 정보를 얻을 수 있는 종합 여행 사이트다. 위에 소개한 사이트보다 가격적 매력은 다소 부족하지만 호텔을 선택하는 데 있어 많은 도움을 받을 수 있다.

호픽 HOPIC

여행 작가들이 만든 호텔 큐레이션 애플리케이션이다. 성별, 나이, 여행 콘셉트를 선택하면 사용자에게 맞는 맞춤형 호텔 정보를 제공한다. 전 세계 200개 사이트를 통해 가격 비교와 최저가 예약까지도 가능한 필수 여행 앱이다.

국내 여행사 전화 예약

온라인 사용이 어렵거나 시간적 여유가 없는 여행자라면 국내 호텔 예약 전문 회사를 통해 전화 예약을 할 수 있다. 한 가지 기억할 것은 전화 예약 특성상 상담 직원에 따라 추천 호텔이 달라질 수 있으니 참고하자.

하나투어 02-3417-1212
인터파크투어 02-3479-4230
여행박사 070-7017-2100

 **수쿰윗 지역 호텔**

그랜드 센터 포인트 터미널 21 Grande Centre Point Terminal 21

주소 2 Sukhumvit Soi 19 (Wattana), Sukhumvit Road, Klongtoey Nua **위치** (BTS 수쿰윗 선) 아속(Asok)역 3번 출구에서 바로 연결된 터미널 21 1층 **홈페이지** www.grandecentrepointterminal21.com **전화** 02-681-9000

수쿰윗 대표 특급 호텔이다. 10만 원 후반에서 20만 원대에 가격이 형성돼 있다. 지상철 아속(Asok)역, 지하철 수쿰윗(Sukhumvit)역과 매우 가까워 쇼핑과 방콕의 밤 문화를 즐기기 최적의 위치다. 주변에 높은 건물들이 많은 수쿰윗 지역의 특성상 탁 트인 뷰는 무리지만 시티 뷰의 장점인 야경이 아름다워 꾸준한 인기를 끌고 있다.

쉐라톤 그랜드 수쿰윗
SHERATON GRANDE SUKHUMVIT

주소 250 Sukhumvit Road **위치** (BTS 수쿰윗 선) 아속(Asok)역 1번, 2번 출구 사이에 있는 스카이워크로 바로 연결 **홈페이지** www.sheratongrandesukhumvit.com **전화** 02-649-8888

복잡한 수쿰윗 거리에서 조용하고 아늑한 숙소를 찾는다면 이곳으로 가 보자. 가장 많은 유동 인구를 가지고 있는 곳 중 하나인 아속역에 붙어 있지만 폐쇄적인 호텔 구조로 외부의 소음과 차단돼 혼잡함 속에서 고요함을 찾을 수 있다는 것이 가장 큰 장점이다. 조식과 레스토랑도 수준급이고 어둠 속에서 로맨틱한 저녁을 맛볼 수 있는 다인 인 더 다크 Dine in the Dark 레스토랑과 쿠킹 클래스 등 이색적인 재미도 찾을 수 있다. 이곳의 수영장은 나무가 우거진 고급스러운 분위기로 인피니티 풀이 대세인 방콕에서도 이곳만의 특색을 잘 살렸다는 평을 듣는다.

알로프트 방콕 수쿰윗 11
aloft Bangkok Sukhumvit 11

주소 35 Sukhumvit Soi 11, Sukhumvit Rd, Klongtoey Nua **위치** 나나(Nana)역 3번 출구에서 나와 첫 번째 삼거리에서 골목(소이 11) 좌회전 후 도보 5분 **홈페이지** www.aloftbangkoksukhumvit11.com **전화** 02-207-7000

젊은 층들에게 인기가 많은 알로프트 방콕 수쿰윗 11 호텔은 수쿰윗의 가장 핫한 거리 중 하나인 소이 11에 위치한다. 수쿰윗의 밤 문화를 즐기기에 최적의 위치를 자랑하며 레벨스 클럽 앤라운지와 각종 라운지 바가 안에 있어 젊은 여행자들에게 특히 인기다. 10만 원 초반대의 상대적으로 저렴한 4성급이기 때문에 다른 숙소에 비해 부담도 적고 호텔 객실이나 서비스도 만족스럽다. 동성 친구나 커플들에게 추천하고 시끄러운 것을 싫어하는 여행자나 가족 단위 여행자에게는 추천하지 않는다.

더 컨티넨트 THE CONTINENT

주소 413 Sukhumvit Road, Klongtoey Nua, Wattana 위치 (BTS 수쿰윗 선) 아속(Asok)역에서 남쪽 출구(터미널 21 방향)로 나가 횡단보도 건넌 후 좌회전 홈페이지 www.thecontinenthotel.com 전화 02-686-7000

아속역까지 도보 10분 이내라는 교통의 요충지라는 점과 아름다운 인피니티 풀로 최근 한국 여행자들에게 인기를 끌고 있는 호텔이다. 여행자들이 좋아하는 인피니티 풀과 루프톱 바를 동시에 가지고 있어서 따로 다른 곳을 가지 않아도 좋을 만한 매력이 장점이다. 인테리어는 다소 중후한 검정색과 짙은 나무 색을 띄고 있다. 가격도 타 호텔에 비해 저렴한 편이라 추천한다.

더 오쿠라 프레스티지 방콕 The Okura Prestige BANGKOK

주소 57 Witthayu Rd, Khwaeng Lumphini, Khet Pathum Wan 위치 (BTS 수쿰윗 선) 플른칫(Phloen Chit)역에서 바로 연결된 파크 벤처 에코 플렉스 빌딩 24층 홈페이지 www.okurabangkok.com 전화 02-687-9000

1961년 일본 도쿄 오쿠라 호텔을 시작으로 일본 최고 호텔 브랜드로 자리매김한 오쿠라 그룹의 첫 해외점이다. 신라호텔을 지을 때 도쿄 오쿠라 호텔을 모델로 삼았을 정도로 일본 특유의 수준 높은 서비스를 자랑한다. 미국과 일본 등 대사관 밀집 거리에 위치해 치안과 편의 시설이 좋다. 플른칫역과 붙어 있어 다른 지역 이동에도 좋다. 센트럴과 사톤 지역의 스카이라인을 오롯이 즐길 수 있는 인피니티 풀 또한 매력적이고, 호텔 내부에 있는 전통 일식 레스토랑 야마자토는

2013년 이후로 각종 상을 휩쓸고 있는 핫한 레스토랑 중 하나다. 전문적인 컨설팅과 일본 특유의 세심함이 돋보이는 호텔 내 스파도 받을 수 있다.

더 세인트 레지스 방콕 The ST. REGIS Bangkok

주소 159 Ratchadamri Rd, Lumphini 위치 (BTS 수쿰윗 선) 랏차담리(Ratchadamri)역 4번 출구에서 바로 연결 홈페이지 www.stregisbangkok.com 전화 02-207-7777

글로벌 호텔 그룹 SPG 계열 내에서도 최상위 라인을 차지하고 있는 더 세인트 레지스 호텔이다. 평균 50만 원대의 가격대로 일반 서민들은 꿈도 못 꾸는 호텔이지만 방콕만은 예외다. 시즌에 따라 다르지만 운 좋으면 10만 원대 중후반의 가격까지도 떨어지는 더 세인트 레지스 방콕은 6성급 호텔의 기준이라는 24시간 버틀러 서비스까지 포함하고 있는 명실상부한 럭셔리 호텔이다. 바로 앞에 더 로얄 방콕 스포츠 클럽이 있어 탁 트인 시야와 럭셔리한 228개의 객실이 특징이다. 인피니티 풀과 스파 또한 투숙객들에게 무료로 개방돼 여행 내내 편안한 기분으로 여행을 즐길 수 있다.

센타라 그랜드 앤 방콕 컨벤션 센터 앳 센트럴월드
CENTARA GRAND & BANGBKOK CONVENTION CENTRE AT CENTRALWORLD

주소 999/99 Rama 1 Rd, Pathumwan 위치 (BTS 수쿰윗 선) 시암(Siam)역 5번 출구에서 스카이워크 따라 도보 5분 후 좌측 홈페이지 www.centarahotelsresorts.com 전화 02-100-1234

센트럴 지역 내 가장 핫한 루프톱 바를 품고 있는 호텔이다. 호텔 이름보다는 레드 스카이 바Red Sky Bar로 더욱 유명세를 탄 이 호텔은 센트럴 지역 심장부라는 센트럴월드와 붙어 있고 도보 10분 내에 시암 파라곤 등 쇼핑의 메카가 위치해 있어 다양한 여행자들의 니즈를 충족시켜 준다. 23층에 위치한 로비부터 시작되는 호텔은 높은 위치의 객실과 수영장 그리고 루프톱 뷰로 전경을 중시하는 여행자들에게는 강력하게 추천한다. 특히 이

곳의 푸짐한 조식은 방콕 호텔 내에서도 만족도가 높은 편이니 참고하자.

호텔 뮤즈 방콕 랑수안 엠 갤러리 컬렉션
HOTEL MUSE BANGKOK BY M GALLERY COLLECTION

주소 55/555 Soi Langsuan, Ploenchit Rd, Lumphini 위치 (BTS 수쿰윗 선) 칫롬(Chit Lom)역 4번 출구로 내려와 뒤로 돌아 직진 20m 후 머큐리 빌리지(Mercury Village) 건물을 지나 왼쪽으로 350m 직진 후 왼쪽 홈페이지 www.hotelmusebangkok.com 전화 02-630-4000

랑수안 로드에 위치한 10만 원 중후반대의 부티크 호텔. 방콕의 가로수길이라고 불리는 랑수안 로드 중간에 위치해 있다. 현지 대사관 직원들이 거주하는 고급 레지던스들 사이에 있어 치안은 확실하다는 장점이 있다. 로비에 들어서자마자 느껴지는 일반 호텔과는 다른 감각적인 디자인으로 차별화를 꾀하는 이 호텔은 1920년대 재즈 바를 연상시키는 공간 디자인으로 단골 고객을 많이 확보한 호텔이다. 이곳의 루프톱 바 스피크이지 Speakeasy는 사람들이 붐비는 넓은 루프톱 보다는 조용히 야경을 즐기고 싶은 여행자들에게 추천하고 싶은 캐주얼함을 가지고 있으니 숙박객들은 꼭 방문해 보길 바란다.

시암 앳 시암 디자인 호텔 방콕 SIAM@SIAM DESIGN HOTEL BANGKOK

주소 865 Rama 1 Rd, Pathumwan 위치 (BTS 실롬 선) 내셔널 스타디움(National Stadium)역 1번 출구에서 도보 3분 후 우측 홈페이지 www.siamatsiam.com 전화 02-217-3000

센트럴에 위치한 10만 원대 미만 혹은 초반의 가성비 좋은 호텔. 지상철 실롬 선과 수쿰윗 선이 교차하는 내셔널 스타디움(National Stadium)역에서 도보 3분 거리에 위치한다. 지상철을 주요 이동 수단으로 사용하는 여행자에게는 매우 좋은 위치다. 도보 10분 거리에 짐 톰슨 하우스가 있고, 스카이워크를 따라 걸으면 바로 시암 파라곤 등 백화점 밀집 지역이 나온다. 이곳의 가장 큰 특징은 바로 디자인이다. 호텔 로비부터 객실까지 블랙 & 오렌지를 메인 톤으로 한 감각적인 디자인이 머무는 내내 특별한 기분을 선사해 준다. 파타야에 지점이 하나 더 있고, 방콕보다 훨씬 높은 인지도를 가지고 있어 파타야 방문을 생각하는 여행자에게도 추천한다.

더블유 방콕 W BGNGKOK

주소 106 North Sathorn Road, Silom 위치 (BTS 실롬 선) 총논시(Chong Nonsi)역 3번 출구에서 도보 3분 후 우측 홈페이지 www.whotelbangkok.com 전화 02-344-4000

독특한 외관과 미래 지향적인 디자인으로 5성급 호텔 중에서도 가장 트렌디하다는 평을 받고 있는 더블유 호텔이다. 주요 투숙객들이 트렌디한 힙스터들이다 보니 호텔 로비에 아름다운 여성 대신 잘생긴 젊은 남자들이 발레파킹 서비스와 안내를 맡고 있어 여성 여행자들의 마음을 흔들어 놓는다는 풍문이 있을 정도로 외관에 신경을 많이 썼다. 호텔 바로 옆에 위치한 방콕 맛집 중 하나인 더 하우스 온 사톤 THE HOUSE ON SATHORN과 스파 그리고 우바 WOOBAR를 할인받을 수 있으니 투숙객이거나 근처에 들른다면 꼭 이용해 보자.

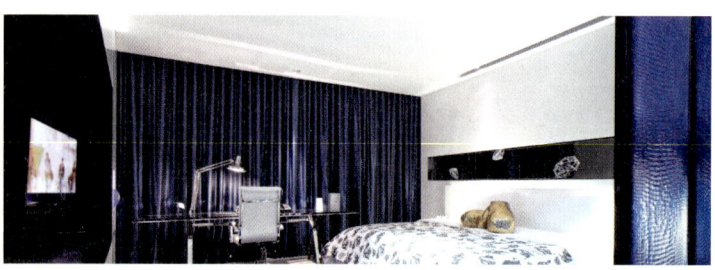

이스틴 그랜드 호텔 사톤 EASTIN GRAND HOTEL SATHORN

주소 33/1 South Sathorn Rd, Yannawa, Sathorn 위치 (BTS 실롬 선) 수라삭(Surasak)역 4번 출구에서 바로 연결 홈페이지 www.eastinhotelsresidences.com 전화 02-210-8100

4성급 호텔로는 365일 대부분 풀 부킹 Full-booking을 자랑하는 가성비 최고의 이스틴 그랜드 호텔 사톤. 한국인 비율이 특히 높은 이 호텔은 멋진 인피니티 풀로 입소문을 타서 인생 샷을 찍기 안성맞춤인 곳으로 유명하다. 10만 원대 중반의 가격으로 여타 5성급 호텔과 차이가 없지만 스파가 없다는 단점이 있다. 조식과 일반적인 시설 및 객실은 만족할 만한 수준으로 10만 원대 중반의 수영장을 중시하는 여행자들에게는 후회하지 않을 선택을 할 수 있다. 디너 크루즈와 아시아티크 셔틀 보트 운영 등 다양한 서비스와 액티비티를 제공한다. 굳이 다른 곳을 관광하지 않더라도 호텔 내에서 충분히 즐길 수 있는 시설들이 많이 있어 가족 단위 여행객에게 특히 선호되는 호텔이다.

소 소피텔 방콕 SO SOFITEL BANGKOK

주소 2 North Sathorn Rd, Bangrak 위치 지하철 룸피니(Lumphini)역에서 나와 사거리 대각선 반대편으로 건너 도보 1분 홈페이지 www.sofitel.com/gb/hotel-6835-so-sofitel-bangkok 전화 02-624-0000

한국인들이 선호하는 호텔 Top 5 안에 항상 드는 소 소피텔 방콕 호텔이다. 룸피니 공원이 한눈에 들어오는 뷰와 많은 여성 여행자들의 마음에 불을 지르는 수영장과 객실은 이곳의 최대 장점이다. 물Water, 지구Earth, 나무Wood, 철Metal이라는 콘셉트로 물과 철 콘셉트의 방이 인기가 많은 편이다. 룸피니 뷰는 예약이 언제나 가장 먼저 차니, 여행 전 이 호텔에 숙박할 예정이라면 미리 룸피니 공원이 보이는 객실을 선점해 보자. 프랑스

호텔 체인답게 조식이 훌륭하고 스파 또한 수준급이라 젊은 층에게 특히 인기가 많다.

더 수코타이 방콕
The Sukhothai Bangkok

주소 13/3 South Sathorn Rd, Maha Mek, Sathorn 위치 지하철 룸피니(Lumphini)역에서 나와 라마 4세 대로(Rama IX Road)를 횡단해 사톤 따이 로드(Sathon Tai Road)를 따라 직진 도보 5분 후 좌측 홈페이지 www.sukhothai.com 전화 02-344-8888

사톤 지역의 보석 같은 호텔이다. 사톤 지역 내에서도 조용한 편에 속하는 지역에 위치한 탓에 조용히 호텔을 즐기려는 여행자라면 이곳도 좋은 선택 중 하나다. 입구에 들어서자마자 보이는 태국 전통 고급 레스토랑 셀라돈은 이 호텔의 자랑이다. 넓은 부지 안에 있고, 객실들도 다른 호텔들에 비해 넉넉한 편이다. 호텔 전체적인 분위기가 차분하기 때문에 나이가 조금 있는 분들에게 선호되는 호텔이다. 매주 주말마다 초콜릿 뷔페가 열리는데 한 번쯤 가 볼 만하다.

반얀트리 방콕
BANYAN TREE BANGKOK

주소 21/100 South Sathorn Rd, Maha Mek, Sathorn 위치 지하철 룸피니(Lumphini)역에서 나와 라마 4세 대로(Rama IX Road)를 횡단해 사톤따이 로드(Sathon Tai Road)를 따라 직진 도보 6분 후 좌측 홈페이지 www.banyantree.com/en/ap-thailand-bangkok 전화 02-679-1200

한국보다 저렴한 가격에 스파, 루프톱, 멋진 객실 뷰를 이용할 수 있다는 점에서 이미 많은 인기를 누리고 있는 반얀트리 방콕. 반얀트리 스파는 이미 전 세계적으로 악명 높은 가격과 최고급 스파로 잘 알려져 있어 오직 스파만을 위해 머무는 사람이 있을 정도로 전 세계 사람이 이곳에 방문한다. 짜오프라야강과 방콕 전체가 보이는 문 바 MOON BAR는 이곳에 머문다면 필수로 들러야 하는 코스다. 멋진 수영장과 직원들의 서비스는 덤이다.

상하이 맨션 방콕 SANGHAI MANSION BANGKOK

주소 479-481 Yaowaraj Road, Samphanthawong 위치 지하철 후아 람퐁(Hua Lamphong)역에서 야오와랏 로드(Yaowarat Road)를 따라 도보 15분(차이나타운 방면) 홈페이지 www.shanghaimansion.com 전화 02-221-2121

차이나타운 내에 있는 콘셉트 확실한 부티크 호텔이다. 개화기 중국을 콘셉트로 마치 영화 <색, 계>의 한 장면을 보는 듯한 호화스러운 인테리어가 인상적이다. 건물 자체가 차이나타운의 역사와 함께한 오래된 건물이어서 세월의 흔적이 보여 호불호가 갈리니 참고하자. 차이나타운 내에서 추천할 만하지만 전체적인 서비스가 다른 특급 호텔에 비해 떨어지는 것은 사실이다. 내부 수영장이 없는 대신 정원과 재즈 바 '코튼Cotton'이 차이나타운에서는 유명하다.

아룬 레지던스 Arun Residence

주소 36-38 Maha Rat Rd, Phra Borom Maha Ratchawang 위치 수상 버스 띠엔 선착장(Tha Tien)에서 직진 후 사거리에서 마하렛 로드(Maha Ret Road) 좌측으로 200m 직진 뒤 더 덱(The Deck) 간판 방향으로 우회전 후 도보 1분 홈페이지 www.arunresidence.com 전화 02-221-9158

왓 아룬을 가장 잘 즐길 수 있는 호텔이다. 짜오프라야 강변을 따라 늘어선 호텔 중에서 가장 인기를 끌고 있는 숙소를 뽑으라면 왓 아룬Wat Arun이 보이는 아룬 레지던스라고 할 정도로 해의 위치에 따라 변화하는 왓 아룬과 짜오프라야강의 다채로운 모습을 즐길 수 있다. 왓 아룬을 바라보며 식사와 음료를 즐길 수 있는 더 덱The Deck은 일몰 시간만 되면 낭만을 찾는 여행자들로 붐비기 시작해 예약 없이는 앉을 수 없는 곳이기도 하다.

슬립 위드 인 방콕 SLEEP WITH INN Bangkok

주소 76 Rambuttri Road, Phranakorn, Khaosan **위치** 수상 버스 프라 안팃 선착장(Tha Phra Arthit)에서 내려 바로 연결된 프라아팃 로드(Phra Athit Road) 왼쪽으로 걸어가다 차크라봉세 로드(Chakrabongse Road)가 만나는 사거리 왼쪽으로 250m 직진 후 타토(TATTOO) 가게를 지나 왼쪽 골목으로 도보 1분 **홈페이지** www.sleepwithinn.com **전화** 02-280-3070

카오산 로드 근처 라따나꼬신 로드에 위치한 3성급 호텔이다. 호텔이라 하기에는 외관은 살짝 아쉽지만 3만 원대의 저렴한 가격에 잘 갖추어진 룸과 작은 규모의 루프톱 수영장도 준비돼 있다. 호텔 1층에는 컴퓨터를 사용할 수 있는 공간과 외부로 세븐일레븐이 있어 매우 편리하다. 호텔 근처 새벽 2시까지 운영하는 바가 있어 약간 시끄러운 편이다. 가족 단위, 커플족보다는 저비용으로 깔끔하고 안락한 휴식처를 찾는 배낭족에게 추천한다.

누보 시티 호텔 NOUVO CITY HOTEL

주소 2 Samsen 2, Samsen Rd, Pranakorn, Banglamphu **위치** 수상 버스 프라 안팃 선착장(Tha Phra Arthit)에서 내려 바로 연결된 프라아팃 로드(Phra Athit Road) 왼쪽으로 걸어가다 차크라봉세 로드(Chakrabongse Road)가 만나는 사거리에서 왼쪽으로 도보 1분 **홈페이지** www.nouvocityhotel.com **전화** 02-282-7500

카오산 로드에서 보기 드문 4성급 호텔이다. 라따나꼬신 로드에 위치한 4성급 호텔임에도 5~7만 원대의 낮은 가격대가 매력적이다. 카오산 로드를 중심으로 방콕 여행을 계획하는 가족 단위 여행객에도 추천하고 싶을 만큼 시설이 깔끔하고 서비스도 괜찮다. 호텔 근처 인기 맛집도 여럿 있고 도보 5분 거리에 짜오프라야강 수상 버스 정류장도 있으니 참고하자.

Bangkok

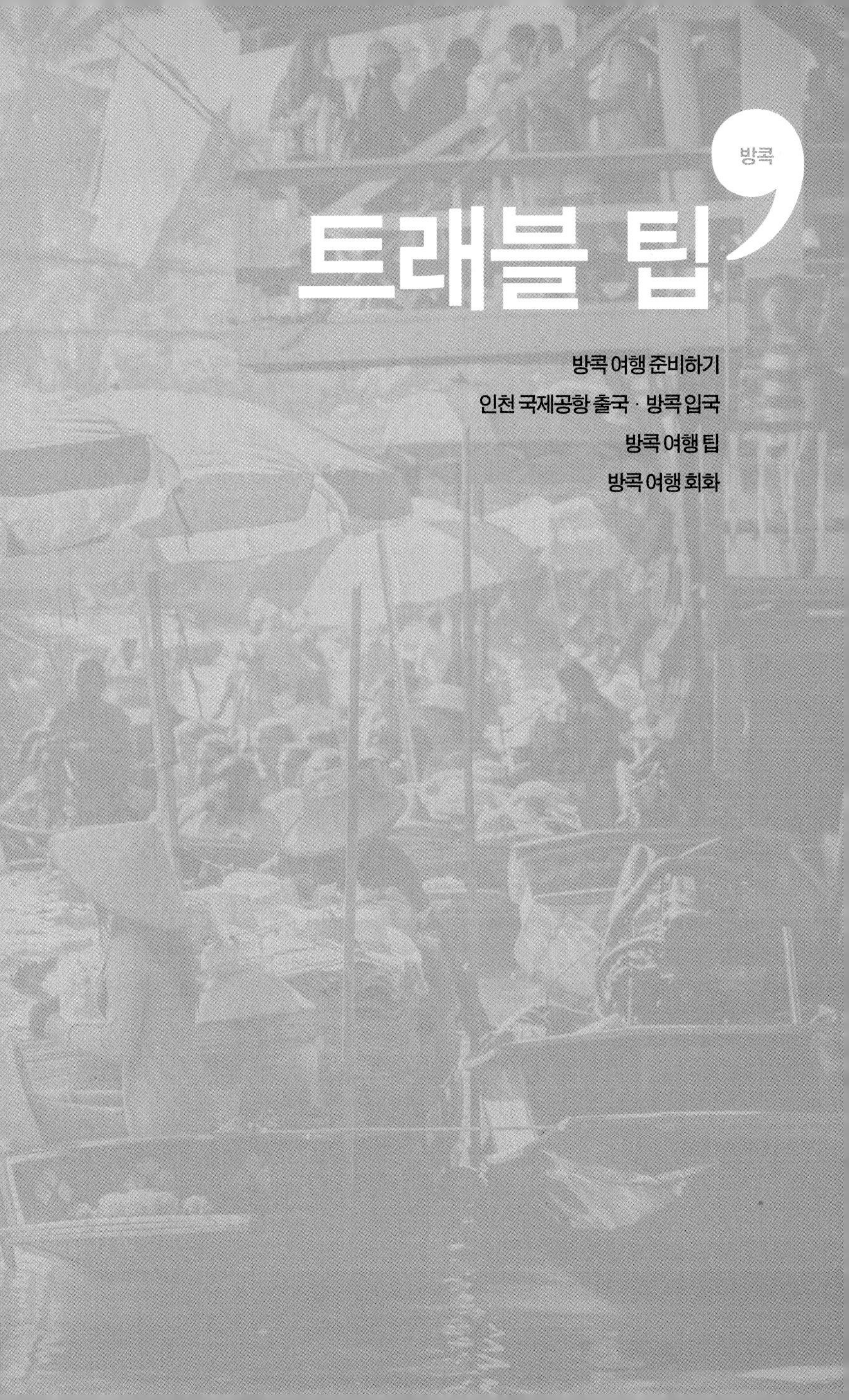

트래블 팁

방콕

방콕 여행 준비하기
인천 국제공항 출국 · 방콕 입국
방콕 여행 팁
방콕 여행 회화

방콕 여행 준비하기

항공 예약하기

전 세계에서 가장 많은 여행자가 방문하는 방콕은, 우리나라에서 출항하는 횟수가 다른 나라에 비해 상당히 많은 편이다. 한국에서 방콕까지는 5시간 30분이라는 상대적으로 만만한 비행 시간을 자랑한다. 운행 스케줄도 많고 항공편도 많은 방콕 항공편. 나에게 꼭 맞는 알뜰한 운항 정보와 구매 요령을 알아보자.

항공 운항 정보

방콕을 연결하는 항공사는 크게 일반 항공사와 저가 항공사로 나뉜다. 일반 항공사는 대한항공, 아시아나항공 등 수화물과 기내 서비스가 포함된 기존 항공사며, 저가 항공사는 수화물, 기내 서비스를 사용자가 선택해 최종 요금을 결정할 수 있는 저비용 항공사다.

일반 항공사	아시아나항공, 대한항공 타이항공, 싱가포르항공, 베트남 항공
저가 항공사	티웨이항공, 진에어, 제주항공, 이스타항공, 에어아시아

항공 최저가 예약하기

취항이 많은 방콕 노선의 경우 항공사마다 얼리 버드(조기 예매) 요금을 적용하고 있어 **빠르면 빠를수록** 저렴한 가격에 항공권을 구입할 수 있다. 한 가지 주의할 것은 가격은 저렴하면 저렴할수록 예약 변경, 마일리지 적립 불가 등 제한이 있을 수 있으니 구매 전 항공권 규정을 꼼꼼히 살펴보자.

항공권 요금을 찾기 이전에 출발하는 날짜에 어떤 항공편이 있는지 살펴보자. 온라인 여행사 사이트를 이용하면 쉽고 간단하게 운행 항공편을 찾아볼 수 있다.

스카이스캐너 www.skyscanner.co.kr
인터파크 투어 tour.interpark.com

▼

항공편을 찾았다면 가장 먼저 해당 항공사 홈페이지를 방문해 보자. 일반 항공사의 경우는 적지만, 저가 항공사의 경우는 항공사 자체 프로모션을 진행해 온라인 여행사보다 더 저렴한 요금대를 찾을 수 있다.

제주항공 www.jejuair.net
진에어 www.jinair.com

▼

항공사 홈페이지 요금을 확인해 봤다면 이제 온라인 여행사를 통해 가격을 비교해 보자. 하나투어, 모두투어 등 온라인 여행사는 물론 인터파크 투어, 땡처리닷컴 등 일반 요금보다 할인된 요금으로 판매하는 항공권이 종종 있다.

하나투어 www.hanatour.com
땡처리닷컴 www.ttang.com

항공권 예약 전 반드시 해당 항공권에 대한 항공 규정을 살펴보고 구매하자. 살펴봐야 할 요금 규정은 아래와 같다. 일정이 취소 또는 변경될 가능성이 있다면 가격이 비싸더라도 변경 가능한 항공권을 구매하는 것이 좋다. 저비용 항공사의 경우 할인율이 높은 항공권은 취소가 불가능하거나 높은 페널티 요금이 붙을 수 있으니 주의하자.

구분	설명
운임 조건	학생, 장애인 등 특수 적용 운임의 경우 증빙 서류가 없으면 구매가 불가능하다.
유효 기간	항공권을 이용할 수 있는 기간. 일정 변경이 가능한 항공권이라도 정해진 유효 기간 내에서만 가능하다.
환불 규정	요금에 따라 불가, 위약금, 페널티 등이 달라진다.
취급 수수료	예약 취소, 변경에 따라 지급되는 비용이다.
여정 변경	불가능 또는 1회 가능, 가능이 있다.
출발 변경	출발일 변경 가능 여부
귀국 변경	귀국일 변경 가능 여부
수화물 규정	저비용 항공사의 경우 반드시 확인이 필요하다.

여행 짐 싸기

낯선 지역으로 떠나는 만큼 더 많은 것을 준비하게 되는 여행 짐. 예측 불가한 상황이 발생할지도 모른다는 불안감에 짐의 무게는 늘어난다. 물론 필요한 것을 준비하면 여행 기간 중 유용하게 사용할 수 있지만, 짐의 무게가 늘어날수록 여행의 피로도는 높아져 여행의 만족도는 낮아질 수밖에 없다. 따라서 짐의 무게는 여행의 만족도를 결정짓는 중요한 요소라는 것을 꼭 기억하자. 따라서 불필요한 짐을 줄이고, 필요한 물품을 꼼꼼히 챙겨 즐겁고 가벼운 여행을 떠나자.

항공사별 수화물 규정

항공사				비고
대한항공	23kg 이내 1개			좌석 등급, 멤버십 등급에 따라 조정
아시아나항공	23kg 이내 1개			
타이항공, 싱가포르항공	30kg 이내 1개			
베트남 항공	30kg 이내 1개			
제주항공	정규 운임	할인 운임	특가 운임	접이식 유모차 1개, 위탁 수화물 무게 초과금 : 16~23Kg = 7만 원/ 휴대 수화물 : 10Kg 이하 + 삼변의 합 115cm 이내 1개
	20kg 이내 1개	15kg 이내 1개	×	
	삼변의 합 203cm 이내			
에어 아시아	프리미엄	밸류팩	최저가	접이식 유모차 1개, 위탁 수화물 20Kg = 41,300원(조기 주문 시 35,900원)/ 휴대 수화물 : 7kg + 삼변의 합 115cm 이내 1개
	20kg 1개	20kg 이내 1개	×	
	삼변의 합 200cm 이내			
이스타항공	정규 운임	할인 운임	특가 운임	접이식 유모차 1개, 위탁 수화물 무게 초과금 : 한국 출발 1kg = 1만 원, 태국 출발 1kg = 300밧/ 휴대 수화물 : 7kg + 삼변의 합 115cm 이내 1개
	15kg 이내 1개			
	삼변의 합 203cm 이내			
진에어	정규 운임	할인 운임	특가 운임	접이식 유모차 1개, 위탁 수화물 무게 초과금 : 한국 출발 1kg = 12,000원, 태국 출발 1kg = 400밧/ 휴대 수화물 : 12kg + 삼변의 합 115cm 이내 1개
	15kg 이내 1개			
	삼변의 합 203cm 이내			
티웨이항공	정규 운임	할인 운임	특가 운임	접이식 유모차 1개, 위탁 수화물 초과금: 15kg 초과 시 1kg 당 16,000원/ 휴대 수화물 : 10Kg 이하 + 삼변의 합 115cm 이내 1개
	15kg 이내 1개			
	삼변의 합 203cm 이내			

※ 유아와 소아도 항공사마다 수화물 규정이 있으니 참고하자.
※ 수화물 규정은 바뀔 수 있으니 항공권 구매 시 항공 규정을 반드시 확인하자.

최근 저비용 항공사에서는 수화물 규정을 엄격하게 관리해 위탁 수화물을 포함해 기내 수화물도 크기와 무게를 확인해 초과 시 초과 요금을 받고 있다. 비용을 아껴 보고자 선택했던 저비용 항공이지만 수화물로 인해 더 많은 비용이 나갈 수 있으니 주의하자.

방콕 여행 필수 & 추천 아이템

일상에서 벗어나 나 자신이 가지고 있는 행복을 찾을 수 있는 시간. 그 어떤 시간보다 즐겁고 행복해야 할 시간인 만큼 조금 더 방콕을 즐길 수 있는 HOT 아이템 BEST 5를 소개한다.

필수
1. 뜨거운 햇빛에 소중한 눈과 피부를 지킬 수 있는 자외선 차단제, 모자, 선글라스
2. 찬 음료와 해산물로 인한 배탈, 설사가 자주 발생하니 관련 상비약
3. 에어컨으로 실내 기온 차가 심하니 휴대성 좋은 긴팔 한 벌
4. 잠깐의 노력으로 여행 비용을 절약할 수 있는 《지금, 방콕》 속 쿠폰
5. 알차고 즐거운 여행을 계획한다면 알짜 가이드북 《지금, 방콕》

추천
1. 편하게 신고 벗을 수 있는 운동화 & 슬리퍼
2. 반팔 자국 No? 쾌적함 유지와 동시에 피부를 보호하는 팔토시 & 선캡
3. 왕궁 등 아름다운 조각상 등을 담을 수 있는 카메라에 줌 렌즈 & 필터
4. 물놀이 시 비상금과 스마트폰을 안전하게 보관할 수 있는 방수 팩
5. 질병 예방과 쾌적한 여행을 위해 모기 기피제 & 모기장

> **TIP** 방콕의 콘센트는 우리와 조금 다른 형태지만 멀티플러그나 돼지코 등 부속품을 준비할 필요가 없다. 우리나라에서 사용하는 원형 플러그는 물론 11자형과 태국에서 사용하는 세 개짜리 원형을 모두 사용할 수 있다. 우리와는 달리 열대 기후로 1년 상시 더운 나라지만 실내는 에어컨으로 인해 기온 차가 심하니 가벼운 긴팔이나 긴바지를 하나쯤 챙겨가도록 하자.

출발 전 체크 리스트

공항에 도착해서 여권이 없다는 것을 알게 된다면? 호텔에 도착했는데 예약이 안 됐거나 취소가 됐다면? 설마 하겠지만 여행 중 누구에게나 발생할 수 있는 사례다. 만약에 생길 수 있는 상황을 대비해 출발 전에 최종적으로 체크 리스트를 통해 확인해 보자.

구분	방법	체크 내용	체크
짐	직접	작성한 짐 체크 리스크를 참고해 확인	
여권		여권 유효 기간(6개월 이상), 여권 훼손 여부 등 확인	
항공권		이티켓 출력, 출도착 여정, 출발 공항 및 도착 공항	
지갑		현금, 현지 통화, 비상시 사용할 카드 등	
예약	직접 또는 여행사	바우처 출력본, 예약 업체를 통한 예약 내역 확인	
카드	카드사	신용 카드 해외 결제 가능 여부, 해외 현금 인출 가능 여부 및 한도	

환전하기

태국의 통화 단위는 밧(Bath, 표기는 THB, B)으로, 동전과 지폐를 사용한다. 동전은 6가지로, 밧보다 낮은 단위인 사땅 Satang 동전 2종과 1, 2, 5, 10밧 동전으로 나뉘며, 지폐는 10, 20, 50, 100, 500, 1,000밧 6종으로 나뉜다. 여행 시 주로 사용하는 통화는 1, 2, 5, 10밧 동전과 10, 20, 50, 100, 1,000밧 지폐다. 동전의 경우는 종종 거스름돈으로 주는데 보관도 어렵고 환전 시 지폐보다 환전율이 좋지 않아 빨리 사용하는 것이 좋다. 우리나라의 화폐인 원보다 단위가 작아 사용하다 보면 헷갈리는 경우가 종종 있는데, 환율에 따라 다르지만 1:30으로 생각하고 비용을 계산하면 된다. 태국 통화의 경우 한국에서도 환전이 가능하지만 국내 환전소보다는 현지 환전소를 이용하면 환전에 포함된 수수료를 절약할 수 있다. 또한 한국 화폐인 원화보다는 미국 달러로 바꿔 가져가 현지에서 환전하면 더 좋은 조건으로 환전이 가능해 대부분의 여행자는 현지 환전소를 이용한다. 국내에서 환전을 할 경우 온라인, 사설 환전소, 은행 환전소가 있으며, 어디서 하느냐에 따라 환전 금액이 달라진다. 예를 들어 환전 수수료가 비싼 공항 은행 환전소보다는 거주 지역 근처 주 거래 은행을 이용하는 것이 환전율이 좋다. 각종 신용카드사, 은행에서는 고객을 위해 다양한 환전 우대 서비스를 제공하고 있으니 환전 전 온라인 검색을 통해 좋은 조건을 검색해 보자.

은행 환전	시내 은행(고객 등급에 따라 변동)	우대 쿠폰 필수
사설 환전	명동 등 외국인이 자주 방문하는 지역 (은행보다 수수료가 적음)	태국 화폐의 경우 많지 않음 (위조지폐 주의)
온라인 환전	은행에서 제공하는 공동 환전, 온라인 환전 (주 거래 은행을 이용하면 유리)	비교 필수
공항 환전	공항에 위치한 은행에서 환전 (수수료가 가장 비쌈)	수수료 주의
현지 환전	공항을 비롯해 거리에서 쉽게 발견 (업체마다 환전율이 달라 비교는 필수)	비교 필수 (원보다는 미국 달러 로 환전 시 이득)

※ 요즘 뜨는 환전 방법

서울역 : 공항 철도가 출발하는 서울역 지하에 위치한 우리은행 지점에서는 최고 90%까지 환전 우대를 해준다.

써니뱅크 앱 : 신한은행에서 제공하는 환전 서비스 앱으로, 환전을 신청하고 계좌 송금 후 출국 당일 공항지점에서 외화 수령이 가능하다. 환전 우대도 가장 좋다.

여행 추천 APP

구글 맵

웡나이

저스트 터치 잇

이티고

라인

구글 맵 Google Map

목적지까지 거리는 물론 이동 시간과 방법까지도 친절하게 알려주는 여행자 필수 앱이다. 지도를 보기 위해서는 인터넷 연결이 필요하지만 조금만 공부하면 인터넷 상관없이 오프라인에서 내가 저장한 지도를 보는 것은 물론 내비게이션으로도 사용할 수 있다. 자세한 사용 방법은 포털 사이트에서 '구글 맵 오프라인'을 검색하면 된다.

웡나이 Wongnai

태국 최대 음식점 리뷰 사이트다. 약 1만여 개 레스토랑 정보를 제공하는 곳으로, 생생한 여행 후기를 비롯해 식당 상세 정보를 쉽고 간단하게 찾아볼 수 있다. 최근 네이버 라인과 제휴를 맺어 APP LINE 맨을 통해 음식 주문도 가능하다.

저스트 터치 잇 JUST TOUCH IT

해외여행 시 위급한 상황이 생겼을 때 의사소통을 도울 수 있는 픽토그램형 여행 소통 앱이다. 해외여행 중 발생할 수 있는 위급한 상황에서 도움이 필요할 때 상황별 픽토그램만 선택하면 의사소통이 가능하다. 한글·현지어 병기, 음성 재생도 가능하고, 한 번 다운받으면 데이터 사용 없이 위급 상황이나 호텔, 병원 등에서 유용하게 사용할 수 있다.

이티고 eatigo

유명한 레스토랑을 비롯해 등록된 거의 모든 음식점을 할인된 가격으로 이용할 수 있는 식당 앱이다. 시간에 따라 달라지는 할인율을 이용하면 최고 50%까지도 할인된 가격으로 레스토랑을 이용할 수 있다.

라인 LINE

무료 통화와 메시지를 주고받을 수 있는 모바일 메신저 다. 3천만 명 이상의 태국인들이 이용할 정도로 생활화된 메신저다. 현지인들과의 연락은 물론 레스토랑, 스파 등 상점가에서도 라인 메신저를 이용한 예약 등을 진행하고 있으니 참고하자.

〈지금 시리즈〉 독자들을 위한
해외 여행자 보험 할인 서비스

사용 기간
회원가입일 기준 1년(최대 2인 적용)

사용 방법
여행길잡이 홈페이지에서 여행자 보험 예약 후 비고 사항에 〈지금 시리즈〉 가이드북 구입 후 뒤표지에 있는 ISBN 번호를 기재해 주시기 바랍니다.

1,000원 할인

여행길잡이 TRAVEL GUIDE

인천 국제공항 출국·방콕 입국

인천 국제공항 가는 방법

❶ 공항 철도

인천 국제공항에서 김포공항·홍대·공덕·서울역을 가장 빠르게 이동할 수 있는 교통수단. 주요 도시를 연결하는 공항리무진에 비해 이용 지역은 제한적이지만 직통(서울역~인천 국제공항역: 43분), 일반(서울역~인천 국제공항역: 58분) 열차가 상시 운행해 많은 사람이 이용한다. 단 집 앞에 지하철역이 없거나 공항 철도역과 멀리 떨어져 있다면 짐을 들고 이동해야 해 공항리무진보다 번거롭고 시간이 오래 걸릴 수 있다는 단점이 있다.

(1) 직통 열차

서울역 도심공항과 인천 국제공항 1, 2 여객터미널을 가장 빠르게 연결하는 열차. 정차 없이 인천 국제공항 1, 2 여객터미널까지 약 43~51분 만에 간다. 하루 각각 26회 평균 40분 간격으로 운행하고, 출발 약 3시간 전 탑승 수속이 시작되는 인천 국제공항보다 이른 시간에 탑승 수속이 가능해 좋은 좌석과 여유로운 면세점 쇼핑을 계획한다면 이 노선을 추천한다.

- **소요 시간** : 43분(서울역~인천 국제공항역)
- **열차 운임** : 어른 9,000원, 어린이 7,000원(*직통 열차 할인 쿠폰이 여럿 있으니 포털 사이트 검색)

- **이용 방법** : 서울역 도심공항터미널 B2층 직통 열차 고객 안내 센터에서 승차권 구입 후 전용 엘리베이터로 이동 후 탑승
- **장점** : 혼잡한 인천 국제공항보다 한결 조용한 분위기로 출국 수속이 가능하고 얼리 체크인으로 좋은 좌석 확보(일부 항공사만 적용), 편안한 좌석, 무료 와이파이 등이 가능
- **단점** : 서울역 직통 열차로 이용이 제한적이며, 가격이 집 근처로 가는 공항리무진과 비슷

==서울역 도심 공항 탑승 수속 가능 항공사 *출발 3시간 전 마감==

대한항공, 아시아나항공, 제주항공, 티웨이항공, 이스타항공(*일부 공동 운항편은 이용 불가. 사전 항공사에 문의 필수)

(2) 일반 열차

서울역에서 인천 국제공항 1, 2 여객터미널까지 59~66분 소요되는 지하철을 환승할 수 있는 6개 지하철역에서 정차하는 열차. 인천 1·2 호선과 경의중앙선을 비롯해 지하철 2·5·6·9호선이 환승역으로 정차하고 운행 간격도 평균 6~7분으로 짧아 많은 여행자가 이용한다.

- **열차 운임** : 이용 구간에 따라 다름(제2 공항 – 서울역 기준 4,750원, 만 6세 미만: 무료, 만 6세~만 13세: 50%, 만 13세~만 18세: 20%, 65세 이상: 무료)
- **이용 방법** : 주요 6개 지하철역에서 환승, 서울역 도심공항 터미널 B3층 승차권 구입 후 탑승(교통카드 가능)
- **장점** : 지하철과 환승이 가능하고 가격이 저렴
- **단점** : 환승역이 여럿 있어 직행보다 시간이 더 걸리고, 무엇보다 환승 및 인천 국제공항 도착 후 짐을 가지고 긴 구간을 이동해야 함

(3) KTX
부산·광주·목포·여수·진주를 빠르게 연결하는 KTX가 운행하고 있다. 용산역과 서울역을 경유하는 노선으로, 지방에서 인천 국제공항으로 가장 빠르게 갈 수 있는 방법이다. 집 근처 KTX 역이 멀지 않다면 추천한다.

- **소요 시간** : 부산 출발(약 3시간 40분), 광주 송정역 출발(약 2시간 50분), 목포 출발(약 3시간 30분), 여수 EXPO 출발(약 4시간 03분), 진주 출발(약 4시간 37분)
- **열차 운임** : 구간마다 다름
- **장점** : 지방으로 이동 시 빠르고 편안하게 이동 가능
- **단점** : 가격이 비싸고, 운행이 많지 않음

❷ 공항버스
서울, 경기 지역은 물론 지방 도시를 연결하는 버스가 상시 운행 중이다. 버스는 크게 공항리무진과 일반 버스, 고속버스로 나뉘며, 공항행 교통수단 중 가장 많은 정류소가 있어 이용자가 많다. 짐이 많은 여행자도 집 근처 정류장에서 이용할 수 있어 공항철도보다 편하지만, 교통량에 따라 시간이 오래 걸릴 수 있다. 요금은 7,000원(김포)부터 지역마다 달라진다. 공항 이용자가 늘어나면서 카드사 및 여행사에서 쿠폰, 티켓 발행 또는 할인을 제공하는 경우가 있으니 탑승 전 꼼꼼히 살펴보자.

- **노선 검색** : 인천에어네트워크(www.airportbus.or.kr)
- **버스 운임** : 구간마다 다름
- **장점** : 정류장이 많아 집 근처에서 이용이 가능
- **단점** : 교통량에 따라 걸리는 시간이 다름

※ 주의: 버스 이용자 중 짐을 짐칸에 넣으면 러기지 태그Luggage Tag를 주는데, 잃어버리면 문제가 될 수 있으니 잘 챙기는 것을 잊지 말자.

모시러 서비스
2시간 이용권

유효기간 2019.12.31
서비스 문의 예약 센터 1522-4556
(운영시간 10:00~19:00, 주말 및 공휴일 휴무)
이용 가능 지역 서울, 경기 출발 지역에 한해 가능

MOSILER

본 서비스 이용 시 예약 센터(1522-4556)를 통해 반드시 운행전일에 예약해 주시기 바랍니다.
본 쿠폰은 공항 픽업, 샌딩 이용 시에 가능합니다(편도 운행은 이용 불가).
본 쿠폰은 1회 1매에 한하며 현금 교환 및 잔액환불이 불가합니다.
본 쿠폰은 판매의 목적으로 이용할 수 없으며 분실 혹은 훼손 시 재발행되지 않습니다.
www.mosiler.com
● 모시러 서비스 이용 시 본 쿠폰을 지참해 주세요.

❸ 도심공항 터미널

서울역과 삼성동에 위치한 도심공항 터미널은 교통편뿐 아니라 공항처럼 항공사 체크인 및 수화물을 부칠 수 있다. 공항 철도가 다니는 서울역에서는 철도를 이용해 공항으로 이동 후 전용 게이트를 통해 빠르게 이동할 수 있으며, 삼성동은 리무진을 이용해 공항에 도착한 후 인천 국제공항 3층 1~4번 출국장 좌우측 통로에 마련된 전용 출국 통로를 통해 빠른 출국이 가능하다. 한편 도심공항 터미널은 무거운 짐을 미리 보내고 빠르게 이동할 수 있는 장점도 있지만, 더 좋은 장점은 얼리 체크인이 가능하다는 것이다. 비상구 좌석이나 앞 좌석 등 일부 좌석은 항공 출발 당일에 배정하는데, 공항보다 더 빠른 시간에 체크인이 가능해 원하는 좌석을 선점할 수 있다. 단점은 국제선의 경우 출발 3시간 전에 도심공항 터미널에서 체크인을 해야 하며, 수화물을 보내야 한다.

이용절차

도심공항 도착 ➯ 교통편 티켓 구매 ➯ 탑승 수속 ➯ 출국 심사 ➯ 공항 도착 ➯ 전용 출국 통로 출국(3층 1~4번).

출국 절차

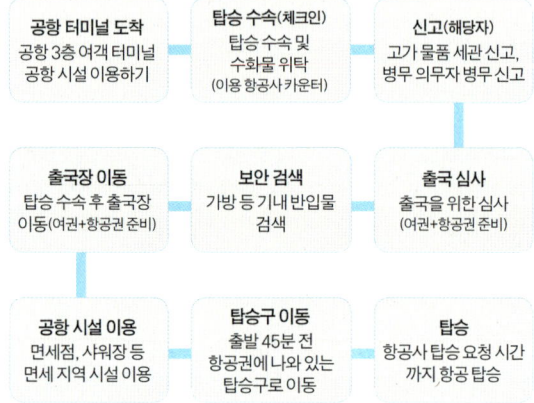

❶ 탑승 수속 (항공 체크인)
항공권을 구매했다면 탑승 전 항공사 카운터 또는 셀프 체크인 기기나 항공사에서 지원하는 앱을 통해 좌석 배정 및 수화물 위탁 등 탑승 수속을 해야 한다. 이때 기억할 것은 항공 기내에는 인화성 물질(부탄가스, 알코올성 음료), 100ml 이상의 액체류(물, 음료수, 화장품) 반입이 불가하다. 해당 물품을 꼭 가져가야 하는 여행자는 미리 수화물 가방에 넣어 부쳐야 한다는 것을 잊지 말자. 여행 시 꼭 필요한 물약, 화장품류 등의 액체류는 용기에 100ml 이하로 담아 투명한 지퍼백에 넣으면 지퍼백 1개까지는 기내 반입이 가능하다.

❷ 세관 신고, 병무 신고
고가의 카메라, 골프채 등 여행 시 사용하고 다시 가져올 고가의 물품은 출국 전 세관 신고를 통해 휴대 물품 반출 신고(확인)서를 받아야 한다. 혹 세관 신고를 하지 않을 경우 입국 시 구매물건으로 판단해 세금을 징수할 수 있다. 고가의 물품이 없거나, 고가의 물품이라도 사용 기간이 오래돼 구매 물품이 아니라는 것을 증명할 수 있다면 세관 신고를 하지 않아도 무관하다. 병무 의무자는 출국 전 병무 신고 센터를 통해 국외 여행 허가 증명서를 발급 받고 출국 신고를 해야 한다. 과거에 비하면 많이 간소화됐지만 미필자나 현역은 반드시 확인해야 한다.

❸ 보안 검색
탑승 수속과 세관 신고를 완료했다면 여권과 항공권을 제시하고 출국장으로 이동해 보안 검사를 받으면 된다. 보안 검사는 기내에 가지고 갈 가방과 주머니에 있는 모든 소지품을 엑스레이(X-Ray)에 통과시켜야 하고 필요할 경우 신발, 벨트 등 추가 검색이 있을 수 있다. 혹 노트북이나

태블릿 PC를 가지고 기내에 탑승하는 여행자는 보안 검사 전 반드시 가방에서 꺼내 따로 검사를 받아야 신속하게 통과가 가능하다.

④ 출국 심사
보안 검사를 마친 뒤에는 출국 심사대 앞 대기선에서 기다렸다가 여권과 탑승권을 제시하고 출국 스탬프를 받으면 출국 심사가 끝난다. 출국 심사 때는 여권 사진과 본인 식별을 위해 모자, 선글라스는 벗고 대기 중 휴대 전화는 삼가야 한다.

⑤ 면세 구역 공항 시설 이용하기
출국 심사를 마쳤다면 항공 탑승 전까지 면세 구역에서 쇼핑을 즐기거나 휴식 공간에서 쉬다가 정해진 시간에 해당 항공 탑승 게이트에 오르면 된다. 기다리는 시간 동안 즐길 수 있는 면세 구역 내 조금 특별한 공간을 살펴보자.

⑥ 항공 탑승
항공 탑승은 출발 시간 30~40분 전에 시작해 출발 10분 전 탑승을 마감한다. 항공권에 적힌 탑승 시간을 미리 확인하고 정해진 시간에 게이트로 가서 탑승하도록 하자. 탑승할 때는 여권과 항공권을 승무원에게 한 번 더 보여 줘야 한다. 항공기 앞에 있는 잡지, 신문은 무료로 제공되니 챙겨도 좋다. 마지막으로 탑승권에 찍힌 좌석으로 가서 캐비닛에 짐을 넣고 착석해 이륙을 기다리면 된다.

⑦ 입국 준비
항공 이륙 후 도착 전까지 태국 입국을 위한 서류를 준비한다. 태국 입국에 필요한 서류는 출입국 신고서로 기내에서 나누어 주는 처럼 생긴 신고서에 영문 이름, 국적, 여권 번호와 생년월일 등을 기재하면 된다. 출입국 신고서는 입국 신고서, 출국 신고서로 구별되는데, 입국 시 함께 작성해서 입국 심사 시 여권과 함께 제출하면 필요한 부분만 떼어 가고 돌려준다. 돌려주는 출국 신고서는 출국 시 제출해야 하니 여권 안쪽에 꽂아 보관하도록 하자.

태국 입국 수속

입국 심사	수화물 찾기	세관 검사
검역 카메라를 지난 후 입국 심사 (여권+리턴항공권) ⇒	1층 수화물 인도장에서 위탁 수화물 찾기 ⇒	출구 앞 세관 검사장에서 짐 검사

태국에 도착하면 인천 국제공항에서의 출국과 마찬가지로 태국 입국을 위한 심사가 진행된다. 항공 기내에서 미리 작성한 입국 신고서와 여권을 준비하고 자신의 순서가 되면 제출 후 심사관의 입국 신고 절차를 밟는다. 태국은 우리나라와 사증 면제 협정을 체결한 국가로 관광이 목적이면 90일 동안 무비자로 체류가 가능하고, 무엇보다 한국 관광객들이 태국을 많이 방문하기 때문에 입국 심사도 빠르게 진행된다. 입국 심사가 끝나면 수화물을 찾고 세관 검사대를 지나면 입국 과정이 끝난다.

❶ 입국 심사 과정
여권과 입국 신고서를 준비하고 자신의 차례가 되면 제출한다. 신고서 작성이 미흡할 경우 정정 요청을 할 수 있으며, 필요시 간단한 질문(인터뷰)을 진행한다.

1단계	입국 심사관에서 여권, 입국 신고서 제출
2단계	입국 심사관 안내에 따라 양손 검지 손가락을 지문 인식기에 올리기
3단계	지문 인식기 위에 있는 카메라를 바라보고 얼굴 사진 촬영
4단계	입국 심사관 인터뷰(간단한 질문)

❷ 수화물 찾기
입국 심사가 끝나면 1층 수화물 인도장에서 자신이 타고 온 항공편 수화물 레일 확인 후 해당 레일에서 위탁 수화물을 찾는다. 같은 캐리어가 있을 수 있으니 항공권에 부착된 위탁 수화물 번호표와 꼭 비교하자.

❸ 세관 검사
위탁 수화물에 문제가 있거나, 출발 전 인천 국제공항 면세점에서 고가 또는 입국 허용 면세 한도를 초과해서 구매하지 않았다면 대부분 그냥 통과한다. 간혹 짐 검사를 할 경우가 있는데, 그럴 땐 당황하지 말고 안내에 따라 수화물을 확인시켜 주면 된다.

주류	1병(1리터 이하)
담배	200개비(1보루)

※ 일행과 함께 면세점에서 담배나 주류를 함께 구매했더라도 문제의 소지가 발생할 수 있으니 영수증과 물품은 각자 소지하도록 하자.

입국신고서 작성

〈앞면〉

DEPARTURE CARD	ARRIVAL CARD
성 (Family Name)	성 / 이름 / 미들네임 (없으면 기입 X) / 여권 번호
이름 (First & Middle Name)	성별 (남/여) / 국적 / 비자 번호 (없으면 기입 X)
생년월일 (Date of Birth)	생년월일 / 항공편명
여권 번호 (Passport no.)	직업 / 비행기 탑승 국가 / 체류 일수
국적 (Nationality)	방문 목적 / 거주 도시 / 거주 국가
항공편명 (Flight no.)	태국 내 체류 주소 (호텔 주소)
서명 (Signature)	전화번호 / 이메일 / 서명

AB1234 · AB1234

〈뒷면〉

For non-Thai resident only

- Type of flight: 항공 형태 (전세기, 정규편)
  - ☐ Charter ☐ Schedule
- Is this your first trip to Thailand?: 태국 첫 방문 여부
  - ☐ Yes ☐ No
- Are you travelling as part of a tour: 투어 여행 여부
  - ☐ Yes ☐ No
- Accommodation: 숙소
  - ☐ Hotel ☐ Friend's House
  - ☐ Youth Hostel ☐ Apartment
  - ☐ Guest House ☐ Others
- Next city/Port of disembarkation:

- Purpose of Visit: 방문 목적 (일반 여행은 Holiday)
  - ☐ Holiday ☐ Meeting ☐ Sports
  - ☐ Business ☐ Incentive ☐ Medical & Wellness
  - ☐ Education ☐ Convention ☐ Transit
  - ☐ Employment ☐ Exhibition ☐ Others
- Yearly Income: 연봉
  - ☐ Less than 20,000 US$
  - ☐ 20,001 – 60,000 US$
  - ☐ More than 60,000 US$
  - ☐ No Income

IMPORTANT NOTICE

In accordance to Immigration Act, B.E. 2522
1. All passengers must complete the T.M.6 card.
2. The passenger must keep the departure card with his/her passport or travel document and present the card to the Immigration Officer at the Checkpoint at the time of departure.
3. If the alien stays in the Kingdom longer than 90 days, he/she must notify in writing to the nearest Immigration Office, concerning place of stay, as soon as possible upon expiration of 90 days. And required to do so every 90 days.
4. Aliens are not allowed to work unless they are granted Work Permit.

수완나품 국제공항에서 시내로 이동하기

방콕의 관문이자 여행의 시작지인 수완나품 국제공항에서 시내로 가기 위한 방법은 크게 두 가지가 있다. 가장 빠른 방법은 국영 철도인 SRT The State Railway of Thailand에 속한 공항 철도를 이용하는 방법이고, 짐이 많고 거동이 불편하거나 늦은 시간에 도착한다면 택시를 이용하는 방법이 있다. 인천 국제공항을 출발해 방콕에 도착하는 많은 항공편이 늦은 시간에 도착해 대부분 택시를 이용하지만, 방콕 여행 후 돌아가는 여행자들은 빠르고 저렴한 공항 철도를 이용한다. 방콕에서 머무는 숙소와 연결되는 교통편을 미리 알아보고, 거리, 짐의 무게, 동반자 등을 고려해 자신에게 맞는 교통수단을 이용하자.

❶ 국영 철도 SRT(The State Railway of Thailand)

수완나품 국제공항 지하 1층에서 이용할 수 있는 공항 철도는 교통 체증 없이 시내로 빠르게 이동할 수 있는 방법이다. 방콕의 주요 교통수단인 지상철BTS 또는 지하철MRT로 환승해 목적지까지 갈 수 있다. 정차하는 구간이 많지 않아 역에 내려 지상철이나 지하철을 갈아타야 하는 번거로움이 있지만 가장 빠르게 시내로 들어올 수 있다. 공항 철도는 구간에 따라 3개로 구별되는데, 전 역에 정차하는 시티 선City Line Train 과, 지하철역 근처로 직행하는 익스프레스 선(빨강)을 이용하면 중간에 정차 역이 없어 더 빠르게 이동할 수 있다. 가장 이용을 많이 하는 시티 선의 첫차는 오전 6시 2분이고 막차는 오후 12시 2분이다. (BTS 수쿰윗 선) 파야타이 역은 같은 건물에 있어 이동 거리가 멀지 않지만 지하철 펫차부리 역은 공항 철도 역에서 나와 10분 정도 도보로 이동해야 하니 참고하자.

• 공항 철도 주요 역

역명	참고	요금(소요 시간)		
		시티 선	익스프레스 선	파야타이 선
Suvarnabhumi Airport 수완나품공항	공항	0	0	운행 준비 중
Lat Krabang 랏끄라방		15(5분)	–	
Ban Thab Chang 반 탭 창		20(10분)	–	
Hua Mak 후아막		25(14분)	–	
Ramkhamhaeng 람캄행		30(18분)	–	
Makkasan 마까산	지하철 펫차부리 (Petchaburi) 역	35(22분)	90(15분)	
Ratchaprarop 랏차프라롭		40(25분)		
Phya Thai 파야타이	(BTS 수쿰윗 선) 파야타이(Phya Thai) 역	45(26분)	90(18분)	

❷ 택시

방콕의 중심 센트럴까지 거리는 약 28km다. 택시로 30~40분 정도면 이동할 수 있는 거리로, 교통 체증만 없으면 편하고 빠르게 이동할 수 있다는 장점이 있다. 택시를 이용하기 위해서는 입국장인 1층에서 퍼블릭 택시Public Taxi 또는 택시 서비스Taxi Service 표기를 따라가다 택시 정류장이 나오면 근처 키오스크에서 티켓을 발권하고 티켓에 적힌 탑승 게이트에 가서 기다리면 택시가 온다. 택시 요금은 미터기 기준이며, 일반 택시의 경우 250~350밧, 밴 택시는 400~450밧 선이다. 고속 도로와 키오스크 발권 수수료(50밧) 등의 이용 비용은 별도로 내야 한다. 일부 택시의 경우 탑승 전 흥정을 제안하는데 기사와 차량 상태마다 다르겠지만 일반 택시의 경우 350~450밧, 밴 택시의 경우 500~600밧 선이면 적당하다. 시내로 들어가야 하는 기사 외에는 대부분 미터기 이상 가격으로 흥정을 제안한다. 만약에 발생할 수 있는 문제에 대비해 미터기 요금으로 이용하자. 키오스크에서 받은 티켓에는 차량 번호 및 운전기사 이름과 연락처 등이 있어 내린 후에 짐을 잃어버리거나 바가지 요금이 의심되면 신고도 할 수 있으니 꼭 챙기자.

돈므앙 국제공항에서 시내로 이동하기

인천에서 출발한 에어아시아 항공편, 태국 국내선과 동남아 국가를 연결하는 녹에어, 오리엔트타이항공을 이용할 경우에는 돈므앙 국제공항에 도착하게 된다. 돈므앙 국제공항은 방콕의 서북쪽에 위치한 공항으로 카오산 로드가 있는 올드 시티와 가까워 시내버스와 택시를 이용해 이동하면 된다.

❶ 시내버스

입국장인 1층에 바로 연결된 버스 정류장에는 카오산 로드가 있는 올드 시티와 센트럴 실롬 로드, 수쿰윗과 수완나품 국제공항을 연결하는 버스가 여럿 있다. 저렴한 가격으로 이동이 가능하지만 시간이 오래 걸려 시간적 여유가 많은 배낭족이 아니면 추천하지 않는다. 주요 노선은 29번(후아 람퐁 역), 59번(카오산 로드), 4번(실롬 로드), 29번(전승 기념관), 10번(전승 기념관), 13번(수쿰윗), 555번(수완나품 국제공항)이 있다.

❷ 택시

입국장인 1층 택시 정류장에서 탑승해 카오산 로드까지 약 200~250밧 요금이 나온다. 교통 체증이 심한 시간대에는 오래 걸리는 단점이 있지만 한 번에 숙소 또는 원하는 목적지까지 갈 수 있어 많은 여행자가 주로 이용하는 방법이다. 택시 이용 시 고가 도로를 이용할 경우 이용 요금은 따로 지불해야 한다.

❸ 리모 버스
돈므앙 국제공항 1층 7번 출구에 설치된 부스에서는 카오산 로드로 직행하는 여행자 버스가 운행한다. 한 사람에 150밧으로 두 명 이상일 경우 택시 가격과 비슷하기 때문에 큰 매력이 없다. 하지만 혼자 여행하는 경우나 짐이 많은 경우 넉넉한 짐 보관 장소와 합리적인 가격의 리모 버스가 더 좋은 선택일 수 있으니 참고하자.

방콕 교통 이용하기

장거리 버스, 좌석이 정해져 있는 기차를 이용할 예정이라면 여행사 또는 온라인을 통해 미리 표를 예약하는 것이 좋다. 회원 가입과 결제는 쉬운 편이니 겁먹지 말고 도전해 보자. 휴대 전화보다는 구글 크롬에서 예약하는 것을 추천한다. 회원 가입과 티켓 구입을 위해 대부분 여권 번호를 요구하니 미리 준비해 놓자. 우리나라보다 온라인 예약 시스템이 좋지 않아 오류가 종종 있으니 예약 확인증 출력 및 지참은 필수다.

구분	인기 구간	사이트	
기차 예약	태국 전 구간	www.thairailwayticket.com/eTSRT	
시외 버스 예약	태국 전 구간 및 인근 국가	www.thaiticketmajor.com/bus/ttmbus	
나콘차이 에어 버스	방콕 - 치앙마이 구간	www.nakhonchaiair.com/ncabooking/home.php	
버스/기차/페리	태국 및 인접 국가	www.busonlineticket.co.th	

❶ 기차

1916년에 완공된 후아 람퐁 기차역은 그 오래된 역사와 르네상스 양식으로 지어진 고급스러운 모습 그리고 오리엔트 특급 열차의 시발점이 되는 역이어서 지역을 이동하는 다양한 여행자들과 현지인들이 즐겨 찾는 기차역이자, 인근 국가로 갈 수 있는 교통수단이기도 하다. 북부로는 치앙마이와 라오스 국경 지역 농카이, 동부로는 파타야, 남부로는 푸껫을 포함한 해변 도시로 갈 수 있다.

후아 람퐁 기차역	태국 및 인근 국가 (깐짜나부리 방면 제외)
톤부리 기차역	서부(깐짜나부리 방면) 및 남부
돈므앙 기차역	북동부(농카이) 및 북부(치앙마이)

❷ 시외버스

태국 내 지역 이동에서 기차만큼 사랑받는 여행 수단은 바로 버스다. 버스의 종류도 다양한데, 2층 짜리 고급 슬리핑 버스부터 롯뚜라고 불리는 미니밴까지 다양한 종류의 버스가 코스와 가격에 따라 나누어져 있다. 방콕에서 버스를 탈 수 있는 터미널은 크게 네 곳이 있다. 아래의 표를 참고해서 자신이 타야 할 정류장을 확인해 보자.

북부 터미널

위치 (BTS 수쿰윗 선) 모 칫(Mo Chit) 역 및 지하철 짜뚜짝 파크(Chatuchak Park) 역에서 77번, 96번, 136번 버스

방콕에서 가장 큰 버스 터미널인 모칫 마이Mochit Mai에서는 치앙마이, 치앙라이, 아유타야, 롭부리, 농카이, 우돈타니 등 중북부 도시와 파타야, 뜨랏 방면의 동부행 버스, 캄보디아 국경과 접한 아란야쁘라텟행 버스가 드나든다. 가까운 거리의 중부 지역 도시들은 30분에서 1시간 간격으로 출발한다. 장거리 북부행 버스는 이른 아침(6:00~9:00)과 저녁(19:00~22:00) 시간에 출발한다.

인기 목적지 깐짜나부리, 나콘랏차시마(코랏), 나콘사완, 담는사두악, 뜨랏, 랏차부리, 로차나(아유타야), 롭부리, 사뭇송크람(매끌롱), 아유타야, 우통, 짠타부리, 촉차이, 촌부리, 파타야, 후아힌

남부 터미널

위치 카오산 로드 방면 로터리 버스 정류장에서 511번, 556번 버스(15분)

카오산 로드에서 택시로 15분가량 거리에 자리한 터미널로 푸껫, 수랏타니, 사무이 섬, 팡안 섬, 따오 섬, 끄라비, 뜨랑, 핫야이, 송클라 등의 남부 지역과 깐짜나부리, 담는사두악 수상 시장 등의 방콕 서쪽행 버스가 운행된다. 터미널 2층에서 모든 버스가 출발하며, 남부 섬으로 갈 경우 조인트 티켓을 이용하면 편리하다.

인기 목적지 깐짜나부리, 나콘빠톰, 담는사두악, 암파와, 랏차부리, 사뭇송크람(매끌롱, 암파와), 아유타야, 우통, 펫부리, 후아힌

동부 터미널

위치 (BTS 수쿰윗 선) 에까마이(Ekkamai) 역 2번 출구에서 도보 5분

방콕에 있는 터미널 중 규모가 가장 작고, 노선도 가장 적다. (BTS 수쿰윗 선) 에까마이 역과 가까워 시내에서 이동하기에는 상당히 편리하다.

인기 목적지 뜨랏, 에까마이, 짠타부리, 파타야

카오산 출발 버스

위치 카오산 로드 주변 여행사에서 목적지역 셔틀버스 예약 및 구매(가격비교 필수)

카오산 로드의 여행사에서 여행자를 모아 출발하는 여행자 버스로, 요금이 저렴해 배낭여행자들이 가장 선호한다. 북부 노선보다는 남쪽 섬으로 가는 노선이 많은 편이다. 북부는 치앙마이 트레킹과 연계된 치앙마이 노선이 저렴하다. 동부 방면은 사멧 섬과 창 섬으로 가는 노선이 많다. 요금이 여행사마다 다르고 수시로 변동되기 때문에 몇 군데 여행사에 들러 확인해 보는 게 좋다.

❸ 짜오프라야 익스프레스

교통 체증으로 악명 높은 방콕에서 육로 교통이 피곤하다면 방콕을 관통하는 짜오프라야 익스프레스는 가장 좋은 대안 중 하나다. 하루에 약 4만 명이 이용하는 대중적인 교통수단이기 때문에 익숙하지 않아도 너무 크게 걱정할 필요 없다. 필수 관광지인 왕궁이나 카오산 로드, 아시아티크같이 짜오프라야 강에 접해 있는 지역으로 이동하는 여행자와 현지인들이 애용하는 교통수단으로, 저렴한 가격과 빠른 이동 시간이 가장 큰 장점이다. 깃발 색깔에 따라서 다음 정류장이 달라지기 때문에 목적지 확인은 책 맨 뒤에 나오는 노선표를 참고하자. 가격도 10~30밧 내외로 매우 저렴한 편이니 미리 이동할 목적지를 따라 짜오프라야 익스프레스를 타고 동선을 다양하게 고려해 보는 것을 추천한다.

❹ 샌샙 운하 보트

수도 방콕의 동서를 관통하는 운하를 따라 운행하는 교통수단이다. 올드 시티에 위치한 민주 기념탑에서 도보로 5분 거리에 있는 빤파 릴란드 선착장Panfa Leelard Pier에서 출발해 센트럴 시암 스퀘어 인근인 후아 창Hua Chang-칫롬Chit Lom-수쿰윗 지역인 아속Asok 및 통로Thong Lo를 지나 왓 스리분루앙까지 연결된다. 운하 보트가 운행하는 선착장이 주요 도로에서 도보 10분 거리에 있어 이용하는 여행객은 많진 않지만 교통 체증이 다소 심한 방콕에서 러시아워 시간에 이용하면 목적지까지 빠르게 갈 수 있다는 장점이 있다. 요금은 거리에 따라 10~20밧이고 교통비는 탑승 후 돈을 받으러 다니는 차장에게 목적지를 이야기하고 지불하면 된다. 한 가지 참고할 내용은 운하 버스 중간에 노선이 달라지기 때문에 올드 시티에서 수쿰윗 지역으로 이동하려면 쁘라뚜남Pratunam 선착장에서 보트를 갈아타야 한다.

❺ 툭툭

시내에서 저렴하고 유용하게 이용할 수 있는 교통수단이다. 바퀴가 세 개인 오토바이에 좌석을 부착한 오픈형 간이 택시로 '삼러'라고도 부르기도 한다. 동남아에서만 볼 수 있는 명물 교통수단으로, 작고 빠르다 택시보다 저렴하고 빠르게 목적지까지 갈 수 있다. 툭툭을 이용하려면 흥정은 필수다. 인접한 거리는 20~50밧이면 충분하고 장거리 노선의 경우 버스비보다는 높게 택시비보다는 낮은 가격으로 흥정하면 된다. 태국 현지인들만 영업할 수 있는 정식 교통수단으로 요금은 싸지만 바가지 요금으로 인한 불만 사례가 자주 발생되고 있으니 주의하자. 흥정에 자신이 있다면 반나절 또는 종일 대절 요금을 흥정해 이용하는 것도 좋은 방법이다.

❺ 오토바이 택시

툭툭과 마찬가지로 가격 흥정을 해야 하고 한 명만 탈 수 있다는 단점이 있지만, 다른 육로 교통수단 중 가장 빠른 속도를 자랑하는 오토바이 택시는 분명한 장점을 가지고 있다. 오토바이를 무서워하거나 일행이 있는 여행자에게  는 어울리지 않지만 혼자 여행하거나 빠른 이동을 목적으로 한다면 오토바이 택시만 한 이동 수단이 없다. 미터기가 없기 때문에 가격 흥정을 해야 하는데 택시 요금에서 80% 정도의 가격을 부르면 어느 정도 성사가 된다. 조금 더 쉬운 예로 지상철 두 정거장 거리를 이동한다면 40~50밧 정도를 부르면 된다.

> **TIP** 구글 맵에서 현재 위치와 목적지 경로를 검색하면 한 쪽 칸에 그랩 택시 예상 요금이 뜨는데, 그 가격에서 ±10%로 흥정하면 된다.

방콕 여행 팁

여행 시 비상 연락처

여행 중 누구에게나 발생할 수 있는 사건, 사고는 물론 카드 분실, 항공권 변경 등으로 도움이 필요하면 아래 연락처로 도움을 요청하자.

현지
경찰 191, 123 **화재 신고** 199

한국어 사용이 가능한 곳
관광경찰 Hot Line 1155
관광경찰 수완나품 국제공항 02-132-1155
한국인 봉사대 09-5514-1155(한국어)

카카오톡 & 라인 ID tpdkorean
E-mail tpd-koreanteam@hotmail.com
재태국한인회 02-258-0331~2

다국어 사용이 가능한 현지 병원

붐룽랏 인터내셔널 종합병원
주소 33 Soi Sukhumvit 3, Khwaeng Khlong Toei Nuea, Khet Watthana
전화 02-667-1319 **시간** 24시간

방콕 병원
주소 2 Soi Soonvijai 7 New Petchburi Road, Bang Kapi, Huai Khwang
전화 02-310-3456 **시간** 24시간

24시 영사 콜센터
24시 영사 콜센터 +800-2100-0404(무료)

신용 카드 분실 신고
BC카드 82-2-950-8510
롯데카드 82-2-2280-2400
신한카드 82-2-3420-7000
현대카드 82-2-3015-9000
국민카드 82-2-6300-7300
삼성카드 82-2-2000-8100
하나SK카드 82-2-3489-1000

항공사 연락처
대한항공 02-620-6900 내선 번호 1(방콕 지점)
아시아나항공 02-016-6500(방콕 지점)
타이항공 02-356-1111(방콕 지점)
싱가포르항공 02-236-0440(방콕 지점)
제주항공 82-1599-1500(국내)
진에어 82-1600-6200(국내)
티웨이항공 82-1688-8686(국내)
이스타항공 82-1544-0080(국내)

재외공관

외교 및 재외국민과 여행자 보호에 도움을 주기 위해 전 세계에 우리나라 재외공관이 설치돼 있다. 여권을 분실했거나 지갑 등을 도난당해 급하게 돈을 송금해야 하거나 급한 용무로 도움이 필요할 경우 재외공관의 도움을 요청하도록 하자. 현재 방콕에는 주태국 대한민국 대사관이 있으며 지하철 타일랜드 컬처럴 센터(Thailand Cultural Centre) 역 4번 출구에서 도보 10분 거리에 위치한다.

주태국 대한민국 대사관

공관 근무 시간
월~금요일 8:30~12:00, 13:30~16:30
휴무 토, 일요일, 주재국 공휴일, 한국의 3.1절, 광복절, 개천절, 한글날

공관 주소 및 연락처

주소 Embassy of the Republic of Korea, 23 Thiam-Ruammit Road, Ratchadapisek, Huay-Kwang
대표 전화 02-247-7537~9
영사과 02-247-7540~1(*구내 번호 : 여권[318], 비자[326], 공증[324], 사건 및 사고[336])
기타 081-914-5803(당직 전화)
홈페이지 tha.mofa.go.kr

여행자에게 도움이 되는 재외공관 서비스

• 여행 증명서 / 여권 발급

여권을 분실했다면 경찰에 분실 신고 후 분실 증명서를 갖고 대사관을 방문하면 여행 증명서나 단수 여권을 발급받을 수 있다. 이렇게 발급받은 증명서 및 단수 여권은 유효 기간이 6개월 이상이어야 하며, 여행 증명서의 경우 입국 비자를 받은 경우에만 입국을 허용한다. 태국에서 발급된 여행 증명서는 1회에 한해 출국이 허용된다. 단수 여권 발급을 위해서는 여권용 사진 1매는 필수고, 한국 신분증을 챙겨 가야 한다. 비용은 사진 부착식 여행 증명서는 7불, 사진 부착식 단수 여권은 15불, 전자 단수 여권은 20불이다.

• 신속 해외 송금

여행 중 분실이나 급하게 돈이 필요하면 영사관을 통해 해외 송금을 받을 수 있다. 1회 최대 3,000$까지 가능하며, 해외 송금 제도 신청 후 국내에서 정해진 계좌에 돈을 입금하면 현지 화폐로 받을 수 있다.

통신 및 편의 시설 이용하기

스마트폰의 보급으로 자동 로밍이 되어 유선 전화를 사용하는 일은 많이 줄었다. 하지만 로밍 폰을 이용할 경우 현지 통화 요금이 비싸니 긴 통화가 아니면 일반 공중전화를 이용하자. 태국 공중전화는 동전을 쓰는 주화 전화기와 카드 전화기가 있다. 주화 전화기는 1밧, 5밧, 10밧 동전을 사용하며, 1밧 기준 일반 전화 3분, 5밧 기준 이동 전화 1분 정도 통화가 가능하다. 한국으로 전화를 걸 경우에는 일반 공중전화가 아닌 국제 전용 공중전화를 이용해야 한다. 국제 전용 공중전화기는 중급 이상의 호텔이나 우체국에 있으며, 현지에서 파는 통신사 유심 카드나 국제 우편 카드를 구매하면 더 저렴한 비용으로 통화가 가능하다.

❶ 현지 통신 이용하기

방콕은 통신 물가도 저렴해 데이터나 현지 전화 사용을 위해 많은 여행자가 현지 유심을 구매한다. 특히 스마트폰 데이터의 경우 와이파이 에그, 무료 와이파이 서비스 등 다양한 옵션이 많지만 태국에서는 단연코 유심 칩 교환을 추천한다. 각 서비스마다의 장점이 있지만 여행

자들의 천국, 태국에서는 여행자를 위한 유심 칩 교환 서비스가 체계적으로 갖춰져 있어서 다양한 여행 일정을 소화하려는 여행자들에게 적합하다. 가장 인기 있는 유심은 AIS와 TRUE MOVE이다. 유심 칩 교환은 출국 전에 구입할 수도 있고, 방콕 도착 후에도 공항이나 편의점 혹은 통신사 대리점에서 쉽게 구매 및 충전할 수 있다. 브랜드별로 속도와 가격 차이가 크지 않아서 오지로 여행을 가는 여행자가 아니라면 일반 소규모 통신사의 유심 칩도 괜찮다.

❷ 로밍 휴대폰 이용하기

기종마다 다르지만 스마트폰 대부분은 신청 없이 자동으로 로밍이 된다. 로밍으로 연결되면 국내 요금제와는 상관없이 통신 및 통화 요금이 발생하는데, 로밍 요금제에 가입을 안 했다면 요금이 생각보다 비싸므로 주의가 필요하다.

• 데이터 이용

로밍 폭탄 요금을 피하기 위해서는 항공 탑승 전 비행기 모드 전환이나 로밍 데이터 사용을 차단하거나, 이용하는 통신사에 연락해서 로밍 데이터 차단을 신청해야 한다. 여행 중 이메일 확인이나 카카오톡 등 메신저를 이용할 거라면 출발 전 이용하는 통신사를 통해 로밍 상품에 가입하거나, 휴대용 와이파이를 대여해 이용하자.

> **TIP 데이터 이용 Tip**
> ❶ 출국 전 유심 칩은 각종 여행사에서 온라인 주문이 가능하다. 하지만 주문과 배송이 번거로운 사람들에게는 공항 도착 후 구매를 추천한다.
> ❷ 통신사 대리점(공항 포함)의 경우 휴대 전화와 요금제만 선택하면 휴대 전화 세팅까지 해 주니 가장 편한 방법은 도착 후 공항 통신사 대리점(24시간 영업)을 이용하는 것이다.
> ❸ 한국 번호로 전화를 받아야 하는 경우에는 일부 알뜰 폰을 제외하고 해외 무제한 데이터 로밍(하루 1만 원가량)을 추천한다.
> ❹ 일행이 3명 이상이고, 계속 함께 있을 계획이라면 와이파이 에그(인천공항에서 대여 가능)를 미리 신청하는 것도 좋은 방법이다.

• 전화 통화

태국 시내 전화 통화는 물론 해외 발신, 걸려 온 전화를 받을 경우에도 요금이 청구되니 주의가 필요하다. 특히 걸려 온 전화를 받아서 요금 폭탄을 맞는 경우가 종종 있으니 꼭 필요한 연락이 아니면 통화를 잠시 미루자.

❸ 택스 리펀

방콕의 대형 백화점은 모두 택스 리펀을 해 주기 때문에 백화점에나 택스 리펀Tax Refund이라고 적혀 있는 곳에서 쇼핑한다면 꼭 영수증과 노란색 증빙 서류를 챙기도록 하자. 최소 구매는 2,000밧 이상으로 우리나라 돈으로 대략 66,000원가량을 샀을 경우 노란색 서류를 작성해 준다. 최소 구매 2,000밧과 더불어 중요한 조건은 구매액 전체(노란색 증빙 서류에 명시된 금액의 총합)가 5,000밧이 넘어야 한다는 것이다.

택스 리펀 받기

VAT Refund라고 써 있는 가게에서 쇼핑을 한다(최소 구매 2,000밧 이상).

구입 당일에 세금 환급 서류를 가게로부터 받는다.

구매액 전체가 5,000밧이 넘어야 한다.

공항에서 짐을 부치기 전에 우측 끝 쪽 Customs Office(VAT Refund)를 찾는다.

여행자는 물건과 서류를 검사받고 도장을 받는다.

체크인

여권 심사

입국 심사대 안쪽에 있는 VAT Refund Office에서 돈을 돌려받는다.

❹ 편의점

방콕에서 가장 많이 볼 수 있는 상점이 있다면 바로 편의점이다. 도시락은 물론 식료품 심지어 잡지와 도서까지 구매할 수 있다. 태국에서 비행기 티켓을 구매하려 할 때도 카드 사용이 불가한 상황이라면 편의점에 지불할 수 있는 방법이 있을 정도로 다양한 서비스를 이용할 수 있다.

신용 카드

일반 식당의 경우 신용 카드 사용이 자유로운 나라여서 많은 곳이 신용 카드를 받는다. 하지만 아멕스의 경우는 거부하는 곳도 종종 있다고 하니 마스터나 비자카드를 이용하는 것을 추천한다. 편의점이나 백화점에는 ATM 기계가 종류별로 최소한 두 개 정도는 구비돼 있으니 현금 서비스를 받는 데도 큰 무리가 없다.

에어아시아 티켓 구매

에어아시아의 경우 방콕에서 가장 많이 있는 편의점인 세븐일레븐과 협약을 통해 현금으로 비행기 티켓을 결제할 수 있다. 방콕에서 우리나라 웹 사이트 에어아시아에서 결제할 경우 Active X 등 다양한 장애물(?)들이 있기 때문에 주변에 세븐일레븐이 있다면 망설이지 말고 결제 옵션 중 세븐일레븐을 선택하자. 결제 완료 페이지를 저장해서 보여 주고 현금을 주면 바로 결제 완료 영수증을 보여 준다.

❺ 현지 여행사

방콕 여행 자체는 자유 여행을 하더라도 반일이나 하루 코스의 방콕 근교 투어 혹은 유명한 공연이나 전시들은 현지 또는 한국 여행사에서 저렴한 가격으로 구매할 수 있다. 이들은 티켓을 대량으로 구매하거나 자체적 협약을 맺어 일반 가격보다 많게는 50% 정도 할인율을 자랑하니 일정을 짤 때 여행사 이용도 고려해 보자.

〈할인 목록〉

칼립소 쇼	아유타야 투어
무에타이 쇼	코끼리 트레킹
시암 니라밋	마담 투소
디너 크루즈	시라이프 오션 월드
매끌롱 시장	쿠킹 클래스
암파와 수상 시장	스파 & 마사지
담논사두악 수상 시장	캐리어 공항 배달 서비스

〈여행사 목록〉

몽키트래블	thai.monkeytravel.com
하나투어	www.hanatour.com
모두투어	www.modetour.com
여행박사	www.tourbaksa.com

BANGKOK
여행 회화

방콕

태국어의 어순은 한국어와 같다. 단, 5개의 성조와 장음, 단음을 구분해 말을 해야 한다. 같은 단어라도 성조와 장음, 단음에 따라 전혀 다른 단어가 되기 때문이다. 또한 말 뒤에 캅이나 카를 붙이면 높임이 되는데, 말하는 사람이 남자면 캅, 여자면 카를 붙이면 된다.

◈ 기본 표현

안녕하세요.	สวัสดีครับ(ค่ะ) 싸왓디 캅(카)
감사합니다.	ขอบคุณครับ(ค่ะ) 컵쿤 캅(카)
실례합니다, 죄송합니다.	ขอโทษครับ(ค่ะ) 커 톳 캅(카)
괜찮습니다.	ไม่เป็นไรครับ(ค่ะ) 마이 뺀 라이 캅(카)
왜 그러시죠? / 왜요?	ทำไมครับ(ค่ะ) 탐마이 캅(카)
어디	ที่ไหนครับ(ค่ะ) 티 나이 캅(카)
언제	เมื่อไหร่ครับ(ค่ะ) 므어라이 캅(카)
무엇	อะไรครับ(ค่ะ) 아라이 캅(카)
열다	เปิด 쁘-읏
닫다	ปิด 삣
도와주세요.	ช่วยด้วย 추어이 두어이
몰라요.	ไม่รู้ 마이 루

할 줄 몰라요.	(ทำ)ไม่เป็น (탐) 마이 뺀
할 수 없어요.	ไม่ได้ 마이 다이
좀 적어 주세요.	ช่วยจดให้หน่อย 추어이 쫏 하이 너이
안녕히 주무세요.	ราตรีสวัสดีครับ 라-뜨리- 싸왓 크랍

❖ 숫자

0	ศูนย์ 쑨	12	สิบสอง 씹썽
1	หนึ่ง 능	13	สิบสาม 씹쌈
2	สอง 썽	20	ยี่สิบ 이씹
3	สาม 쌈	21	ยี่สิบเอ็ด 이씹엣
4	สี่ 씨	22	ยี่สิบสอง 이씹썽
5	ห้า 하	23	ยี่สิบสาม 이씹쌈
6	หก 혹	30	สามสิบ 쌈씹
7	เจ็ด 쨋	50	ห้าสิบ 하씹
8	แปด 뺏	100	ร้อย 러이
9	เก้า 까오	200	สองร้อย 썽러이
10	สิบ 씹	1,000	หนึ่งพัน 판
11	สิบเอ็ด 씹엣		

🔸 비행기 기내에서

주스 주세요.	ขอน้ำผลไม้ครับ(ค่ะ)	커-남 폰라마이 캅(카)
자리를 바꿔도 돼요?	เปลี่ยนที่นั่งได้มั้ยครับ(ค่ะ) 쁠리-얀티-낭다이마이 캅(카)	
식사는 언제 나와요?	อาหารจะมาเมื่อไหร่ครับ(ค่ะ) 아-한-짜 마- 므-어라이 캅(카)	
베개와 담요를 주세요.	ขอหมอนกับผ้าห่มครับ(ค่ะ) 커-먼-깝파-홈 캅(카)	
물수건 주세요.	ขอผ้าเช็ดมือครับ(ค่ะ)	커-파-쳇 므-캅(카)

🔸 입국 심사

(국적)한국입니다.	ประเทศเกาหลีครับ(ค่ะ)	쁘라텟-까올리-캅(카)
(목적)관광입니다.	มาเที่ยวครับ(ค่ะ)	마-티-여우 캅(카)
휴가 왔어요.	มาหยุดพักแล้วครับ(ค่ะ)	마-윳 팍래-우 캅(카)

🔸 수화물 찾기

수화물 찾는 곳이 어디예요?	ที่รับสัมภาระอยู่ที่ไหนครับ(ค่ะ) 티- 랍쌈파-라유-티-나이 캅(카)
제 짐이 없어졌어요.	ของของผมหายครับ(ค่ะ) 컹-컹- 폼하-이 캅(카)
제 짐이 파손됐어요.	ของของผมเสียหายครับ(ค่ะ) 컹-컹- 폼씨-야 하-이 캅(카)

🔷 교통

말씀 좀 물을게요.	ขอถามหน่อยครับ(ค่ะ)	커 타~ㅁ 너이 캅(카)
~가 어디입니까?	อยู่ที่ไหนครับ(ค่ะ)	~유티나이 캅(카)
~에 갑시다.	ไปที่ ~ ครับ(ค่ะ)	빠이 ~ 캅(카)
여기가 이 지도에서 어디예요?	ตรงนี้คือที่ไหนในแผนที่นี้ครับ(ค่ะ)	뜨롱니- 크-티-나이나이팬-티-니- 캅(카)

🔷 호텔에서

호텔	โรงแรม	롱램
게스트 하우스	เกสท์เฮาส์	깻하우
빈방 있어요?	มีห้องว่างไหมครับ(ค่ะ)	미 헝 왕 마이 캅(카)?
방 좀 보여 주세요.	ขอดูห้องหน่อยครับ(ค่ะ)	커 하이 두 헝 너이 캅(카)
제 방을 청소해 주세요.	ช่วยทำความสะอาดห้องผมหน่อยครับ(ค่ะ)	추-어이탐 캄-싸앗-헝-폼 너-이 캅(카)
다른 방으로 바꿔 주세요.	ขอเปลี่ยนเป็นห้องอื่นครับ(ค่ะ)	커-쁠리-얀뻰 헝- 은- 캅(카)
수건을 더 주세요.	ขอผ้าเช็ดตัวอีกครับ(ค่ะ)	커-파-쳇 뚜-어익- 캅(카)
변기가 고장 났어요.	โถส้วมเสียครับ(ค่ะ)	토-쑤-엄씨-야 캅(카)
방이 너무 더워요.	ห้องร้อนมากครับ(ค่ะ)	헝-런-막- 캅(카)

온수가 나오지 않아요.	ที่ทำน้ำอุ่นไม่ทำงานครับ(ค่ะ) 티-탐남운마이 탐 응안- 깝(카)
방에 열쇠를 둔 채 문을 잠궜어요.	วางกุญแจไว้ในห้องแล้วล็อกประตูครับ ค่ะ) 왕-꾼째-와이 나이 헝-래-우 럭 쁘라뚜- 깝(카)
아침 식사는 언제 할 수 있어요?	สามารถทานอาหารเช้าได้เมื่อไหร่ครับ(ค่ะ) 싸-맛-탄-아-한-차오다이므-어라이 깝(카)

🔶 쇼핑

이건 얼마예요?	อันนี้เท่าไหร่ครับ(ค่ะ) 안니-타오라이 깝(카)
이 가격이 할인 가격이에요?	ราคานี้เป็นราคาลดเหรอครับ(ค่ะ) 라-카-니- 뻰라-카-롯러- 깝(카)
비싸요.	แพงจังครับ(ค่ะ) 팽-짱 깝(카)
좀 깎아 주세요.	ช่วยลดหน่อยนะครับ(ค่ะ) 추-어이 롯 너-이 나 깝(카)
몇 퍼센트 할인해요?	ลดกี่เปอร์เซนต์ครับ(ค่ะ) 롯 끼- 뻐-쎈- 깝(카)
덤으로 더 주세요.	ขอของแถมอีกครับ(ค่ะ) 커-컹-탬-익-깝(카)
깎아 주시면 살게요.	ถ้าลดให้จะซื้อครับ(ค่ะ) 타- 롯 하이 짜 쓰-깝(카)

🔶 음식(식당)

닭	ไก่ 까이
돼지	หมู 무

소	เนื้อวัว	우어
생선	ปลา	쁠라
메뉴판 주세요.	ขอดูเมนูหน่อยครับ(ค่ะ)	커 두 메누 너이 캅(카)
얼마예요?	เท่าไหร่ครับ(ค่ะ)	타올라이 캅(카)
맛있어요.	อร่อยครับ(ค่ะ)	아러이 캅(카)
계산해 주세요.	เช็คบิลครับ(ค่ะ)	첵 빈 캅(카)
맥주 주세요.	ขอเบียร์หน่อยครับ(ค่ะ)	커 비아 너이 캅(카)
물 주세요.	ขอน้ำหน่อยครับ(ค่ะ)	커 남 너이 캅(카)
얼음 주세요.	ขอน้ำแข็งหน่อยครับ(ค่ะ)	커 남캥 너이 캅(카)
팍치(고수) 넣지 마세요.	ไม่ใส่ผักชี	마이 싸이 팍치
봉지에 넣어 주세요.	ใส่ถุงหน่อยครับ(ค่ะ)	싸이 퉁 너이 캅(카)
화장실이 어디예요?	ห้องน้ำอยู่ที่ไหนครับ(ค่ะ)	헝남 유 티 나이 캅(카)
더 주세요.	ขออีกหน่อยได้ไหมครับ(ค่ะ)	커 익 너이 다이 마이 캅(카)
식사하러 갈까요?	ไปกินข้าวไหม	빠이 낀카우 마이
맵지 않게 해 주세요.	ไม่เอาเผ็ด	마이 아오 펫
너무 매워요.	เผ็ดเกินไป	펫 껀 빠이

너무 싱거워요.	จืดเกินไป 쯧빠이	
짜다	เค็ม 캠	

◈ 기타 표현

경찰을 불러 주세요.	เรียกตำรวจให้ด้วยครับ(ค่ะ) 리-약 땀루-엇하이 두-어이 캅(카)	
불이 났어요.	ไฟไหม้ครับ(ค่ะ) 화이마이 캅(카)	
도와주세요. 가방을 잃어버렸어요.	ช่วยด้วยครับกระเป๋าหายครับ(ค่ะ) 추-어이 두-어이 크랍 끄라빠오하-이 캅(카)	
분실물 취급소는 어디에 있어요?	ศูนย์รับแจ้งของหายอยู่ที่ไหนครับ(ค่ะ) 쑨-랍 째-컹-하-이유- 티-나이 캅(카)	
미아 찾기 방송은 어디서 해요?	ประกาศหาเด็กหายประกาศที่ไหนเหรอครับ(ค่ะ) 쁘라깟- 하- 덱 하-이쁘라깟- 티-나이 러- 캅(카)	
이 도시의 관광 명소는 어떤 것이 있어요?	เมืองนี้มีแหล่งท่องเที่ยวมีชื่อที่ไหนบ้างครับ(ค่ะ) 므-엉 니-미-랭텅-티-여우 미- 츠-티-나이 방- 캅(카)	
관광 안내소가 어디예요?	ศูนย์แนะนำแหล่งท่องเที่ยวอยู่ที่ไหนครับ(ค่ะ) 쑨-내남 랭-텅-티-여우유-티-나이 캅(카)	
입장료가 얼마예요?	ค่าเข้าเท่าไหร่ครับ(ค่ะ) 카-카오타오라이 캅(카)	

지금, 도
지도 서비스

여행 가이드북 〈지금, 시리즈〉의 부가 서비스로, 해당 지역의 스폿 정보 및 코스 등을 실시간으로 확인하고 함께 정보를 공유하는 커뮤니티 사이트입니다.

http://now.nexusbook.com

지도 서비스 '지금도'에 어떻게 들어가나요?

1 녹색창에 '지금도'를 검색한다.
2 QR코드를 찍는다.
3 도메인에 now.nexusbook.com을 친다.
4 여행에 대한 궁금한 사항은 저자들의 친절한 답변으로 해결한다.

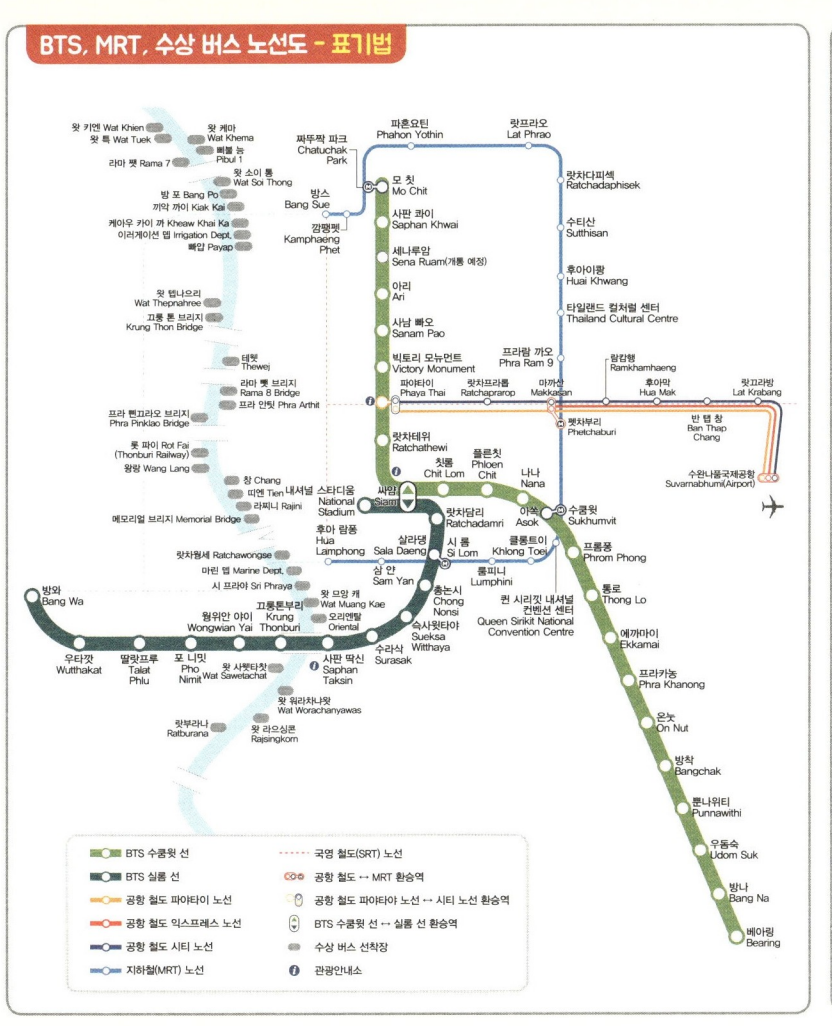
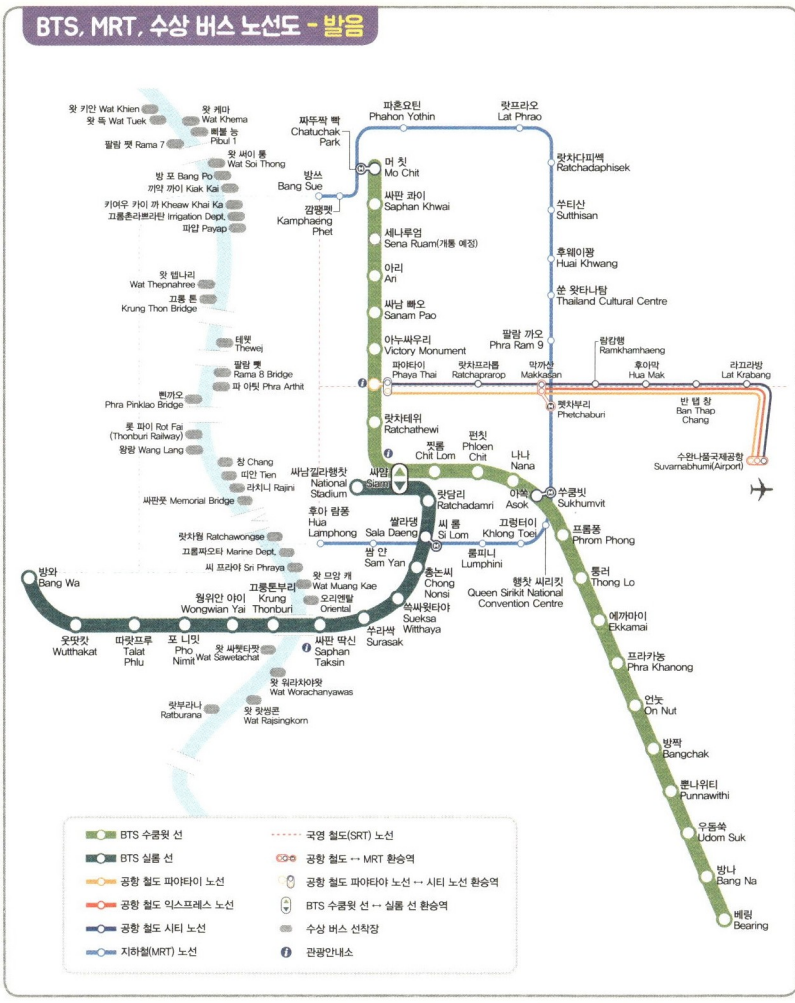
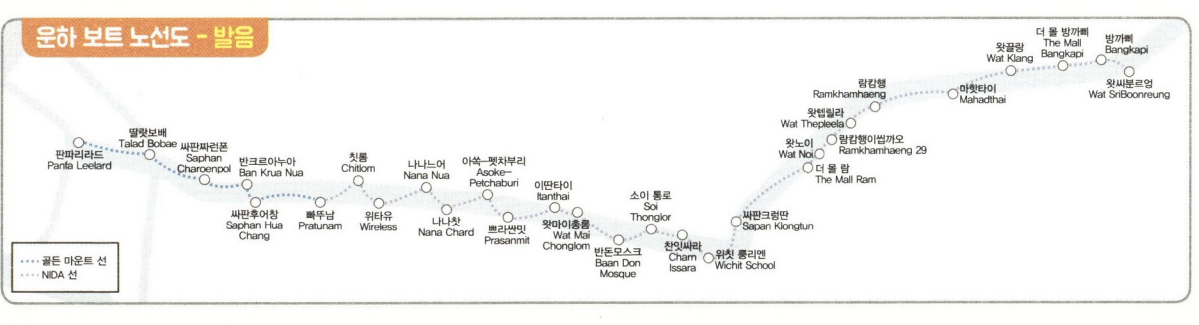

방콕
노선도